"双高"建设校企合作双元开发实用教材
高等职业教育自动化工程类技能型人才培养活页式教材

单片机技术项目教程
（活页式）

主　编　盛　艳　薛丁菡
副主编　李繁荣　刘　勇
主　审　罗　勇　巫宪评

西南交通大学出版社
·成都·

图书在版编目（CIP）数据

单片机技术项目教程：活页式 / 盛艳，薛丁菡主编. －－成都：西南交通大学出版社，2025.1.－－（"双高"建设校企合作双元开发实用教材）（高等职业教育自动化工程类技能型人才培养活页式教材）. －－ ISBN 978-7-5774-0250-5

Ⅰ．TP368.1

中国国家版本馆 CIP 数据核字第 20257KY004 号

"双高"建设校企合作双元开发实用教材
高等职业教育自动化工程类技能型人才培养活页式教材
Danpianji Jishu Xiangmu Jiaocheng (Huoye shi)

单片机技术项目教程（活页式）

主编　盛　艳　薛丁菡

策 划 编 辑	罗在伟
责 任 编 辑	雷　勇
责 任 校 对	李　伟
封 面 设 计	吴　兵
出 版 发 行	西南交通大学出版社 （四川省成都市金牛区二环路北一段 111 号 西南交通大学创新大厦 21 楼）
营销部电话	028-87600564　028-87600533
邮 政 编 码	610031
网　　　址	https://www.xnjdcbs.com
印　　　刷	四川玖艺呈现印刷有限公司
成 品 尺 寸	185 mm × 260 mm
印　　　张	16.5
字　　　数	409 千
版　　　次	2025 年 1 月第 1 版
印　　　次	2025 年 1 月第 1 次
书　　　号	ISBN 978-7-5774-0250-5
定　　　价	54.00 元

图书如有印装质量问题　本社负责退换
版权所有　盗版必究　举报电话：028-87600562

前　言

　　党的二十大报告提出加快构建制造强国、质量强国、航天强国、交通强国、网络强国及数字中国，对于电子技术和信息产业尤为重要。实施产业基础再造和重大技术装备攻关工程，不仅为专精特新企业的发展提供了机遇，也推动了制造业向高端化、智能化、绿色化的转变。

　　在这样的大背景下，掌握和应用单片机技术成为连接理论与实践，驾驭未来工业发展潮流的关键技能之一。本书为了适应时代需求以及高等职业教育的具体教学要求而编写的，以就业市场为导向，结合单片机课程教学改革经验和校企合作实践，专注于单片机应用技能的培养。

　　本书采用项目驱动的教学方法，涉及的内容包括单片机接口应用、显示控制接口应用、安防报警系统应用、环境温湿度测量系统应用以及一个综合设计实践项目。通过这 15 个精心设计的任务和一个综合设计项目，学生可以逐步掌握核心技能，同时将理论知识与实践操作紧密结合。

　　本书秉承"任务驱动、做中学、学中做"的教学理念，旨在通过实际项目的操作来推动知识点的学习。每个项目的设置都考虑了之前项目的知识点，确保不同知识点之间的有效对接和过渡。书中的每个项目均包含多个具体任务，这些任务不仅涵盖了相关的理论知识，还融入了职业技能的训练，使得学生在完成任务的同时也能够提升其职业能力。

　　为了突出技能培养的重要性，本书采用了创新的仿真教学模式，并配备了丰富的微课视频和各类教学资源。这种"教、学、做一体化"的教学模式，使得学生能够在真实或模拟的工作环境中进行学习，更好地适应未来的工作需求。

　　本书非常适合作为高职高专院校电子技术、信息工程、自动化、计算机科学与技术等专业的单片机技术课程教材。此外，由于内容的实用性和操作性，本书也是电子制作爱好者自我学习和提高的良师益友。

本书设计学时为64学时。作者团队既有学校的骨干教师,又有项目研发人员和国家高新技术企业的工程师。本书由成都工业职业技术学院盛艳、四川安信科创科技有限公司工程师薛丁菡担任主编,对编写思路和大纲进行总体规划,指导全书的编写,承担全书各个项目的连贯及统稿工作;成都工业职业技术学院李繁荣、刘勇担任副主编。项目一、项目三由盛艳编写,项目二、项目四由李繁荣、刘勇编写,综合设计范例由薛丁菡编写。泸州市职业技术学校罗勇、四川省金堂县职业高级中学巫宪评进行审稿,在此并表示衷心感谢。

由于时间紧迫和编者水平有限,书中难免会有不妥之处,敬请广大读者和专家批评指正。

编 者

2025年1月

二维码目录

序号	资源名称	资源类型	资源所在页码
1	一个LED灯点亮仿真资源	文本	2
2	新建一个工程项目	视频	2
3	电路绘制的方法	视频	7
4	程序调试	视频	11
5	程序的编译与仿真	视频	13
6	单片机科普	视频	16
7	单片机工作原理	视频	17
8	LED循环点亮仿真资源	文本	23
9	采用按键切换广告的中断控制仿真资源	文本	38
10	汽车转向灯控制仿真资源	文本	51
11	单个数码管显示控制仿真资源	文本	64
12	数码管显示"HELLO"仿真资源	文本	77
13	8×8点阵显示设计资源	文本	90
14	液晶模块显示资源	文本	104
15	红外感应灯资源	文本	120
16	双机通信烟雾报警器资源	文本	129
17	步进电机控制资源	文本	147
18	综合设计范例——安防报警系统设计资源	文本	161
19	模数转换二进制资源	文本	182
20	温度测量资源	文本	195
21	环境湿度测量资源	文本	211

目 录

项目一　LED 灯控制 ··· 001
　　任务一　一个 LED 灯点亮 ·· 002
　　任务二　LED 灯循环点亮 ··· 023
　　任务三　采用按键切换广告的中断控制 ································· 038
　　任务四　汽车转向灯控制 ·· 051

项目二　显示控制 ·· 063
　　任务一　单个数码管显示控制 ··· 064
　　任务二　数码管显示"HELLO" ·· 077
　　任务三　基础 LED 点阵显示 ·· 090
　　任务四　液晶显示器接口 ·· 104

项目三　安防报警系统 ·· 117
　　任务一　电感式（光电）接近开关与单片机接口电路 ············ 118
　　任务二　简易安防报警器 ·· 129
　　任务三　步进电机控制 ··· 147
　　任务四　安防联动（串口） ·· 161

项目四　环境温湿度测量 ·· 181
　　任务一　模数转换二进制 ·· 182
　　任务二　环境温度测量 ··· 195
　　任务三　环境湿度测量 ··· 211

项目五　综合设计范例——安防报警系统设计 ································ 221

参　考　文　献 ··· 236

附　　录 ·· 238

项目一

LED 灯控制

项目描述

本项目从设计一个 LED 灯控制电路拓展到 LED 灯各种控制电路,引入中断系统。

通过本项目的学习,对 Proteus 软件操作有初步的了解,掌握单片机最小系统和 C 语言的基本概念。项目分为一个 LED 灯点亮、LED 灯循环点亮、采用按键切换广告的中断控制、汽车转向灯控制 4 个任务。通过学习进一步掌握单片机应用系统的开发流程。

知识目标

1. 了解 MCS-51 单片机结构和引脚功能。
2. 掌握单片机最小系统的设计。
3. 掌握 C 语言的基本结构和语句。
4. 能够利用单片机仿真软件完成 4 个任务。

技能目标

1. 能完成单片机最小系统的设计。
2. 能根据系统功能设计基本输出电路。
3. 能应用 C 语言程序完成单片机输入输出端口编程。
4. 能实践 4 个任务的调试运行。

素质目标

1. 实验过程中安全操作。
2. 严格执行实验室 7S 管理要求。
3. 培养自身职业素养和劳动习惯。
4. 增强团队意识和创新意识。

任务一 一个 LED 灯点亮

任务目标

1. 了解单片机的结构和引脚功能。
2. 掌握 Proteus 软件的基本操作。
3. 完成一个 LED 灯点亮的运行与调试。

任务目标

学习 Proteus 软件，完成一个 LED 灯的点亮实践。

微课：一个 LED 灯点亮仿真资源

任务准备

一、新建一个工程项目

Proteus 软件是英国 Lab Center Electronics 公司发布的 EDA 工具软件，不仅具有其他 EDA 工具软件的仿真功能，还能仿真单片机及外围器件，是比较好的仿真单片机及外围器件的工具。Proteus 软件的安装图标和软件打开界面如图 1.1 所示。

微课：新建一个工程项目

（a）安装图标

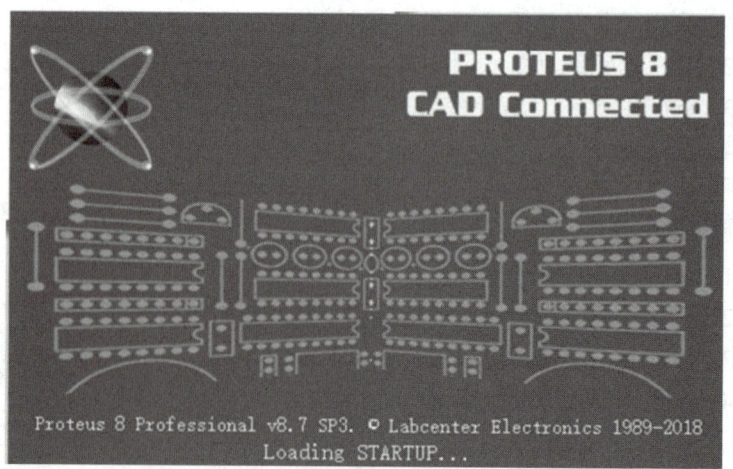

（b）界面

图 1.1 Proteus 8 图标和打开界面

双击图 1.1（a）所示的 Proteus 8 图标后会跳出如图 1.2 所示的软件操作界面，点击"New Project"（新建项目）。

图 1.2　新建工程项目

在弹出的图 1.3 所示"New Project Wizard:Start"（新建项目指南:开始）窗口，首先在"Name"（项目名称）中输入"LED.pdsprj"（项目名称可以使用由字母、数字或者中文构成的名称，可以根据任务内容取名），点击"Browse"（浏览）按钮，选择保存项目的路径，保存到已经在桌面建好的文件夹"C:\Users|39767\Desktop\LED"中，点击"Next"（下一步）按钮。

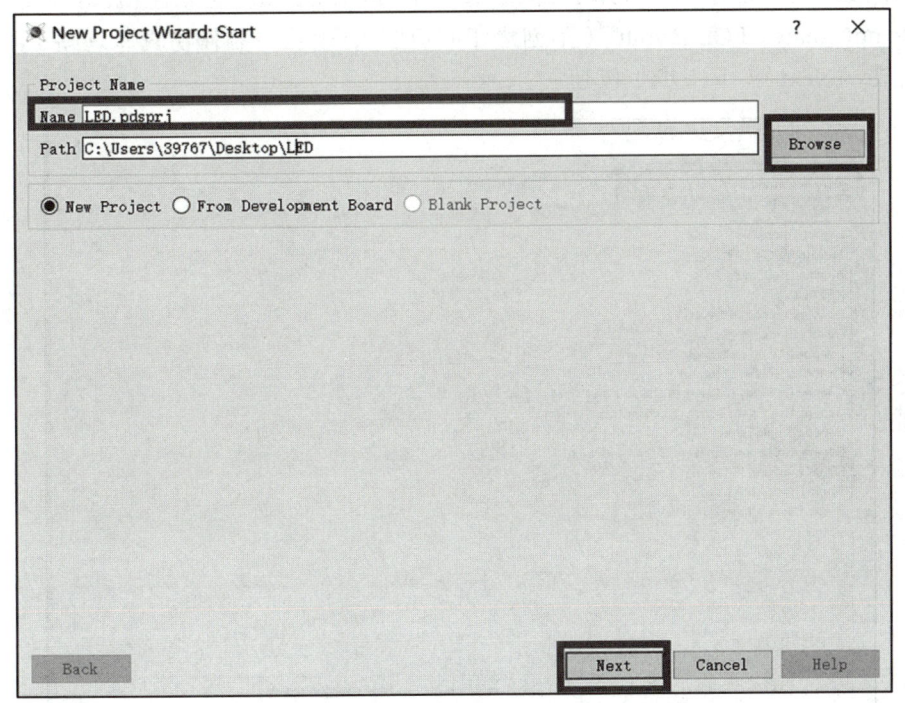

图 1.3　新建项目指南窗口

在弹出的如图 1.4 所示的"New Project Wizard：Schematic Design"（新建项目指南：原理

图设计）窗口勾选"Create a schematic from the selected template"（根据选择的图纸尺寸创建一张原理图选项），此时图纸默认的大小是"DEFAULT"，然后点击"Next"（下一步）按钮。

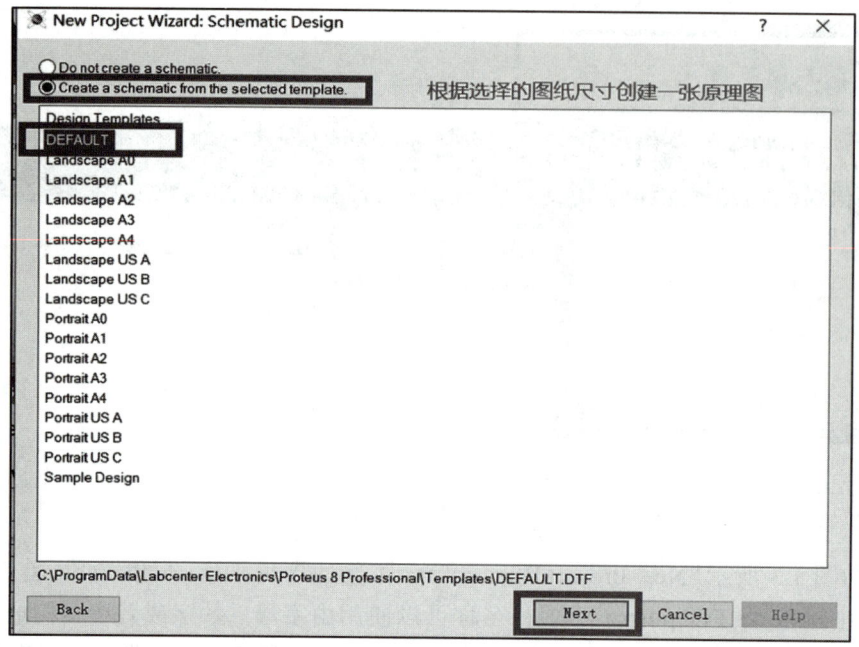

图 1.4　创建原理图窗口

在弹出的如图 1.5 所示的"New Project Wizard：PCB Layout"（新建项目：PCB 布线）窗口勾选"Do not create a PCB layout"（不创建印制板图），表明只制作仿真原理图、不制作电路板。然后点击"Next"（下一步）按钮。

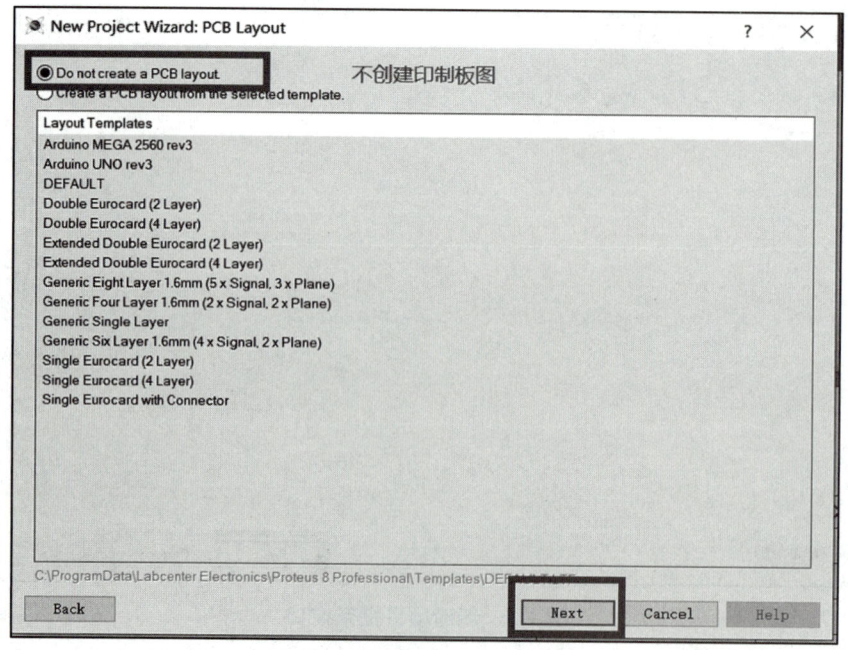

图 1.5　创建印制板窗口

在弹出的如图 1.6 所示的"New Project Wizard：Firmware"（新建项目指南：固件）窗口勾选"Create Firmware Project"（创建工程使用的固件），然后在"Family"（单片机系列）中选择"8051"系列，在"Controller"（控制器）中选择"AT89C51"型号的单片机，在"Compiler"（仿真器）中选择"Keil for 8051"作为仿真器，让 Keil 软件内嵌入 Proteus 8.7 软件中进行仿真实验，然后点击"Next"（下一步）按钮。

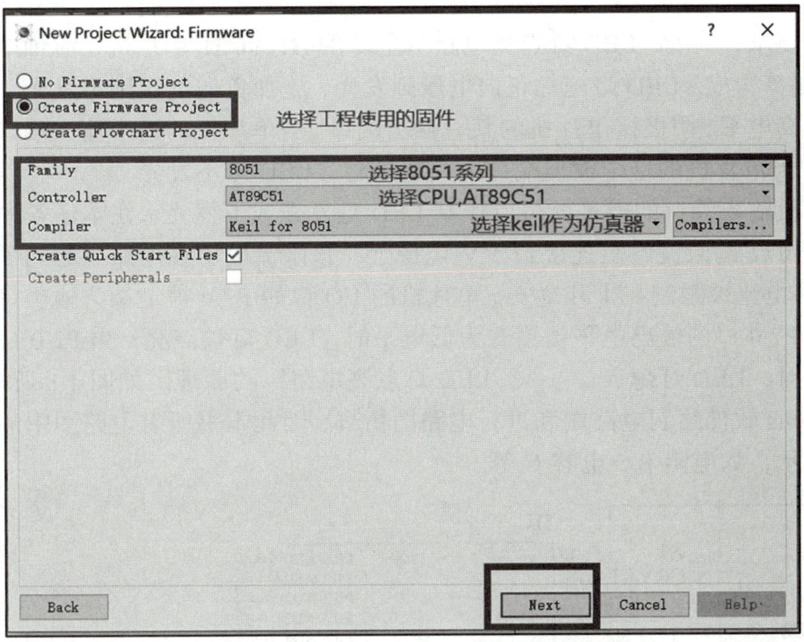

图 1.6　选择工程使用的固件窗口

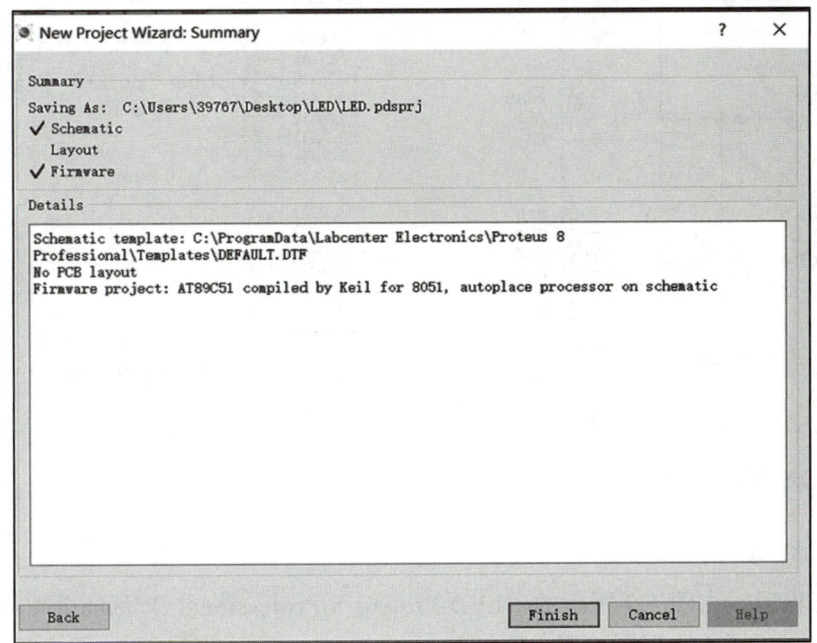

图 1.7　工程概况窗口

在弹出的如图 1.7 所示的"New Project Wizard：Summary"（新建项目指南：工程概况）窗口点击"Finish"（完成）按钮，生成一个新的设计工程。

二、电路原理图的绘制与分析

（一）电路分析

按照任务要求，"一个 LED 灯点亮电路"主要由 AT89C51 单片机、时钟电路、复位电路和 LED 灯电路等构成。LED 灯施加正向电压则发光，施加负向电压则不发光。LED 灯的一般接法是阳极接高电平，阴极接单片机的某一输出端口。当单片机的这个输出端口为低电平时，LED 灯发光；当单片机的这个输出端口为高电平时，LED 灯不发光。

控制单片机输出端口的电平就可以控制 LED 灯发光或不发光。在本任务中，LED 灯的阳极通过一个 210 Ω 的限流电阻连接到 5 V 电源上，该限流电阻在电路中起到了限流作用，使通过 LED 灯的电流被限制在十几毫安。单片机的 I/O 口如 P2.0 被定义为输出口，连接到 LED 灯的阴极。当 P2.0 口的输出电平被设置为低电平时，LED 灯被点亮；当 P2.0 口的输出电平被设置为高电平时，LED 灯熄灭。"一个 LED 灯点亮电路"的原理图如图 1.8 所示。

利用 Proteus 软件绘制电路图和进行电路图仿真，因此本书所有电路图中的元器件符号都采用直体来表示，如电阻 R、电容 C 等。

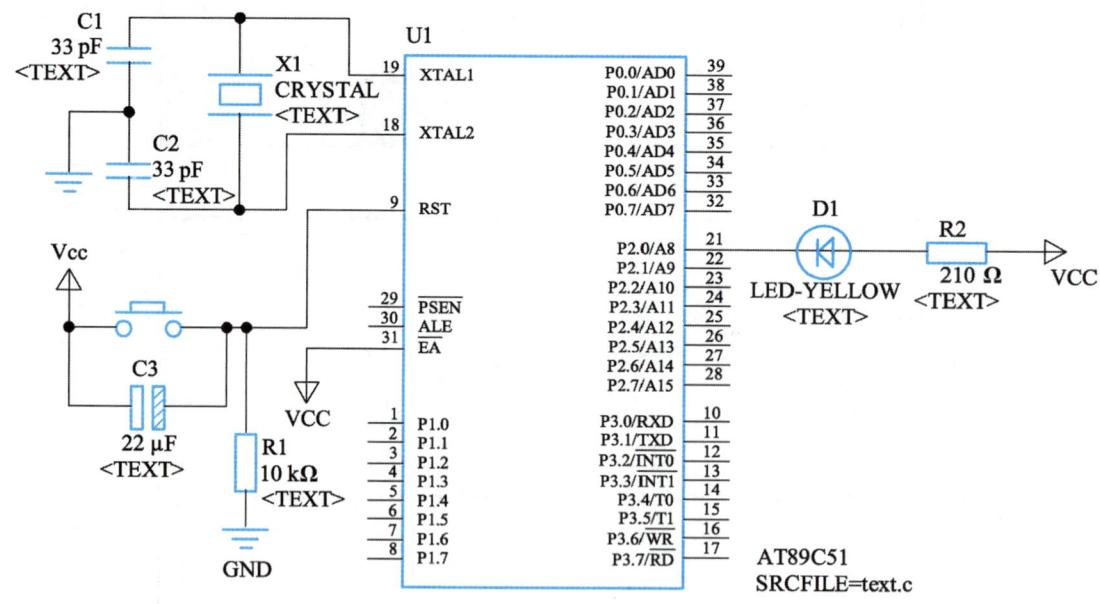

图 1.8 "一个 LED 点亮电路"的原理图

（二）电路绘制方法

1. 绘图界面介绍

新建好工程后，在图 1.9 所示的"LED-Proteus 8 Professional-Schematic Capture"界面有"Schematic Capture"（原理图绘制）和"Source Code"（源程序界面），最左侧是一树状快捷工具栏，绘图使用的器件和仪表可以在这里查找；树状工具栏旁边是"DEVICES"（元器件）

选择窗口；中间黄色栅格区是绘制电路图的界面，俗称绘图区，在绘图区已放置了 CPU 芯片 AT89C51。

2. 添加元器件

添加元器件的步骤主要包括：

（1）鼠标左键单击树状工具栏的"DEVICES"（元器件），选择按钮 ，单击"P"（器件）选择按钮，如图 1.10 所示。

微课：电路绘制的方法

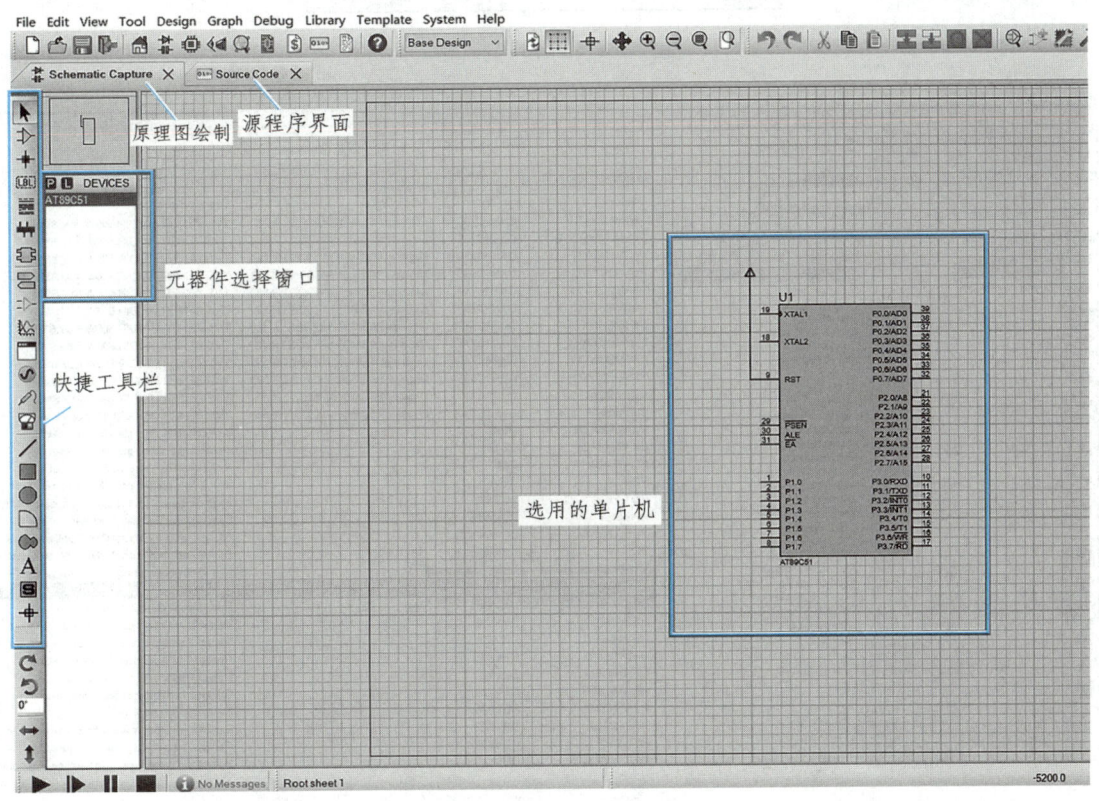

图 1.9　Protues 原理图界面

（2）跳出的"Pick Devices"（选取元器件）对话框，在"Keywords"（关键字）栏中输入所需元件名，如需要电阻则在此栏中输入"RES"，在"Results"（结果）中显示所有元器件型号，如图 1.11 所示。

（3）鼠标左键双击"Results"（结果）中的元器件"RES"（电阻），便可将所选元器件"RES"（电阻）加入到对象选择器窗口，单击"确定"按钮完成元器件选取。

（4）采用同样的方法可以添加其他元器件。在电路图中，还需要添加"CRYSTAL"（晶振）、"CAP"（无极性电容）、"CAP-ELEC"（电解电容）、"LED-YELLOW"（黄色发光二极管）、"BUTTON"（按钮）。

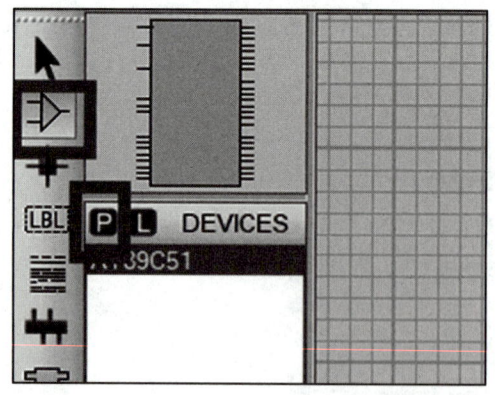

图 1.10 元件选择按钮

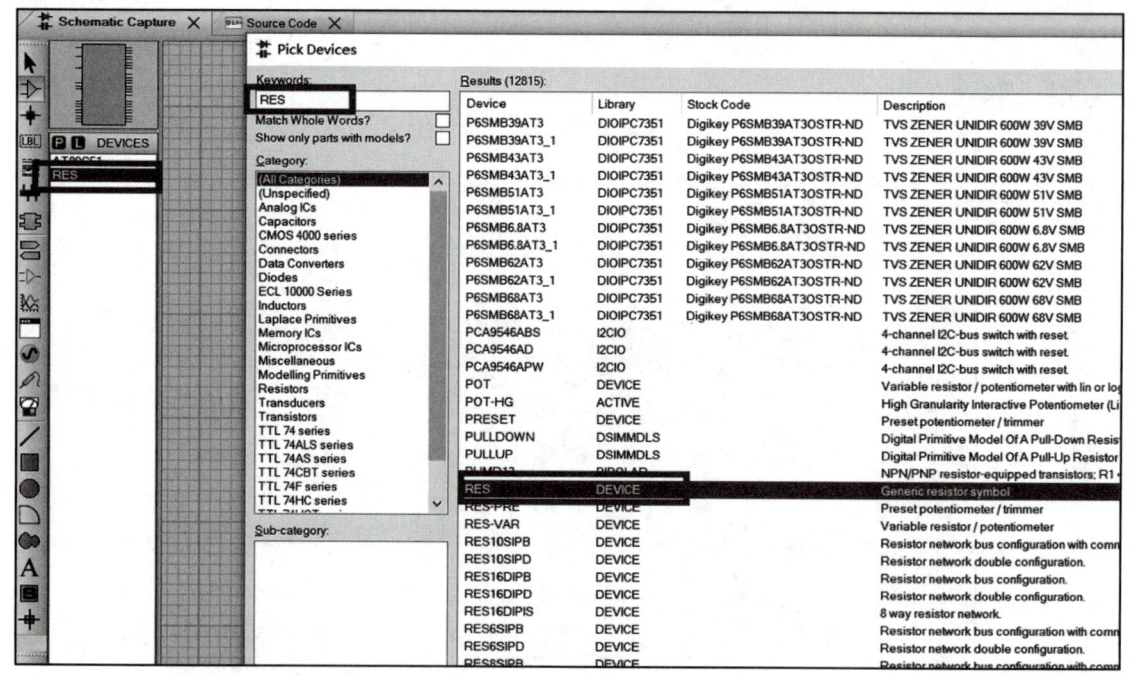

图 1.11 选取元器件对话框

3. 放置元器件

放置元器件的步骤主要包括：

（1）单击元器件列表窗口的元器件"RES"（电阻），"RES"（电阻）变为蓝底白字，预览窗口显示元器件"RES"（电阻）。

（2）单击树状快捷工具栏中方向工具栏按钮可实现元器件的左旋 、右旋 、水平 和垂直 翻转，以调整元器件的摆放方向。

（3）将鼠标指针移到黄色栅格编辑区某一位置，鼠标左键单击一次出现紫红色的电阻随着鼠标指针移动，鼠标左键再单击一次就可放置元器件"RES"，同一类型的元件可以多次点击鼠标左键放置。

（4）参考上述步骤，依照图1.8所示的"一个LED灯点亮电路"的原理图，放置该图中其他的元器件。

4. 编辑元器件

编辑元器件的步骤主要包括：

（1）单击树状快捷工具栏中按钮 ▶ 进入编辑状态。

（2）右击（或单击）元器件，元器件若变为红色则表明该元器件被选中，将鼠标指针放到被选中的元器件上，按住左键拖动到编辑区某一位置松开，即完成元器件的移动。

（3）将鼠标指针放到被选中的元器件上右击，利用弹出快捷菜单中的方向工具栏按钮实现元器件的旋转和翻转。

（4）右击被选中的元器件，可删除该元器件。

（5）在被选中的元器件外单击，可撤销选中。

（6）鼠标右键单击元件后的菜单如图1.12所示。

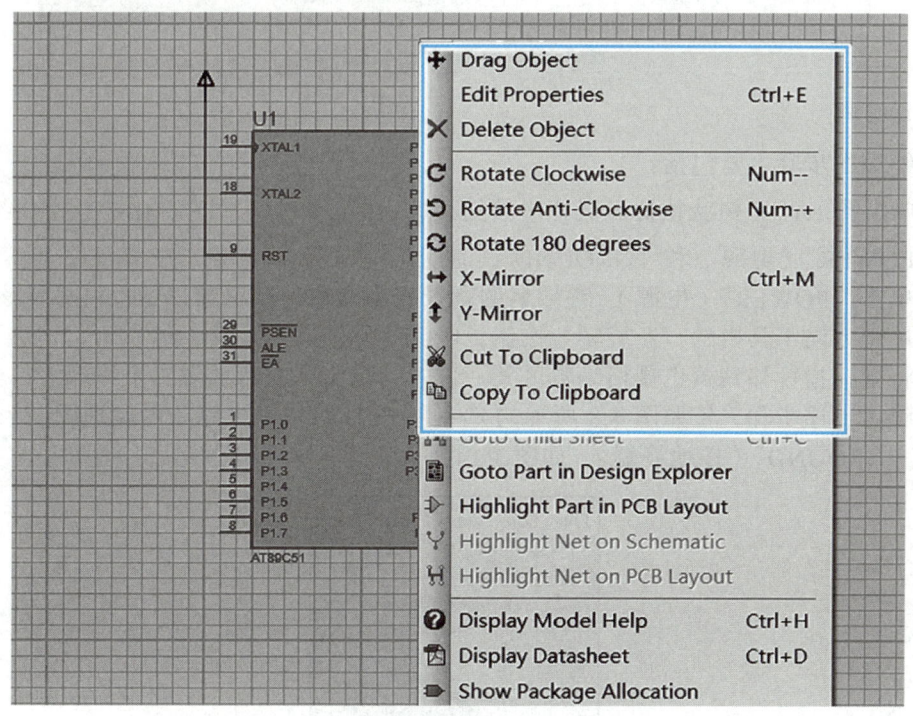

图1.12　鼠标右键单击元件后的菜单

（7）鼠标右键单击元件后选择"Edit Properties"（编辑元器件属性），或直接用鼠标左键双击元器件中心也可以进入到"Edit Component"（编辑元器件）属性界面。在"Edit Component"（编辑元器件）属性界面修改元器件的值和序号，如图1.13中将"Part Reference"修改为"R2"，将"Resistance"修改为"10k"。单击"OK"完成电阻元件属性的修改。

（8）参考上述步骤，依照图1.8所示的"一个LED灯点亮电路"的原理图，对已放置的元器件进行位置调整。

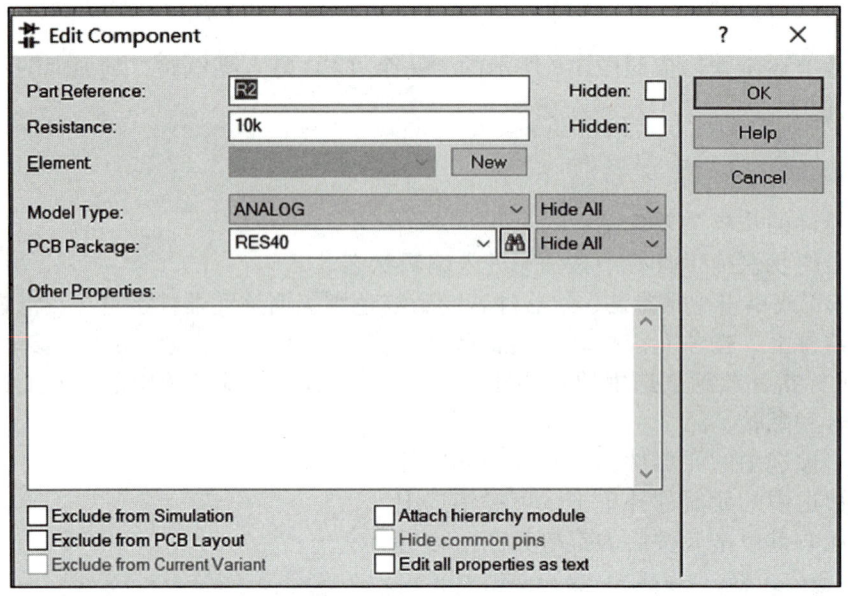

图 1.13　电阻元件属性界面

5. 放置终端

放置终端的步骤主要包括：

（1）单击图 1.11 中树状快捷工具栏中按钮 ，切换模式到"TERMINALS"（终端）窗口并选择"POWER"（电源）和"GROUND"（地）。

（2）单击"POWER"（电源），终端名的背景变为蓝色，预览窗口中也将显示该终端。

（3）单击方向工具栏的"左旋转"按钮，电源终端逆时针旋转 90°。

（4）将鼠标指针移到黄色栅格编辑区某一位置，单击一次可放置一个终端。

（5）参考上述步骤，依照图 1.8 所示的"一个 LED 灯点亮电路"的原理图，采用同样的方法放置"GROUND"（接地终端），如图 1.14 所示。

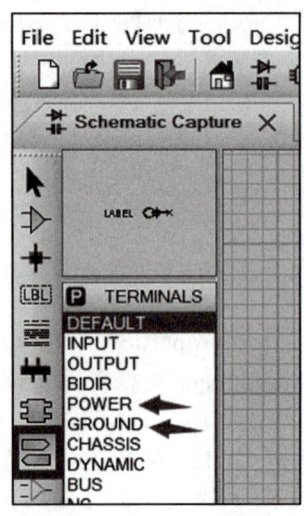

图 1.14　终端模式

6. 连　线

连线的步骤主要包括：

（1）当鼠标指针接近元器件引脚末端时，在该处会自动出现一个小红点，表明可以自动连接到该点。

（2）鼠标左键点击一下，可以拉出一根连线，再单击鼠标左键可以实现线路的转向，拉长连线。

（3）参考上述步骤，依照图 1.8 所示的"一个 LED 灯点亮电路"的原理图，采用同样的方法连接所有元器件的起点和终点，完成电路的连线。

（三）编译调试程序

鼠标左键单击如图 1.11 所示页面的"Source Code"（源程序）进入源程序界面。在此界面中可以输入单片机程序，如图 1.15 所示。

微课：程序调试

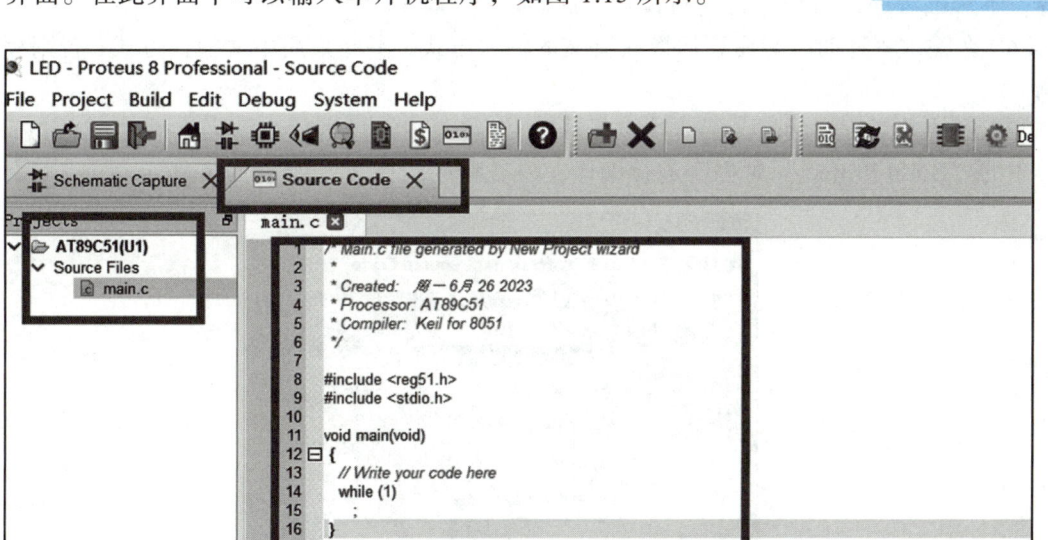

图 1.15　源程序页面

1. 点亮 LED 灯的参考程序

```
#include <reg51.h>           //包含 reg51.h 头文件
sbit LED=P2^0;               //定义 LED 为 P2.0 引脚
void main(void)
{
    LED=0;                   //P2.0 引脚输出低电平点亮 LED 灯
    While(1);
}
```

011

2. 程序编程说明

点亮 LED 灯的参考程序说明内容主要包括：

（1）"#include <reg51.h>"语句是一个"文件包含"处理语句，是将 reg51.h 头文件的内容全部包含进来。该参考程序中包含 reg51.h 头文件的目的是使用"P2^0"这个符号，即通知 C 编译器，程序中所写的 P2^0 是指 AT89C51 单片机的 P2.0 引脚。

（2）P2.0 不能直接使用，"sbit LED=P2^0"就是定义用符号 LED 来表示 P2.0 引脚，当然也可以用 P2_0 或 P20 之类的名字。

（3）"LED=0"语句是使 P2.0 引脚输出低电平，点亮发光二极管 LED。

（4）"while(1)"语句的表达式是 1，也就是说，while 语句的表达式始终为真，进入死循环，LED 灯始终点亮。

（5）内嵌编译器 Keil C 支持 C++风格的注释，可以用"//"进行注释，也可以用/*..*/进行注释，不影响程序，对程序行进行说明，解释该行的功能。

（6）在输入程序时，请注意切换成英文的输入方式，不能采用中文输入方式，否则程序会报错。

（7）完成参考程序的输入后点击"Save"（保存）按钮，然后选择菜单栏中"Build"下拉菜单中的"Build Project"对程序进行编译，检查程序的格式，如图 1.16 所示。

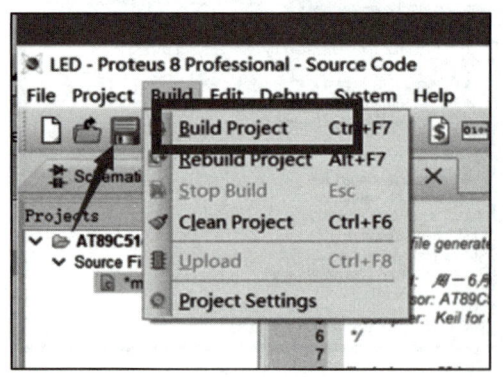

图 1.16　保存和编译

（8）若程序格式无错，则在"VSM Studio Output"窗口的第 3 行出现"C51 COMPILATION COMPLETE. 0 WARNING(S), 0 ERROR(S)"，倒数第 2 行出现"LINKLOCATE RUN COMPLETE. 0 WARNING(S), 0 ERROR(S)."，最后 1 行出现"Compiled successfully."，表示程序格式及逻辑正确，仿真成功，如图 1.17 所示。

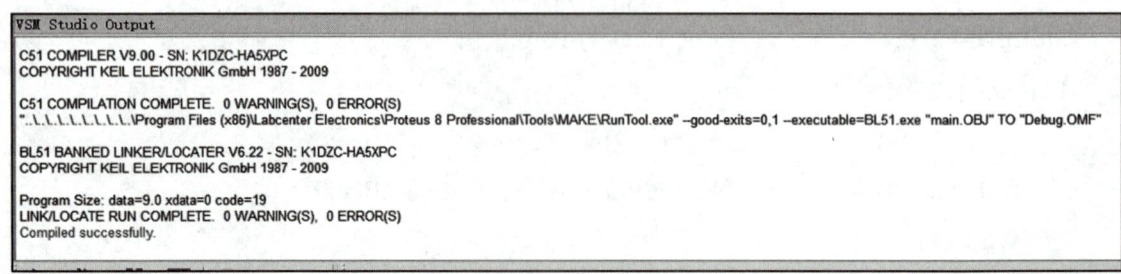

图 1.17　程序编译成功显示

（9）如果程序有错，则在"VSM Studio Output"窗口显示相应的错误信息并且链接到错误所在的位置，只要用鼠标左键双击报错的链接即可以跳到错误所在的位置，可以进行程序修改，如图1.18所示。若修改完成可再次进行编译，直到编译无错误为止，如图1.17所示。

```
"..\..\..\..\..\..\..\Program Files (x86)\Labcenter Electronics\Proteus 8 Professional\Tools\MAKE\RunTool.exe" --goo

C51 COMPILER V9.00 - SN: K1DZC-HA5XPC
COPYRIGHT KEIL ELEKTRONIK GmbH 1987 - 2009
*** ERROR C141 IN LINE 10 OF ..\MAIN.C: syntax error near 'void', expected ';'
*** ERROR C141 IN LINE 13 OF ..\MAIN.C: syntax error near 'while'

C51 COMPILATION COMPLETE.  0 WARNING(S), 2 ERROR(S)
make: *** [main.OBJ] Error 1

Error code 2
```

图 1.18　程序编译出错显示

（10）参考程序编译成功后，窗口切换至"Schematic Capture"（原理图绘制）页面。点击页面右下方按键 ▶▷‖■，点击第一个按键则参考程序全速运行；点击第二个按键 ▷ 则参考程序单步运行；点击第三个按键 ‖ 则参考程序暂停；点击第四个按键 ■ 则参考程序停止仿真。通过这四个按键可以控制程序的仿真过程，观察电路的仿真结果。

微课：程序的编译与仿真

任务实施

一、实训室操作规程

实训室的操作规程主要包括：

（1）使用者必须遵守机房规章制度，服从管理人员的指挥。未经负责人员同意，任何人不得私自进入机房或使用机房内任何设备。

（2）禁止将食物、饮料等带入机房，禁止在机房内吸烟、谈笑、打闹、随地吐痰。

（3）不得在机房的计算机上安装和卸载软件；严禁修改计算机系统设置；不得使用计算机做与教学无关的事，如看电视剧、看电影、打游戏等。

（4）在规定的范围内操作机器，爱护设备，严禁私自移动、拆卸机箱及外部设备，在操作过程中如遇到设备故障，应及时报告管理人员，不得擅自处理。凡人为破坏设备者，后果自负。

（5）自觉保护机房设备，下课后自觉正确关闭计算机，按操作流程整理好自己使用过的键盘、鼠标、椅子、桌子等，带走私人物品（包括产生的垃圾）。私人物品丢失，责任自负。

（6）机房卫生由使用机房的班级负责打扫，任课老师负责监督。

（7）不得将电水壶、热得快、手机充电器等使用220 V电源的用电电器带入机房。

二、设备检查

根据实验内容,记录设备检查内容以及设备所在位置。

三、绘制电路和编译程序

根据实验内容,绘制实验电路、编译程序并记录所遇到的问题、分析实验故障。

四、拓展

图 1.8 所示的电路中,单片机的 P2.0 口连接到发光二极管 LED 的_____极,P2.0 口输出_____电平可以使 LED 点亮;P2.0 口输出_____电平可以使 LED 熄灭。

为了使 LED 灯闪烁,如何设计电路才能达到设计要求?请填空完成下面程序。

```
#include <reg51.h>
sbit LED=P2^0;
void Delay( )                                    //延时函数
{
    unsigned char i,j;
    for(i=0;i<255;i++)
        for(j=0;j<255;j++);
}
void main( )
{
    While(1)
    {
        LED =_____;
        _____;
        LED =_____;
        _____;
    }
}
```

五、思考

（一）"while(1)"语句有哪些作用？

（二）为了控制四个 LED 灯，如何修改控制程序？

（三）简述 sbit 的作用。

微课：单片机科普

安全提示

1. 请严格遵守实训室操作规程。
2. 按照实训室 7S 管理要求规范操作。

注意事项

请在英文输入法状态下输入程序并且需要区分大小写。

知识链接

一、认识单片机

单片机（Single-Chip Microcomputer）是一种集成电路芯片，采用超大规模集成电路技术把具有数据处理能力的中央处理器 CPU、随机存储器 RAM、只读存储器 ROM、多种 I/O 口和中断系统、定时器/计数器等功能（可能还包括显示驱动电路、脉宽调制电路、模拟多路转换器、A/D 转换器等电路）集成到一块硅片上构成一个小而完善的微型计算机系统，在工业控制领域应用广泛。单片机由 20 世纪 80 年代的 4 位、8 位单片机发展到现在的 300 MHz 的高速单片机。

单片机的应用领域十分广泛，如智能仪表、实时工控、通信设备、导航系统、家用电器等。自 20 世纪 90 年代以来，单片机技术得到快速发展，在实践应用中日渐成熟，被广泛应用于各个领域，如自动测量、智能仪表行业等。在工业发展进程中，电子信息技术与单片机技术相融合，有效提高了单片机应用效果。作为计算机技术中的一个分支，单片机技术在电子产品领域的应用丰富了电子产品的功能，为智能化电子设备的开发和应用提供了新的出路，实现了智能化电子设备的创新与发展。

单片机的发展阶段主要包括：

（1）第一阶段（1974—1976 年）。

制造工艺落后，集成度低，主要采用双片模式。典型的代表产品有 Fairchild 公司的 F8 系列,片内只包括 8 位 CPU、64 B 的 RAM、2 个并行口,需要外加一块 3851 芯片(内部具有 1 KB 的 ROM、定时器/计数器和两个并行口)才能组成一台完整的单片机。

(2)第二阶段(1977—1978 年)。

在单片芯片内集成 CPU、并行口、定时器/计数器、RAM 和 ROM 等功能部件,但性能低、品种少,应用范围较窄。典型的产品有 Intel 公司的 MCS-48 系列,在片内集成有 8 位的 CPU、1 KB 或 2 KB 的 ROM、64 B 或 128 B 的 RAM,只有并行接口但无串行接口,有 1 个 8 位的定时器/计数器、2 个中断源。片外寻址范围为 4 KB,芯片引脚为 40 个。

(3)第三阶段(1979—1982 年)。

此阶段为 8 位单片机成熟的阶段,其存储容量和寻址范围增大,中断源、并行 I/O 口和定时器/计数器个数都有了不同程度的增加,集成有全双工串行通信接口。在指令系统方面,增设了乘除法、位操作和比较指令。代表产品有 Intel 公司的 MCS-51 系列,Motorola 公司的 MC6805 系列,TI 公司的 TM7000 系列,Zilog 公司的 Z8 系列等,在片内集成了 8 位的 CPU、4 KB 或 8 KB 的 ROM、128 B 或 256 B 的 RAM,具有串/并行接口、2 个或 3 个 16 位的定时器/计数器、5~7 个中断源。片外寻址范围可达 64 KB,芯片引脚为 40 个。

(4)第四阶段(1983 年至今)。

此阶段是 16 位单片机和 8 位高性能单片机并行发展的时代。16 位单片机的工艺先进、集成度高、内部功能强、运算速度快,允许用户采用面向工业控制的专用语言,其特点是片内包括了 16 位的 CPU、8 KB 的 ROM、232 B 的 RAM,具有串/并行接口、4 个 16 位的定时器/计数器、8 个中断源、看门狗(Watchdog)、总线控制部件,增加了 D/A 和 A/D 转换电路,片外寻址范围可达 64 KB。代表产品有 Intel 公司的 MCS-96 系列,Motorola 公司的 MC68HC16 系列,TI 公司的 TMS9900 系列,NEC 公司的 783×× 系列和 NS 公司的 HPC16040 等。由于 16 位单片机价格比较贵,销售量不大,大量应用领域需要的是高性能、大容量和多功能的新型 8 位单片机。

近年来出现的 32 位单片机是单片机的顶级产品,具有较高的运算速度。代表产品有 Motorola 公司的 M68300 系列和 Hitachi(日立)司的 SH 系列、ARM 等。

二、单片机的内部结构

单片机也称为单片微控器,属于一种集成式电路芯片,主要包含 CPU、只读存储器 ROM 和随机存储器 RAM 等。多样化数据采集与控制系统能够让单片机完成各项复杂的运算,无论是对运算符号进行控制还是对系统下达运算指令都能通过单片机完成。由此可见,单片机凭借其强大的数据处理技术和计算功能,可以广泛应用于智能电子设备。简单地说,单片机就是一块芯片,这块芯片组成了一个系统,通过集成电路应用技术将数据运算与处理能力集成到芯片中,实现对数据的高速化处理。

微课:单片机工作原理

单片机内部主要包括 9 个部件,如中央处理器(CPU)、振荡器和时钟电路、数据存储器(RAM)、特殊功能寄存器、程序存储器(ROM)、中断系统、并行输入/输出口(P0 口~P3 口)、定时/计数器以及串行口。单片机内部及结构基本组成框图如图 1.19 所示。

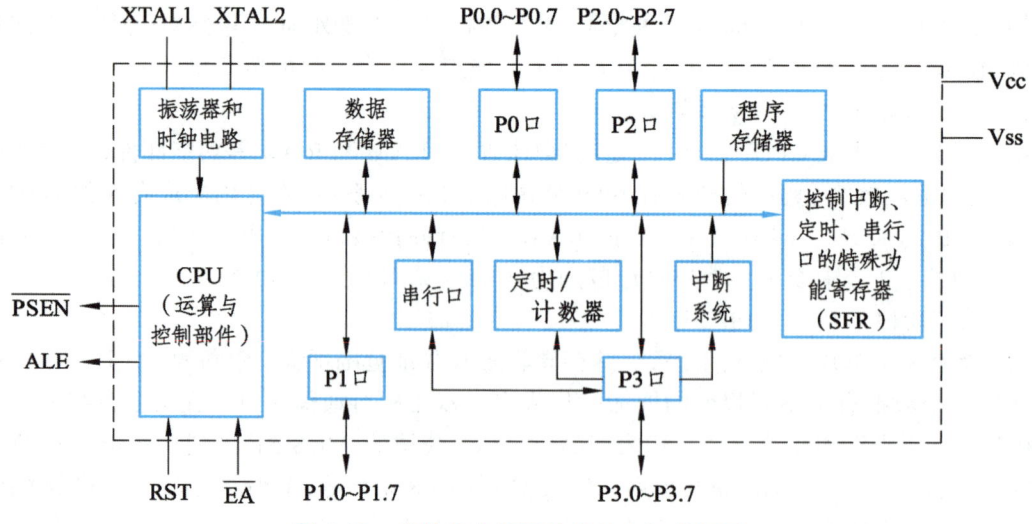

图 1.19　单片机内部及结构基本组成框图

三、单片机的引脚结构

MCS-51 单片机的封装有两种形式：一种是双列直插式 PDIP（PLASTIC DIP）封装形式，另一种是方形 PLCC（PLASTIC LEADED CHIP CARRIED）封装形式。

双列直插式封装的 AT80C51 单片机有 40 个引脚，该类单片机的封装形式及管脚定义如图 1.20 所示。

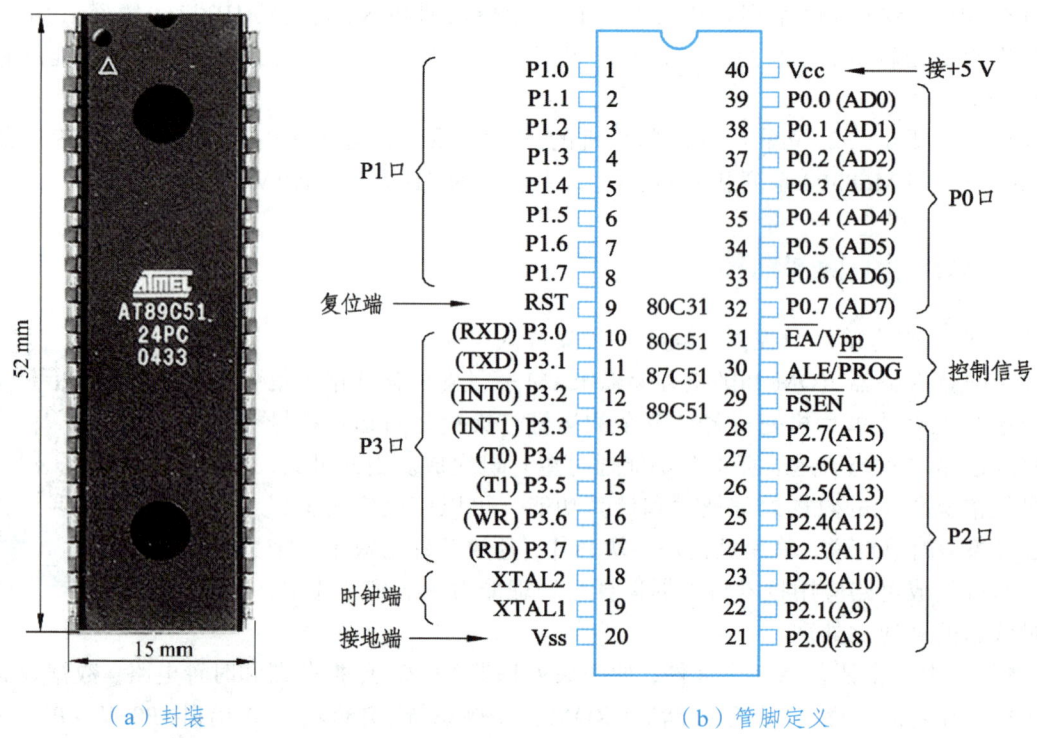

（a）封装　　　　　　　　　　　　（b）管脚定义

图 1.20　双列直插式 AT89C51 单片机的封装及管脚定义

方形封装形式的单片机，包括 4 个 NC 脚（空引脚）。方形封装形式的 AT80S51 单片机有 44 个引脚，该类单片机的封装形式及管脚定义图如图 1.21 所示。

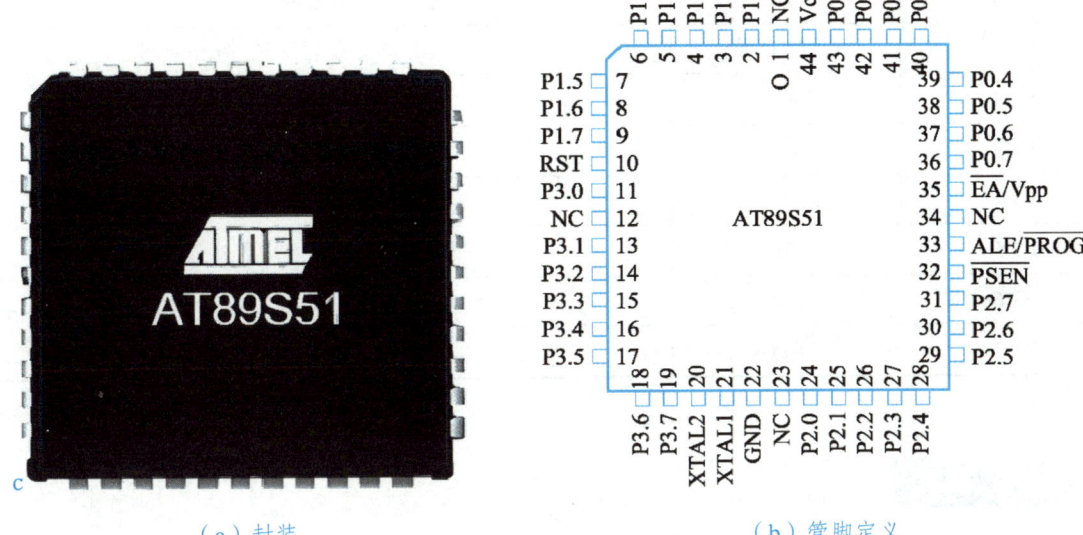

（a）封装　　　　　　　　　　　　（b）管脚定义

图 1.21　方形封装 AT89S51 单片机的封装和引脚定义

双列直插式 AT89S51 单片机的管脚定义主要包括：

（1）电源引脚。

Vcc（40 脚）：接供电电源的正极。

Vss（20 脚）：接供电电源的负极。

（2）时钟电路引脚。

XTAL2（18 脚）和 XTAL1（19 脚）：接振荡电路。

（3）控制信号引脚。

$\overline{EA}/V_{pp}$（31 脚）：当 $\overline{EA}$ 接高电平时，先内后外执行 ROM 程序；当 $\overline{EA}$ 接低电平时，只执行外部 ROM 程序。

RST（9 脚）：当输入两个机器周期以上的高电平时实现复位，使单片机初始化并重新执行程序。

ALE/$\overline{PROG}$（30 脚）：访问外部存储器和其他外设时，ALE 控制低 8 位地址和数据的分时传送。

$\overline{PSEN}$（29 脚）：外部程序存储器读选通信号。

（4）并行输入/输出引脚。

AT89S51 单片机共有 32 个并行输入/输出引脚，包括：

P0 口（39 脚~32 脚）：可作为地址/数据总线端口，也可作为普通 I/O 口。

P1 口（1 脚~8 脚）：一般只用作 I/O 端口。

P2 口（21 脚~28 脚）：当访问外部存储器时可输出高 8 位地址，也可作为普通 I/O 端口。

P3 口（10 脚~17 脚）：主要用做如表 1.1 所示的第二功能，也可作为普通 I/O 口。

表 1.1　单片机 P3 口的第二功能

口线	第二功能	信号名称
P3.0	RXD	串行数据接收
P3.1	TXD	串行数据发送
P3.2	$\overline{INT0}$	外部中断 0 申请
P3.3	$\overline{INT1}$	外部中断 1 申请
P3.4	T0	定时器/计数器 0 计数输入
P3.5	T1	定时器/计数器 1 计数输入
P3.6	$\overline{WR}$	外部 RAM 写选通
P3.7	$\overline{RD}$	外部 RAM 读选通

阅读材料

一、单片机的型号

（一）Intel 公司单片机

Intel 公司是世界上最早推出单片机如 8051/31 型号的公司之一。由于 Intel 公司将重点放在 186、386、奔腾等与 PC 类兼容的高档芯片开发，Intel 公司将 MCS-51 系列单片机中的 8051 内核使用权以专利互换或出让方式给世界许多著名 IC 制造厂商，如 Philips、NEC、Atmel、AMD、Dallas、Siemens、华邦、LG 等。51 系列单片机是这些厂商以 Intel 公司 MCS-51 系列单片机中的 8051 为基核推出的各种型号的兼容性单片机。Intel 公司 MCS-51 系列单片机中的 8051 是其中最基础的单片机型号。

（二）Atmel 公司单片机

Atmel 公司是世界上著名的高性能、低功耗、非易失性存储器和数字集成电路的一流半导体制造公司。Atmel 公司最令人注目的技术是电可擦可编程只读存储器（EEPROM）技术以及其高质量、高可靠性的生产技术。在 CMOS 器件生产领域中，Atmel 的先进设计水平和优秀的生产工艺及封装技术一直处于世界的领先地位。

AT91M 系列是基于 ARM7TDMI 嵌入式处理器的，是 Atmel16/32 微处理器系列中的一个新成员，该处理器采用高密度的 16 位指令集实现高效的 32 位 RISC 结构且功耗很低。另外，Atmel 的增强型 51 系列（AT89 系列）单片机在目前的市场上仍然十分流行，其中 AT89S51 应用较广。

Atmel 公司产品的前缀由字母 AT 组成，型号 89CXXXX 中 C 表示内部含有 Flash 存储器，C 表示该型号产品为 CMOS 产品；9LVXXXX 中 LV 表示低压产品；89SXXXX 中 S 表示含有串行下载 Flash 存储器。

（三）Microchip 公司单片机

Microchip 单片机的主要产品是 PIC16C 系列和 17C 系列的 8 位单片机。Microchip 的 CPU 采用 RISC 结构，分别仅有 33、35、58 条指令，采用 Harvard 双总线结构，具有运行速度快、低工作电压、低功耗、较大的输入输出直接驱动能力、价格低、一次性编程、小体积的特点。Microchip 公司单片机产品以低价位著称，一般单片机价格都在 1 美元以下。Microchip 单片机没有掩膜产品，全部都是 OTP 器件（现已推出 FLASH 型单片机）。Microchip 公司强调节约成本的最优化设计，其产品使用量大、档次低、价格敏感，在办公自动化设备、消费电子产品、电讯通信、智能仪器仪表、汽车电子、金融电子、工业控制不同领域都有广泛的应用。PIC 系列如 PIC16C5X、PIC16CXX、PIC17CXX、PIC18CXXX、PIC16FXXX、PIC17CXXX、PIC18XXXX 等单片机在世界单片机市场份额排名中逐年提高，发展非常迅速。

（四）珠海建荣科技公司单片机

珠海建荣科技公司的 AX1001 单片机是 100 MIPS 的高性能 8 位 RISC 微控制器，采用先进的 CMOS OTP 技术，应用于税控机、条形码扫描仪、打印机、网络控制系统、读卡器等，该款芯片性能比很高。

（五）深圳宏晶科技单片机

深圳宏晶科技的 STC 单片机完全兼容 51 单片机，有其独到之处，具有抗干扰性强、加密性强、超低功耗的特点，可以远程升级，内部有 MAX810 专用复位电路，价格也较便宜。由于这些特点，STC 系列单片机的应用日趋广泛。

二、单片机分类

单片机一般分为通用型单片机和专用型单片机两大类。通用型单片机是一种基本芯片，如市场上常见的 MCS-51、Atmel、Philips、Winbond 等系列的单片机产品，具有可用资源丰富、性能全面、适用性强等特点，可广泛应用于生产、科研等。专用型单片机也称为专用微处理器，是专门针对某个特定产品而设计的，各方面均经过最优化的考虑，具有十分明显的综合优势，如数码相机、手机、洗衣机功能控制器、空调控制器、IC 卡读写器中所应用的单片机等。

51 系列单片机分类如表 1.2 所示。

表 1.2　MCS-51 两个子系列和 4 种类型

资源配置	片内 ROM 的形式				片内 ROM 容量	片内 RAM 容量	定时器/计时器	中断源
	无	ROM	EPROM	EEPROM				
51 子系列	8031	8051	8751	8951	4 KB	128 B	2×16	5
52 子系列	8032	8752	8752	8952	8 KB	256 B	3×16	6

教学评价

对学生在实践操作过程中的表现进行评价，完成表1.3所示的教学评价表。

表1.3　教学评价表

评价项目	项目评价内容	分值	自我评价	小组评价	教师评价	得分
仿真操作	正确绘制电路	20				
	正确编译程序	20				
拓展操作	能完成拓展项目	20				
小组提问	简述任务操作要点	10				
	简述程序组成部分	5				
安全文明生产	实验设备的正确使用	5				
	设备的摆放及实训台的整理	5				
学习态度	出勤情况	5				
	实验室和课堂纪律	5				
	团队协作精神	5				

任务二　　LED 灯循环点亮

任务目标

1. 掌握单片机 P0、P1、P2 和 P3 的功能和应用。
2. 掌握 C 语言的基本结构。
3. 利用单片机 I/O 口实现对 LED 灯循环点亮控制。

微课：LED 循环点亮仿真资源

任务描述

利用 Proteus 软件将 P1 口引脚通过驱动芯片 74LS240 接 8 个 LED 灯的阳极，通过程序完成 8 个 LED 灯的循环点亮实践。

任务准备

一、新建工程项目

在任务 1 中采用单片机 P2 口的一个引脚控制一个发光二极管的亮、灭状态，本任务利用 P1 口的 8 个引脚可以控制 8 个发光二极管的亮、灭状态。LED 灯循环点亮电路图如图 1.22 所示。

与任务 1 中控制一个 LED 灯亮、灭状态的电路相比较，本任务如图 1.22 所示的 LED 灯循环点亮电路图多接 7 个发光二极管外，在 P1 口与发光二极管之间还增加了两个芯片 74LS240（具有驱动功能的八路反相驱动器）。当 P1 口的某一位输出低电平时，反相后输出高电平，点亮对应的发光二极管；当 P1 口的某一位输出为高电平时，反相后输出低电平，对应的发光二极管熄灭。

从 Proteus 中选取的元器件清单主要包括：

（1）U1：AT89C51，单片机。
（2）R1：RES，电阻 10 kΩ。
（3）R2~R9：RES，电阻 1 kΩ。
（4）C1、C2：CAP，电容 30 pF。
（5）C3：CAP-ELEC，电解电容 22 μF。
（6）U2：74LS240，八路反相驱动器。
（7）D1~D8：LED-YELLOW，黄色发光二极管。
（8）S1：BUTTON，按键。
（9）X1：CRYSTAL，晶体振荡器 12 MHz。

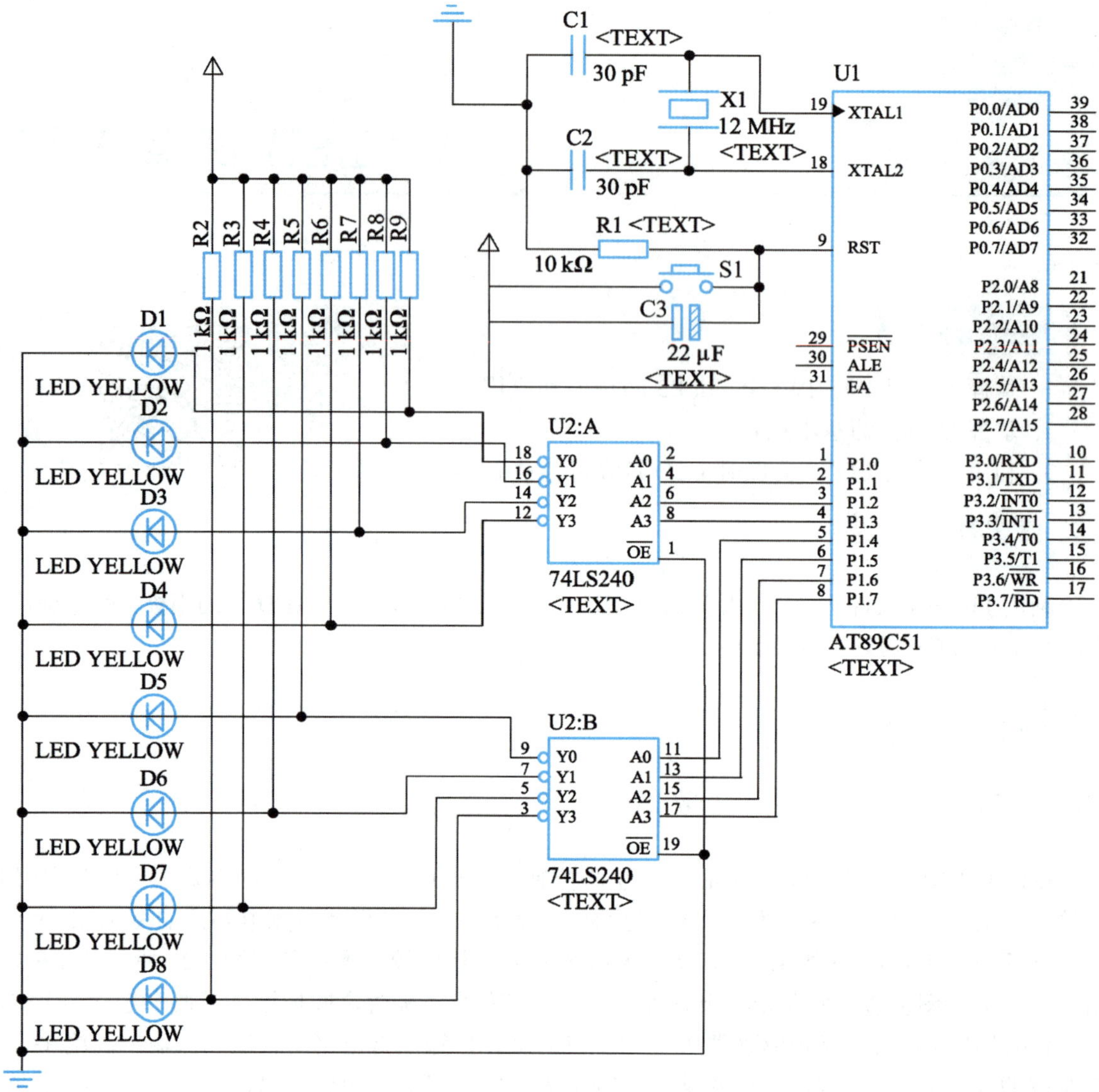

图 1.22　LED 灯循环点亮电路图

二、任务功能分析

从 P1.0 到 P1.7 依次循环点亮一个 LED 灯。单片机有 4 个 8 位 I/O 口如 P0、P1、P2、P3，任意 I/O 口都可以用来控制 8 个 LED 灯的亮、灭显示，但是 P0 口所包含的每个引脚都必须外接上拉电阻。本任务采用 P1 口来控制 8 个 LED 灯。D8~D1 灯对应端口顺序如图 1.23 所示。

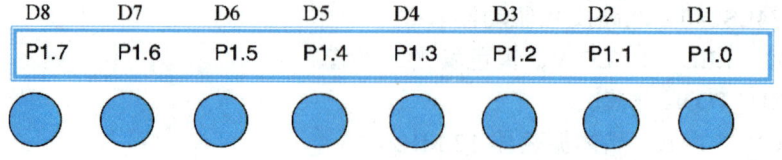

图 1.23　8 个 LED 灯对应 P1 口引脚图

为了点亮 D1 灯,则 P1.0 口输出低电平,74LS240 取反后为高电平,点亮 D1 灯;其他引脚 P1.7~P1.1 都输出高电平,D8~D2 灯都熄灭。依次类推,点亮每一个灯所需的 P1 口的电平如表 1.4 所示。

表 1.4　LED 灯循环点亮 P1 口输出状态

P1.7	P1.6	P1.5	P1.4	P1.3	P1.2	P1.1	P1.0	P1 口值
1	1	1	1	1	1	1	0	0xfe
1	1	1	1	1	1	0	1	0xfd
1	1	1	1	1	0	1	1	0xfb
1	1	1	1	0	1	1	1	0xf7
1	1	1	0	1	1	1	1	0xef
1	1	0	1	1	1	1	1	0xdf
1	0	1	1	1	1	1	1	0xbf
0	1	1	1	1	1	1	1	0x7f

8 个 LED 灯循环点亮的控制程序参考方案主要包括:

(1)参考方案 1:顺序结构程序。

```c
#include <reg51.h>
void delay(unsigned int i)            //延时函数,无符号字符型变量 i 为形式参数
{
    unsigned char j,k;                //定义无符号字符型变量 j 和 k
    for(k=0;k<i;k++)                  //双重 for 循环语句实现软件延时
        for(j=0;j<255;j++);
}

void main( )                          //主函数
{
    while(1)
    {
        P1=0xfe;                      //点亮第 1 个发光二极管
        delay(200);                   //延时
        P1=0xfd;                      //点亮第 2 个发光二极管
        delay(200);                   //延时
        P1=0xfb;                      //点亮第 3 个发光二极管
        delay(200);                   //延时
```

```
        P1=0xf7;              //点亮第 4 个发光二极管
        delay(200);           //延时
        P1=0xef;              //点亮第 5 个发光二极管
        delay(200);           //延时
        P1=0xdf;              //点亮第 6 个发光二极管
        delay(200);           //延时
        P1=0xbf;              //点亮第 7 个发光二极管
        delay(200);           //延时
        P1=0x7f;              //点亮第 8 个发光二极管
        delay(200);           //延时
    }
}
```

（2）参考方案 2：循环程序。

从参考方案 1 可以观察到，8 个 LED 灯的点亮数据分别为 0xfe、0xfd、0xfb、0xf7、0xef、0xdf、0xbf、0x7f，这 8 个数据符合从右到左循环左移一位的规律，因此可以利用 C 语言中 for 循环和"<<"左移运算符将顺序结构的主程序简化为循环左移结构的主程序，修改后的主程序如下：

```
    void main( )              //主函数
    {
        unsigned char i,w;
        while(1)
        {
            w=0x01;           // 信号灯显示字初值为 01H
            for(i=0;i<8;i++)
            {
                P1=~w;        // 显示字取反后，送 P1 口
                delay(200);   // 延时
                w<<=1;        // 显示字左移一位
            }
        }
    }
```

小知识

程序中语句"P1=~ w",其中"~"是按位取反运算符,作用是将变量 w 中的二进制值按位取反。如果在执行该语句前变量 w 的值为 0x01(00000001B),那么执行该语句后 P1 的内容为 0xfe(11111110B)。

程序中语句"w=w<<1"是一个复合赋值表达式,其中"<<"是左移运算符,将变量 w 中的二进制值向左移动 1 位送入 w 中存储。如果在执行该语句前变量 w 的值为 0x01(00000001B),那么执行该语句后变量 w 的值为 0x02(二进制 00000010B)。

for 循环语句的一般格式如下:

```
for(循环变量初始值; 循环条件; 修改循环变量)
{
    语句组;   //循环体
}
```

任务实施

一、实训室操作规程

实训室的操作规程主要包括:

(1)使用者必须遵守机房规章制度,服从管理人员的指挥。未经负责人员同意,任何人不得私自进入机房或使用机房内任何设备。

(2)禁止将食物、饮料带入机房,禁止在机房内吸烟、谈笑、打闹、随地吐痰。

(3)不得在机房计算机上安装和卸载软件;严禁修改计算机系统设置;不得使用计算机做与教学无关的事,如看电视剧、看电影、打游戏等。

(4)在规定的范围内操作机器,爱护设备,严禁私自移动、拆卸机箱及外部设备,在操作过程中如遇设备故障,应及时报告管理人员,不得擅自处理。凡人为破坏设备者,后果自负。

(5)自觉保护机房设备,下课后自觉正确关闭计算机,按操作流程整理好自己使用过的键盘、鼠标、椅子、桌子,带走私人物品(包括产生的垃圾)。私人物品丢失,责任自负。

(6)机房卫生由使用班级负责打扫,任课老师负责监督。

(7)不得将电水壶、热得快、手机充电器等使用 220 V 电源的用电器带入机房。

二、设备检查

根据实验内容,记录设备检查内容以及设备所在位置。

三、绘制电路和编译程序

根据实验内容，绘制实验电路、编译程序并记录所遇到的问题、分析实验故障。

四、拓展

（一）">>"为右移运算符，请尝试修改本任务的8个LED灯控制程序，实现LED灯循环右移，编写源程序。

（二）如果将8个LED灯点亮的顺序改成从中间到两边，请修改程序。

五、思考

请写出下列程序答案
unsigned char a;
a=0x7b;
a=a<<2;
执行该程序后，a=_____。

安全提示

1. 请严格遵守实训室操作规程。
2. 按照实训室 7S 管理要求规范操作。

注意事项

在绘制电路时,如果有多个相同类型的器件,可以利用 Proteus 8 的"复制"功能来放置这些器件。

知识链接

一、单片机的最小系统

单片机最小系统也称为最小应用系统,是指利用最少元件组成的单片机工作系统。对于 51 系列单片机来说,最小系统一般应该包括单片机、晶振电路、复位电路。

51 单片机的最小系统电路图如图 1.24 所示,主要包括:

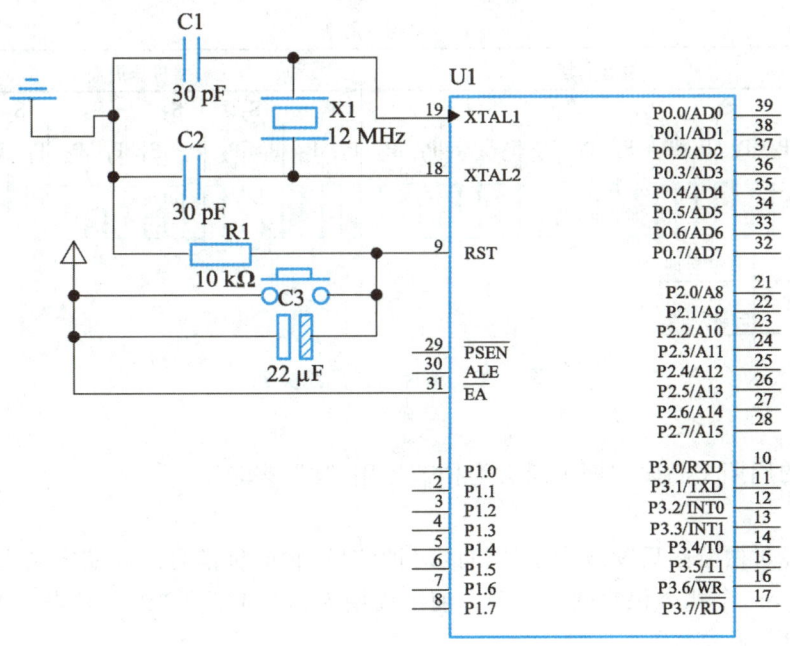

图 1.24　51 单片机的最小系统电路图

(1)晶振电路。

单片机系统里晶振非常重要。晶振全称石英晶体振荡器,可以结合单片机内部电路产生单片机所需的时钟频率。单片机晶振提供的时钟频率越高,单片机的运行速度就越快。单片机执行指令都是基于晶振提供的时钟频率来完成的。

晶振电路为单片机系统提供基本的时钟信号，通常一个单片机系统共用一个晶振，便于各数据传输和控制的同步。有些通信系统的基频和射频使用不同的晶振，但是可以通过电子调整频率的方法来保持同步。晶振通常与锁相环电路配合使用，以提供系统所需的时钟频率。如果不同子系统需要不同频率的时钟信号，可以采用与同一个晶振相连的不同锁相环来提供 AT89C51 的 11.059 2 MHz 晶体振荡器作为振荡源。由于单片机内部带有振荡电路，所以外部只要通过 XTAL1 引脚和 XTAL2 引脚连接一个晶振和 2 个电容即可构成晶振电路，外接的 2 个电容容量一般为 15~50 pF，如图 1.24 所示。

单片机的振荡脉冲也可以是引入的外部脉冲信号。对于 AT80C51 单片机，引入的外部脉冲信号由 XTAL1 引脚注入，XTAL2 引脚悬空。对引入的外部脉冲信号的占空比没有要求，但高低电平持续的时间不少于 20 ns。引入的外部脉冲信号作为单片机振荡脉冲的方式常用于多块芯片同时工作的情况，这样便于同步。单片机引入外部时钟信号的电路如图 1.25 所示。

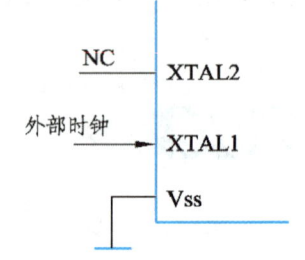

图 1.25　单片机接外部时钟

（2）时序的概念。

时序是指在执行指令过程中，CPU 控制器发出如图 1.26 所示的一系列在时间上相互关联的控制信号，主要包括：

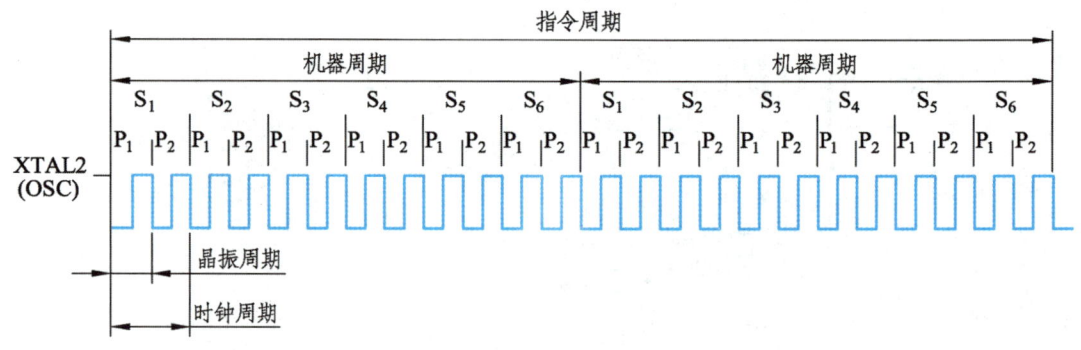

图 1.26　单片机各周期关系

① 拍节。

振荡脉冲的周期（晶振周期）定义为拍节（用"P"来表示）。

② 状态。

振荡脉冲经过两分频后就成为单片机的时钟信号。把时钟信号的周期定义为状态（用"S"来表示）。这样，一个状态包含两个拍节，前半周期为拍节 1（用"P1"来表示），后半周期为拍节 2（用"P2"来表示）。

③ 机器周期。

一个机器周期包括 6 个状态，相当于 12 个拍节，即 12 个振荡脉冲的周期，可分别用 S1~S6 来表示状态，S1P1、S1P2、S2P1、S2P2、…、S6P1、S6P2 表示拍节。

④ 指令周期。

执行一条指令所需要的时间称为指令周期，指令周期以机器周期的数量来表示。

例如，取指令、存储器读、存储器写等称为一个基本操作。完成一个基本操作所需要的时间称为机器周期。

51 单片机的一个机器周期由 6 个 S 周期（状态周期）组成，即 51 单片机的机器周期由 6 个状态周期组成，满足：

$$机器周期 = 6 个状态周期 = 12 个时钟周期$$

以 12 MHz 的振荡频率为例，一个机器周期的时长是 1 μs。

（3）复位电路。

单片机的置位和复位，都是为了把电路初始化到一个确定的状态。在单片机内部，复位时单片机把一些寄存器以及存储设备装入厂商预设的一个值。

单片机复位电路的原理是在单片机的复位引脚 RST 上外接电阻和电容，实现上电复位。当复位电平持续两个机器周期以上时复位有效。复位电平的持续时间必须大于单片机的两个机器周期。具体数值可以由 RC 电路计算出时间常数。

复位电路由按键复位和上电复位两部分组成，包括：

① 上电复位。

ATC89 系列单片采用高电平复位，通常在复位引脚 RST 上连接一个电容到 VCC，再连接一个电阻到 GND，由此形成一个 RC 充放电回路，保证单片机在上电时 RST 脚上有足够时间的高电平进行复位，随后 RST 脚的电平变为低电平，使单片机进入正常工作状态，如图 1.27（a）所示。RC 充放电回路中电阻和电容的典型值分别为 1 kΩ 和 22 μF。

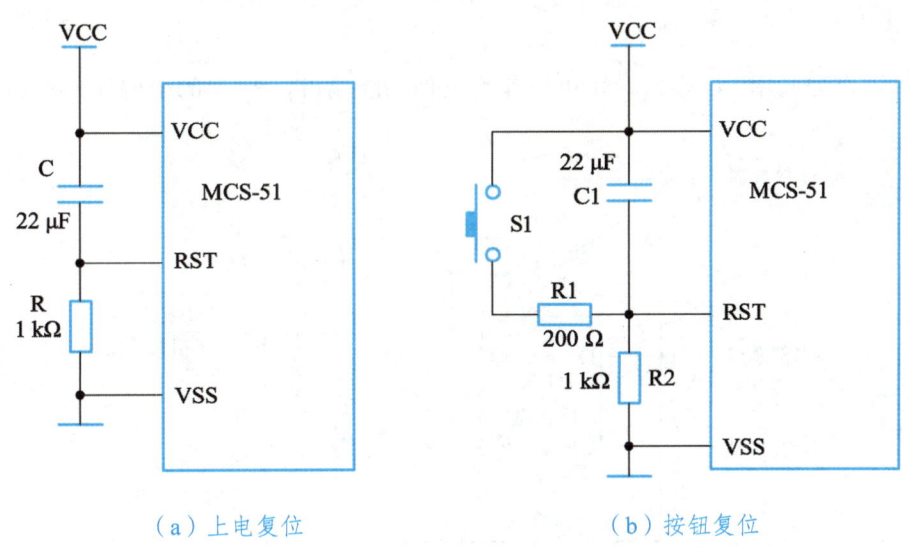

（a）上电复位　　　　（b）按钮复位

图 1.27　复位电路

② 按键复位。

按键复位就是在复位电容上并联一个开关，当开关按下时电容被放电、RST 也被拉到高电平。采用电容进行充电会保持一段时间的高电平来使单片机复位，如图 1.27（b）所示。

复位后的初始状态：PC=0000H，P0~P3=0FFH，SP=07H，其他 SFR 均为 00H，片内 RAM 为任意状态。

二、并行 I/O 端口

(一) P0 口功能

P0 口可以作为地址/数据总线，也可以作为通用 I/O 端口。P0 口的结构如图 1.28 所示。

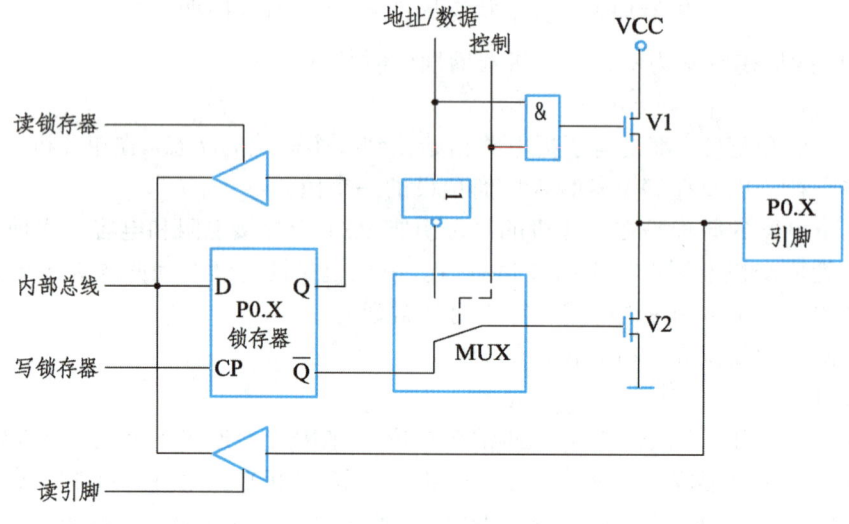

图 1.28　P0 口结构

(二) P1 口功能

P1 口可以作为通用 I/O 端口，也可以作为其他功能端口。P1 口的结构如图 1.29 所示。

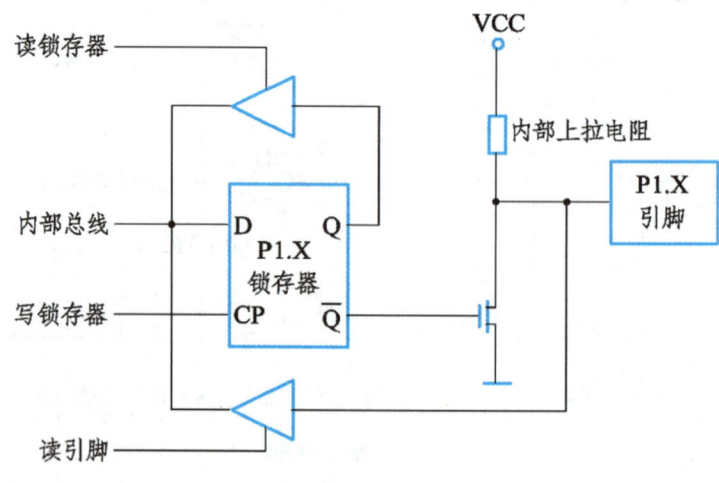

图 1.29　P1 口结构

(三) P2 口功能

P2 口可以作为通用 I/O 端口，也可以作为地址总线。P2 口结构如图 1.30 所示。

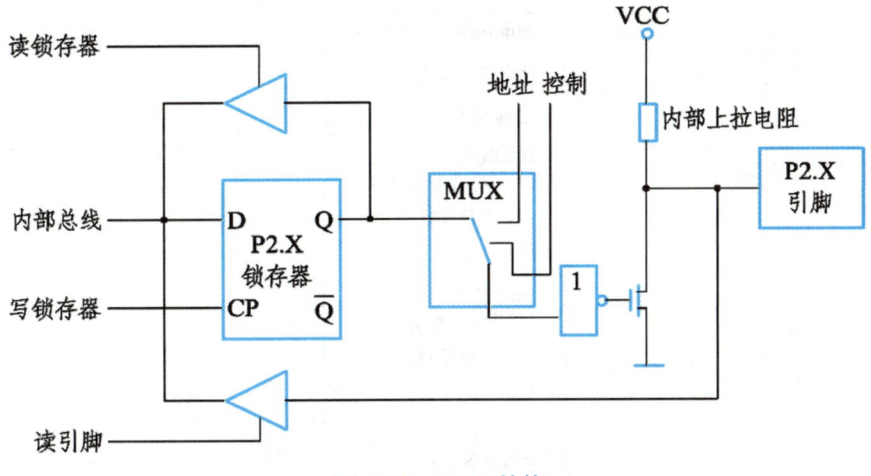

图 1.30　P2 口结构

（四）P3 口功能

P3 口是一个多用途的端口，也是一个准双向端口。P3 口作为第一功能时，其功能等同 P1 口。P3 口位结构如图 1.31 所示。

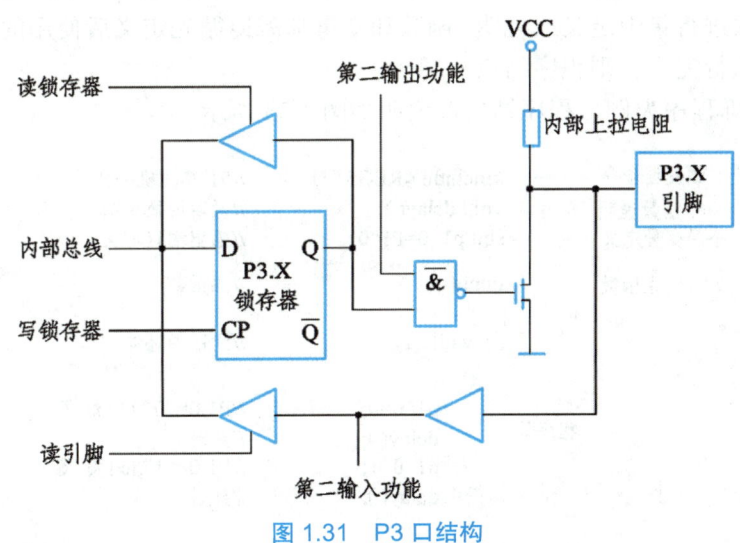

图 1.31　P3 口结构

> 阅读材料

一、C 语言的基本结构

51 汇编语言能直接操作单片机的系统硬件，指令执行速度快，但其程序可读性差，且编写、移植困难。C51 是为 51 系列单片机设计的一种 C 语言，其优点是对单片机的指令系统易于表达，使用方便；C51 语言程序容易移植，具有丰富的库函数；源代码可读性较强，容易理解和编程。C51 程序基本结构如图 1.32 所示。

```
#include<头文件>
函数类型说明
全局变量定义
main( ){
    局部变量定义
    <程序体>
}

func1( ){
    局部变量定义
    <程序体>
}
⋮
>funcN ( ){
    局部变量定义
    <程序体>
}
```

图 1.32　C51 程序基本结构

程序由函数组成，函数包括一个主函数或者一个主函数和若干个自定义函数；利用预处理命令对变量或函数进行集中定义或说明；函数和变量都需遵循先定义后使用的基本原则；主函数中的所有语句执行完毕，则程序结束。

以 LED 灯闪烁程序为例，程序结构及说明如图 1.33 所示。

```
预处理命令 ——— #include <REG51.H>       //51 单片机头文件
函数说明   ——— void delay( );           //延时函数声明
全局变量定义 — sbit p1_0=P1^0;          //输出端口定义

主函数     ——— main( )                  //主函数
               {
                 while(1)               //无限循环体
                 {
                   p1_0=0;              //P1.0="0",led 灯亮
程序体             delay( );            //延时
                   p1_0=1;              //P1.0="1",led 灯灭
                   delay( );            //延时
                 }
               }

调用函数   ——— void delay(void)         //延时函数
               {
局部变量定义 ——  unsigned char i;        //字符型变量i定义
程序体     ———   for (i=200;i>0;i--);   //循环延时
               }
```

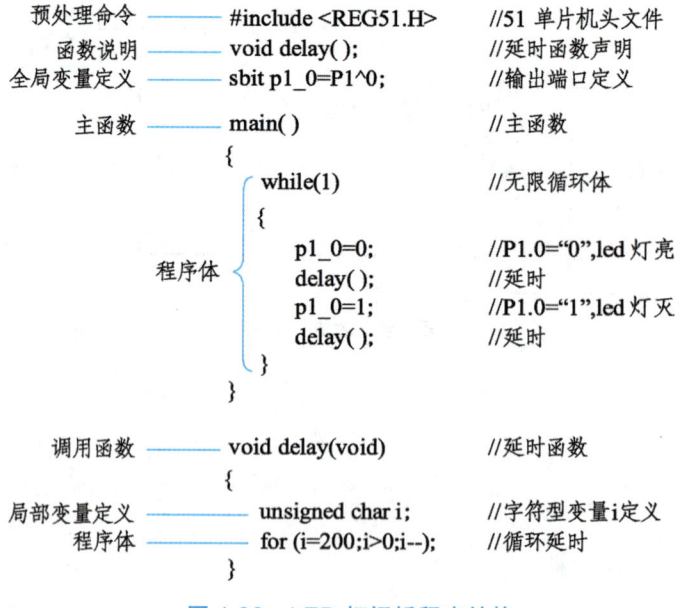

图 1.33　LED 灯闪烁程序结构

二、标识符

变量名、常数名、数组名、函数名、文件名与类型名等统称为标识符。C 语言规定标识符

只能由字母、数字和下划线 3 种字符组成，第 1 个字符必须为字母或者下划线，如标识符 2S 在编译时便会提示错误。需要注意的是，C 语言中的大写字母与小写字母被认为是不同字符，SUM 与 sum 是两个不同的标识符。

标识符可以分为预定义标识符和用户标识符。标准库函数的名称如 printf、sqrt 等，还有预编译处理命令如 define 与 include 等，都属于预定义标识符。用户标识符是由用户根据需要定义的标识符，如用户定义的变量名 a、b、sum 与 LED 等，用户定义的函数名 delay 等。标识符命名应当简单，含义清晰，有助于理解程序。标准的 C 语言并没有规定标识符长度，但是各个 C 编译系统有自己的规定。在 Keil C 编译器中，只将标识符的前 32 位作为有效标识。

三、关键字

关键字是编程语言保留的特殊标识符，具有固定的名称和含义，在程序编写时不允许标识符与关键字同名。Keil C 编译器除了支持 ANSIC 标准的 32 个关键字，还可以根据 51 单片机的特点扩展相关的关键字。

在 Keil C 的文本编辑器中，编写 C 程序时，系统会把保留字以不同颜色显示，默认颜色为蓝色。

四、数据类型

数据的不同格式称为数据类型，数据类型如表 1.5 所示。

表 1.5　C51 数据类型

数据类型	位	字节	值的范围
char	8	1	−128~127
unsigned char	8	1	0~255
enum	16	2	−32 768~32 767
short	16	2	−32 768~32 767
unsigned short	16	2	0~65 535
int	16	2	−32 768~32 767
unsigned int	16	2	0~65 535
long	32	4	−2 147 483 648~2 147 483 647
unsigned long	32	4	0~4 294 967 295
float	32	4	±1.175 494E−38~±3.402 823E+38
bit	1	—	0，1
sbit	1	—	0，1
sfr	8	1	0~255
sfr16	16	2	0~65 535

C51 数据类型分为基本数据类型和组合数据类型，与标准 C 数据类型基本相同，但其中 char 型与 short 型相同，float 型与 double 型相同。另外，C51 还有专门针对 51 单片机的特殊功能寄存器型和位类型。C51 数据类型主要包括：

（1）字符型 char。

字符型分为 signed char 和 unsigned char，长度均为 1 个字节，用于存放 1 个单字节的数据。系统将字符型默认为 signed char。signed char 字符用于定义带符号的字节数据，其字节的最高位为符号位，"0"表示正数，"1"表示负数，补码表示，所能表示数值范围为 $-128\sim+127$；unsigned char 字符用于定义无符号的字节数据或字符，可以存放 1 个字节的无符号数，所能表示的数值范围为 0~255。unsigned char 可以用来存放无符号数，也可以存放西文字符，1 个西文字符占 1 个字节，在计算机内部采用 ASCII 码存放。

（2）int 整型。

int 整型分为 singed int 和 unsigned int，长度均为 2 个字节，用于存放 1 个双字节数据。系统将 int 整型默认为 signed int。signed int 字符用于存放 2 字节带符号数，补码表示，所能表示的数值范围为 $-32\,768\sim+32\,767$。unsigned int 字符用于存放 2 字节无符号数，所能表示的数值范围为 0~65 535。

（3）long 长整型。

long 长整型分为 singed long 和 unsigned long，长度均为 4 个字节，用于存放 1 个 4 字节数据。系统将 long 长整型默认为 signed long。signed long 字符用于存放 4 字节带符号数，补码表示，所能表示的数值范围为 $-2\,147\,483\,648\sim+2\,147\,483\,648$。unsigned long 字符用于存放 4 字节无符号数，所能表示的数值范围为 0~4 294 967 295。

（4）float 浮点型。

float 浮点型数据的长度为 4 个字节，是一种格式符合《IEEE 二进位浮点数算术标准》（IEEE 754-2008）的单精度浮点型数据，包含指数和尾数两部分，最高位为符号位，"1"表示负数，"0"表示正数，其次的 8 位为阶码，最后的 23 位为尾数的有效数位，由于尾数的整数部分隐含为"1"，所以尾数的精度为 24 位。

（5）指针型。

指针型数据本身就是一个变量，在这个变量中存放的指向另一个数据的地址。这个指针变量要占用一定的内存单元，对于不同的处理器其长度不一样，在 C51 中指针型数据的长度一般为 1~3 个字节。

（6）特殊功能寄存器型。

特殊功能寄存器型数据是 C51 扩充的一种数据类型，用于访问 51 单片机中的特殊功能寄存器数据，分为 sfr 和 sfr16 两种类型。sfr 为字节型特殊功能寄存器类型，占用 1 个内存单元，可以访问 51 内部的所有特殊功能寄存器；sfr16 为双字节型特殊功能寄存器类型，占用 2 个字节单元，可以访问 51 内部的所有两个字节的特殊功能寄存器。

在 C51 中访问特殊功能寄存器，必须先用 sfr 或 sfr16 进行声明。

（7）位类型。

位类型数据是 C51 中扩充的数据类型，用于访问 51 单片机中可寻址的位单元。在 C51 中，支持 bit 型和 sbit 型两种位类型，在内存中都只占用 1 个二进制位，其值可以是"1"或"0"。

教学评价

对学生在实践操作过程中的表现进行评价，完成表 1.6 所示的教学评价表。

表 1.6　教学评价表

评价项目	项目评价内容	分值	自我评价	小组评价	教师评价	得分
仿真操作	正确绘制电路	20				
	正确编译程序	20				
拓展操作	能完成拓展项目	20				
小组提问	简述任务操作要点	10				
	简述程序组成部分	5				
安全文明生产	实验设备的正确使用	5				
	设备的摆放及实训台的整理	5				
学习态度	出勤情况	5				
	实验室和课堂纪律	5				
	团队协作精神	5				

任务三　采用按键切换广告的中断控制

任务目标

1. 掌握单片机中断系统功能和应用。
2. 掌握 C 语言中断系统编程要求。
3. 利用单片机 I/O 口实现任意变化的广告灯设计。

微课：采用按键切换广告的中断控制仿真资源

任务描述

在正常情况下，8 个 LED 灯循环移位点亮，产生跑马灯效果；当按下按键时，8 个 LED 灯闪烁 5 次（闪烁周期为 0.2 s），然后再恢复到正常情况，产生跑马灯效果。

任务准备

一、新建工程项目

在本项目是在"任务二　LED 灯循环点亮"的基础之上修改电路，在 P1 口与发光二极管之间增加一个芯片 74LS245 和 210 Ω 的电阻排。74LS245 是一个双向缓冲器传输门，可以将 8 位的数据在两个方向上进行传输，通过控制信号使其实现三态输出。在单片机设计时，74LS245 常用于数据总线和外设之间的数据传输。当 P1 口的某一位输出为低电平时，74LS245 输出低电平，点亮对应的发光二极管；当 P1 口的某一位输出为高电平时，74LS245 输出高电平，对应的发光二极管熄灭。74LS245 芯片的 $\overline{CE}$ 为芯片工作类型的选择端口，为低电平时芯片工作，为高电平时芯片不工作；$AB/\overline{BA}$ 为方向选择端口，为高电平时数据由 A7 到 A0 端传输到 B7 到 B0 端；为低电平时数据由 B7 到 B0 端传输到 A7 到 A0 端。按键切换任意变换广告灯的电路原理图如图 1.34 所示。

从 Proteus 中选取的元器件清单主要包括：

（1）U1：AT89C51，单片机。
（2）R1：RES，电阻 10 kΩ。
（3）R2：RES，电阻 4.7 kΩ。
（4）C1、C2：CAP，电容 30 pF。
（5）C3：CAP-ELEC，电解电容 22 μF。
（6）U2：74LS245，8 路同相三态双向数据总线驱动芯片。
（7）D1~D8：LED-YELLOW，黄色发光二极管。

(8) S1、S2：BUTTON，按键。

(9) X1：CRYSTAL，晶体振荡器 12 MHz。

(10) RN1：RX8，排阻 210 Ω。

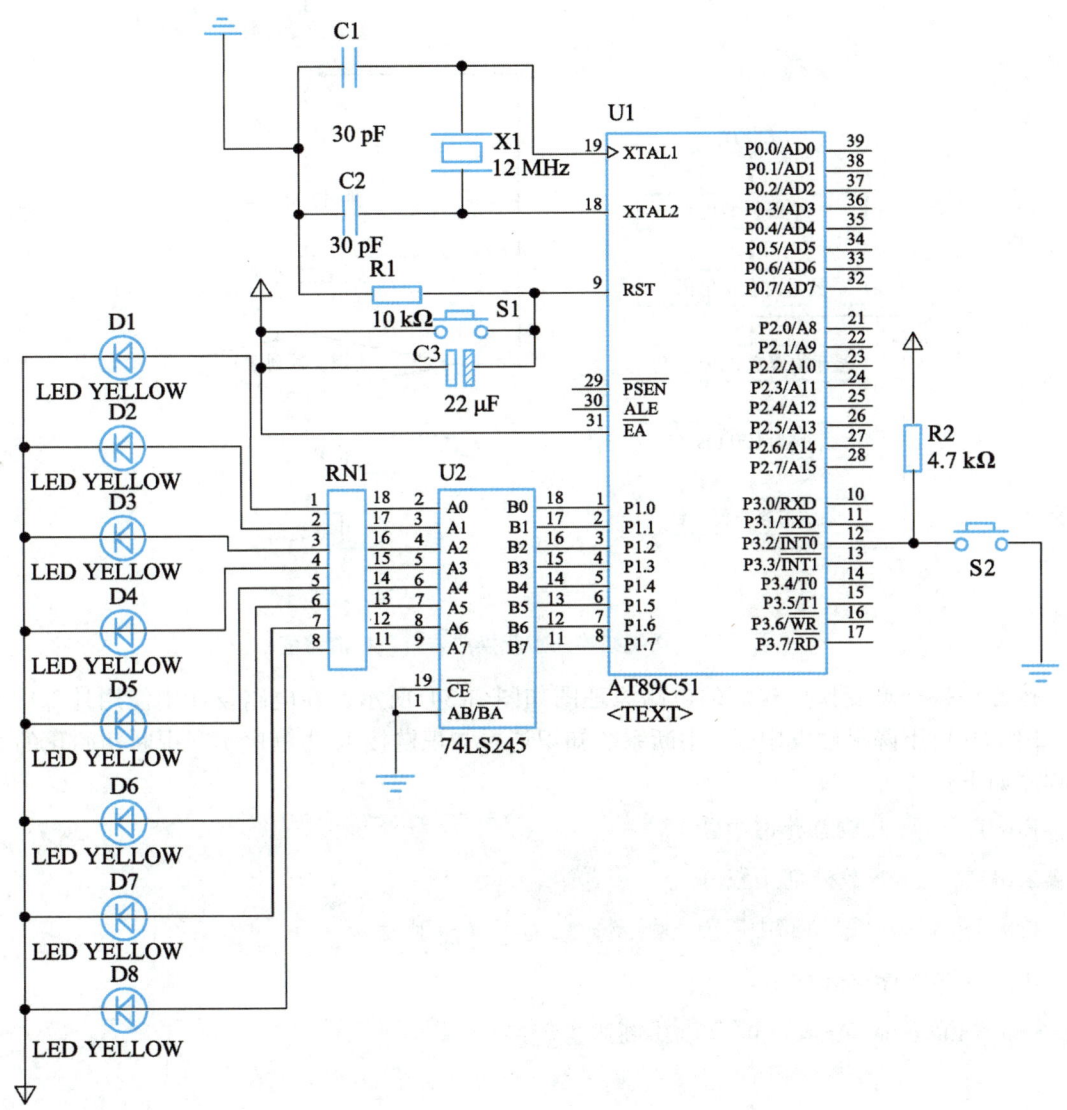

图 1.34　按键切换任意变换广告灯

二、程序设计分析

设计程序时采取中断响应方式。正常情况下执行主程序，如图 1.35（a）所示，8 个 LED 灯实现跑马灯效果；一旦按下按键，就立即产生中断，在中断服务程序中实现 8 个 LED 灯闪烁 5 次的功能，如图 1.35（b）所示。

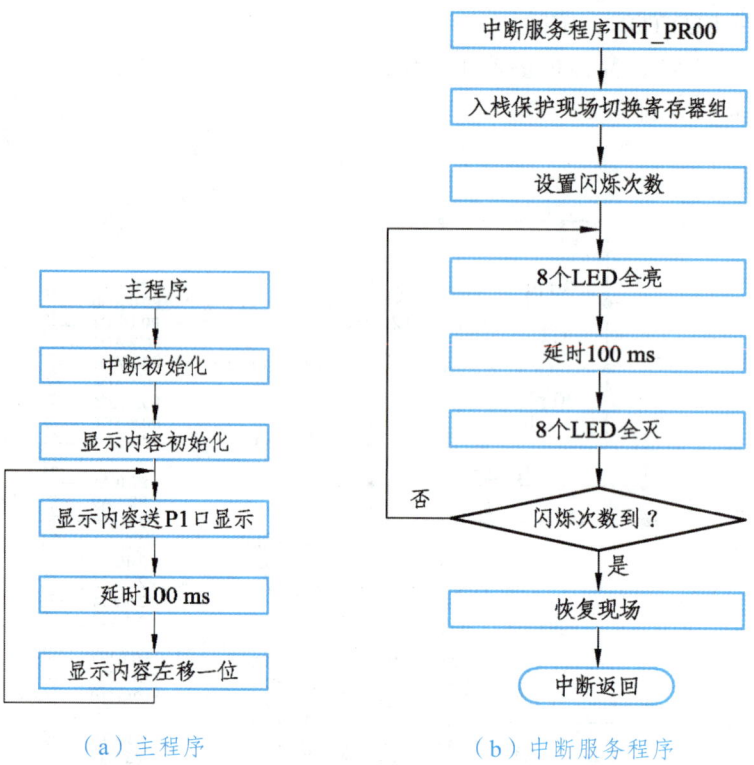

(a)主程序　　　　　　　　(b)中断服务程序

图 1.35　按键切换任意变换广告灯程序流程图

按键切换任意变换广告灯的电路原理图如图 1.34 所示，在电路设计中使用外部中断 0（P3.2/INT0），下降沿触发中断（中断系统知识请看知识链接）。主程序实现中断初始化的 C 语言程序如下：

```
EA=1;     //开放总允许中断
EX0=1;    //开放外部中断 0
IT0=1;    //设置外部中断 0 的触发方式为下降沿触发
```

中断服务程序格式如下：

```
void zd0(void) interrupt 0      //中断服务程序
{
    ……
}
```

三、参考程序

```
#include <reg51.h>
void   delay( )                 //延时函数
{
```

```c
    unsigned char j,k;              //定义无符号字符型变量 j 和 k
    for(k=0;k<255;k++)              //双重 for 循环语句实现软件延时
        for(j=0;j<255;j++);
}
void main (void)                    //主函数
{
    EA=1;                           //开放中断
    EX0=1;
    IT0=1;
    while(1)                        //主函数实现跑马灯效果
    {
        unsigned char a,w;
        w=0x01;                     // LED 灯初始值为 01H
        for(a=0;a<8;a++)
        {
            P1=~w;                  // 显示字取反后，送 P1 口
            delay( );               // 延时
            w<<=1;                  // LED 灯左移一位
        }
    }
}


void zd0(void) interrupt 0          //中断服务程序
{
    unsigned char b;
    for (b=0;b<6;b++)               // 实现 LED 灯闪烁五次效果
    {
        P1=0x00;
        delay( );
        P1=0xff;
        delay( );
    }
}
```

任务实施

一、实训室操作规程

实训室的操作规程主要包括：

（1）使用者必须遵守机房规章制度，服从管理人员的指挥。未经负责人员同意，任何人不得私自进入机房或使用机房内任何设备。

（2）禁止将食物、饮料带入机房，禁止在机房内吸烟、谈笑、打闹、随地吐痰。

（3）不得在机房计算机上安装和卸载软件；严禁修改计算机系统设置；不得使用计算机做与教学无关的事，如看电视剧、看电影、打游戏等。

（4）在规定的范围内操作机器，爱护设备，严禁私自移动、拆卸机箱及外部设备，在操作过程中如遇设备故障，应及时报告管理人员，不得擅自处理。凡人为破坏设备者，后果自负。

（5）自觉保护机房设备，下课后自觉正确关闭计算机，按操作流程整理好自己使用过的键盘、鼠标、椅子、桌子，带走私人物品（包括产生的垃圾）。私人物品丢失，责任自负。

（6）机房卫生由使用班级负责打扫，任课老师负责监督。

（7）不得将电水壶、热得快、手机充电器等使用220 V电源的用电器带入机房。

二、设备检查

根据实验内容，记录设备检查内容以及设备所在位置。

三、绘制电路和编译程序

根据实验内容,绘制实验电路、编译程序并记录所遇到的问题、分析实验故障。

四、拓展

主程序改为 LED 灯从两边往中间点亮,中断服务程序改为闪烁 10 次,请修改并编写程序。

五、思考

（一）控制 LED 灯闪烁五次，为什么使用"for（b=0;b<6;b++）"语句？

（二）五个中断源的自然优先级是怎么排序的？

（三）若要使用外部中断 1，电平触发，请写出初始化程序。

安全提示

1. 请严格遵守实训室操作规程。
2. 按照实训室 7S 管理要求规范操作。

注意事项

编程时，注意中断服务程序和主程序的位置关系。

> 知识链接

当单片机正在顺序执行程序时,如果外部发生某一异常事件请求单片机迅速处理,那么单片机会暂时中断现在正在执行的程序而去处理异常事件;单片机处理完该异常事件后,再回到被中断的地方继续执行原来程序。这一处理过程称为中断,中断过程如图1.36所示。

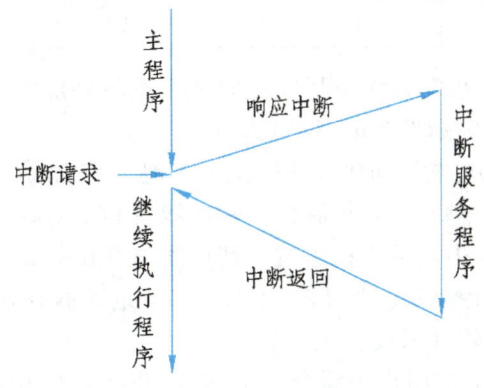

图1.36 中断过程示意图

MCS-51单片机中断系统有5个中断源、2级中断优先级,可实现二级中断服务嵌套,MCS-51单片机中断系统结构如图1.37所示,主要内容包括:

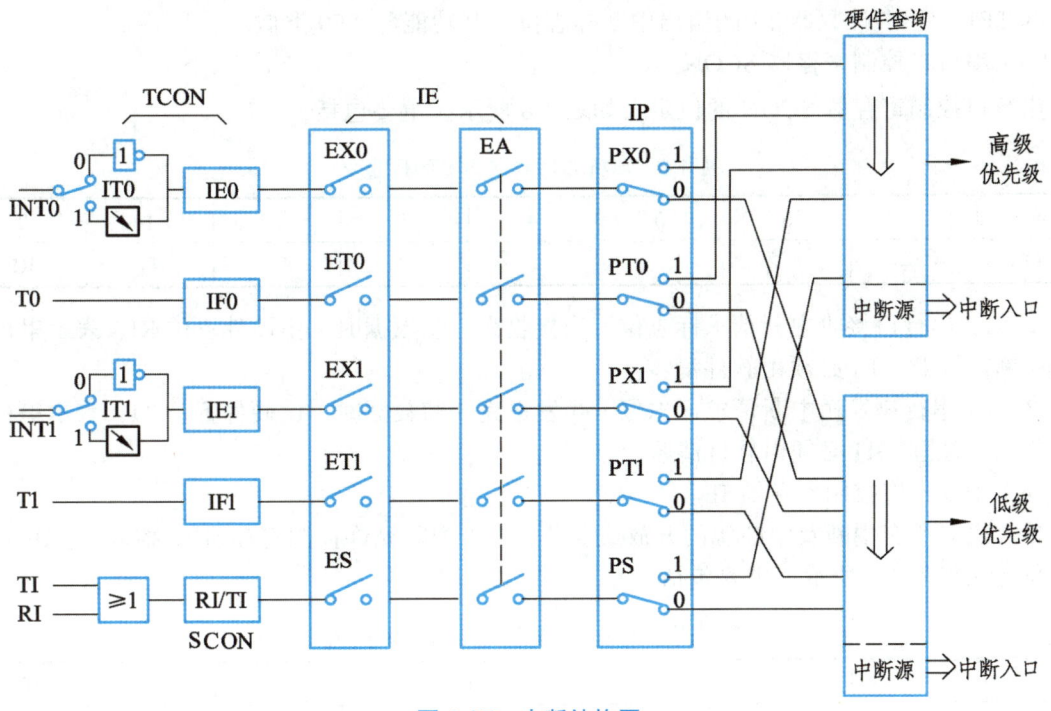

图1.37 中断结构图

(1)中断源。

引起单片机中断的根源(或事件)称为中断源。AT89C51单片机共有5个中断源,包括2个外部中断源/INT0和/INT1,2个片内定时/计数器T0、T1溢出产生的中断TF0、TF1,1个串行口发送与接收产生的中断 TI 或 RI。

（2）定时/计数器控制寄存器 TCON。

定时/计数器控制寄存器 TCON 的位定义如表 1.7 所示，主要包括：

表 1.7　定时/计数器控制寄存器的位定义

位	7	6	5	4	3	2	1	0
TCON	TF1	TR1	TF0	TR0	IE1	IT1	IE0	IT0

① IT0：外部中断/INT0 触发方式控制位。IT0=1，则将外部中断设为边沿触发方式（下降沿触发）；IT0=0，则将外部中断设为电平触发方式。

② IE0：外部中断/INT0 中断请求标志位。IE0=1 时，表示/INT0 申请中断。

③ IT1：外部中断/INT1 触发方式控制位。其功能与 IT0 类似。

④ IE1：外部中断/INT1 中断请求标志位。其功能与 IE0 类似。

⑤ TR0：定时器 0 运行控制位。当 TR0=1 时，启动定时器 0 开始计数；当 TR0=0 时，停止定时器 0 计数。可以通过软件来设置该位的值。

⑥ TF0：定时/计数器 T0 的溢出中断标志位。当 T0 计数产生溢出时，由硬件置位 TF0，表示 T0 申请中断。当单片机响应中断时，TF0 由硬件自动清 0。

⑦ TR1：定时器 1 运行控制位。当 TR1=1 时，启动定时器 1 开始计数；当 TR0=1 时，停止定时器 1 计数。可以通过软件来设置该位的值。

⑧ TF1：定时/计数器 T1 的溢出中断标志位。其功能与 TF0 类似。

（3）串行口控制寄存器 SCON。

串行口控制寄存器 SCON 的位定义如表 1.8 所示，主要包括：

表 1.8　串行口控制寄存器的位定义

位	7	6	5	4	3	2	1	0
SCON							TI	RI

① RI：串行口接收中断请求标志位。当接收完一帧数据时，由硬件置位 RI，表示串行口申请中断。注意，RI 必须由软件清零。

② TI：串行口发送中断请求标志位。当发送完一帧数据时，由硬件置位 TI，表示串行口申请中断。注意，TI 必须由软件清零。

（4）中断允许控制寄存器 IE。

单片机对所有中断及中断源的开放或屏蔽，是由中断允许控制寄存器 IE 控制的。IE 控制器的位定义如表 1.9 所示，主要包括：

表 1.9　中断允许控制寄存器的位定义

位	7	6	5	4	3	2	1	0
IE	EA			ES	ET1	EX1	ET0	EX0

① EX0：外部中断/INT0 中断允许控制位。当 EX0=0，禁止/INT0 中断；当 EX0=1，允许/INT0 中断。

② ET0：定时/计数器 T0 中断允许控制位。当 ET0=0，禁止 T0 中断；当 ET0=1，允许 T0 中断。

③ EX1：外部中断/INT1 中断允许控制位。当 EX1=0，禁止/INT1 中断；当 EX1=1，允许/INT1 中断。

④ ET1：定时/计数器 T1 中断允许控制位。当 ET1=0，禁止 T1 中断；当 ET1=1，允许 T1 中断。

⑤ ES：串行中断允许控制位。当 ES=0，禁止串行口中断；当 ES=1，允许串行口中断。

⑥ EA：中断允许总控制位。当 EA=0，屏蔽所有中断请求；当 EA=1，单片机开放中断。

（5）中断优先级寄存器 IP。

8051 单片机有 2 级中断优先级。每个中断源的优先级都可以通过中断优先级控制寄存器 IP 中的相应位来设定。IP 寄存器的位定义如表 1.10 所示，主要包括：

表 1.10　IP 寄存器的位定义

位	7	6	5	4	3	2	1	0
IP				PS	PT1	PX1	PT0	PX0

① PX0：外部中断/INT0 优先级设定位。当 PX0=1，/INT0 中断为高优先级；当 PX0=0，/INT0 中断为低优先级。

② PT0：定时/计数器 T0 中断优先级设定位。当 PT0=1，T0 中断为高优先级；当 PT0=0，T0 中断为低优先级。

③ PX1：外部中断/INT1 优先级设定位。当 PX1=1，/INT1 中断为高优先级；当 PX1=0，/INT1 中断为低优先级。

④ PT1：定时/计数器 T1 中断优先级设定位。当 PT1=1，T1 中断为高优先级；当 PT1=0，T1 中断为低优先级。

⑤ PS：串行口中断优先级设定位。当 PS=1，串行口中断为高优先级；当 PS=0，串行口中断为高优先级。

系统复位后，IP=00H，即所有中断源设置为低优先级中断。

自然优先级别从高到低的顺序是外部中断 0、定时/计数器 0 溢出中断、外部中断 1、定时/计数器 1 溢出中断、串行口中断。

（6）MCS-51 单片机中断处理过程。

MCS-51 单片机中断处理过程可分为三个阶段：中断响应、中断服务和中断返回。中断系统初始化编程主要包括：

① 确定允许哪些中断源产生中断（给 IE 赋初值）。

② 确定中断优先级（给 IP 赋初值）。

③ 若允许外部中断，须确定外部中断触发方式（给 IT0、IT1 赋初值）。

④ 开启总中断允许控制位（EA=1）。

（7）C51 中断服务函数。

C51 编译器增加了一个扩展字 interrupt，它是一个函数的选项。当函数添加这个选项，则定义为中断函数。中断函数的一般形式：

void 函数名（void）[interrupt n] [using m];

其中，interrupt 后面的 n 为中断源编号，如表 1.11 所示。using 后面的 m 为工作寄存器组，取值范围 0~3。（51 系列单片机中有 4 组寄存器组 0~3 组）。

例如：void intersvr0（void）interrupt 0 using 1;

中断编号为 0 时外部中断为 0；寄存器组号为 1，使用第 1 组工作寄存器；若要切换工作寄存器组，可以对 PSW 中的 RS0 和 RS1 赋值。当然也可以不写 using m，不选择工作寄存器组，使用默认的第 0 组工作寄存器组。

表 1.11 中断源编号

中断编号	中断源
0	外部中断 0
1	定时/计数器 0 溢出中断
2	外部中断 1
3	定时/计数器 1 溢出中断
4	串行口中断

阅读材料

一、程序的 3 种基本结构

程序是由计算机语言组成的语句序列，程序的三种基本结构包括顺序结构、选择结构、循环结构。任何程序都可以采用顺序结构、选择结构、循环结构这 3 类结构来表示，由这 3 类基本结构组成的程序称为结构化程序。

程序的结构形态如图 1.38 所示。

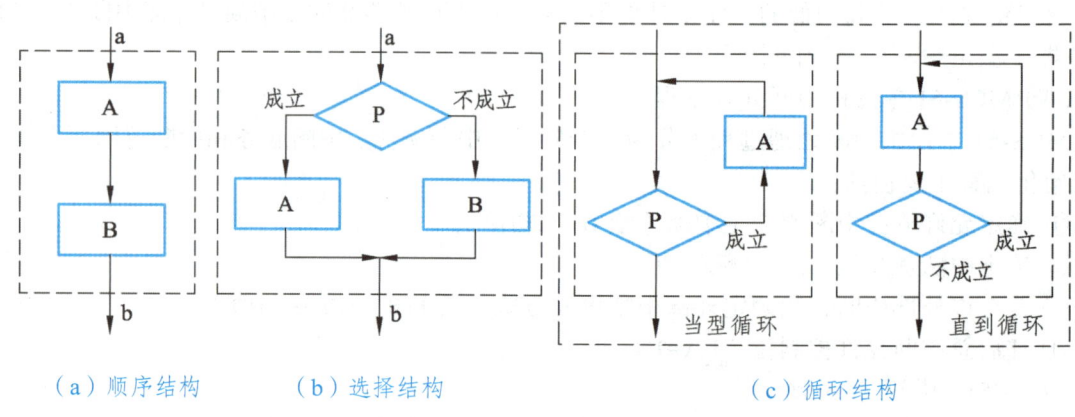

(a) 顺序结构　　　(b) 选择结构　　　(c) 循环结构

图 1.38 程序的三种结构形态

二、C语言基本语句

C语言程序由一个或多个函数组成,函数又由若干个语句组成。语句是由一些基本字符和定义符按照C语言的语法规定组成的,每个语句以分号";"结束,分号是C语句的必要组成部分。C语言语句可分为以下6种类型:表达式语句、函数调用语句、复合语句、控制语句、空语句、注释语句。

(一)表达式语句

表达式语句是由一个表达式加一个分号构成的语句,主要用于计算表达式的值或改变变量的值。

表达式语句的一般形式:

表达式;

在表达式末尾加上分号就变成了表达式语句。最典型的表达式语句是在赋值表达式后加一个分号构成赋值语句。

例如:

```
a=3                  //是一个赋值表达式
a=3;                 //是一个赋值语句
```

(二)函数调用语句

函数调用语句由一个函数调用加一个分号构成,其作用是完成特定的功能。

函数调用语句的一般形式:

函数名(参数列表);

例如:

```
Delay(100);          //调用延时函数,参数是100。
```

(三)复合语句

复合语句由一对大括号将若干条语句括起来的,也称为分程序,在语法上相当于一条语句。

例如

```
void main( )
{
    ……
    {
        t=x;
        x=y;
        y=t;
    }                //复合语句
}
```

(四)控制语句

控制语句用于完成一定的控制功能,以实现程序的各种结构方式。C语言有9种控制语句，可分为以下三类：
（1）条件判断语句：if 语句、switch 语句。
（2）循环语句：for 语句、while 语句、do-while 语句。
（3）转向语句：break 语句、continue 语句、goto 语句、return 语句。

（五）空语句

空语句是只有一个分号的语句。
空语句的一般形式：

```
;
```

空语句不执行任何操作，常用于作为循环语句中的循环体，表示循环体不执行任何操作。

（六）注释语句

注释语句的内容可以单独写在一行上，也可以写在一个语句之后。
注释语句可以采用/*.....*/的形式来注释 C 程序语句的含义；Keil C 也支持 C++风格的注释，采用//的形式来注释 C 程序语句的含义。
例如

```
P1_0=!P1_0;              //取反 P1.0
```

这种风格的注释只对本行有效，书写比较方便，在只需要注释一行程序语句时一般采用这种格式。

教学评价

对学生在实践操作过程中的表现进行评价，完成表 1.12 所示的教学评价表。

表 1.12　教学评价表

评价项目	项目评价内容	分值	自我评价	小组评价	教师评价	得分
仿真操作	正确绘制电路	20				
	正确编译程序	20				
拓展操作	能完成拓展项目	20				
小组提问	简述任务操作要点	10				
	简述程序组成部分	5				
安全文明生产	实验设备的正确使用	5				
	设备的摆放及实训台的整理	5				
学习态度	出勤情况	5				
	实验室和课堂纪律	5				
	团队协作精神	5				

任务四 汽车转向灯控制

任务目标

1. 了解单片机存储器的分类。
2. 掌握 C 语言中 if、switch 语句的使用。
3. 能利用单片机实现汽车转向灯控制。

微课：汽车转向灯控制仿真资源

任务描述

利用单片机模拟仿真汽车转向灯包括左转灯和右转灯的开、关状态以及故障和正常行驶的状态。

任务准备

一、独立式按键

键盘是单片机应用系统中人机交流不可缺少的输入设备。键盘通常使用机械触点式按键开关，其主要功能是把机械上的通断转换为电气上的逻辑关系（1 和 0）。常见的键盘种类有查询（独立）式键盘、矩阵式键盘。

按键按照结构原理可分为触点式开关按键和无触点开关按键。触点式开关按键包括机械式开关、导电橡胶式开关等；无触点开关按键包括电气式按键、磁感应按键等。触点式开关按键的造价低，无触点开关按键的使用寿命长。

独立式按键是指直接采用 I/O 口线构成的单个按键电路，每个按键单独有一根 I/O 口线，其工作状态不会影响其他 I/O 口线的工作状态。这种按键的电路配置灵活，软件结构简单，但每个按键必须占用一根 I/O 口线。

机械式按键在按下或释放时，由于机械弹性作用的影响，通常伴随一定时间的触点机械抖动，然后才能稳定下来。触点抖动过程的信号如图 1.39 所示，抖动时间的长短与开关的机械特性有关，一般为 5~10 ms。若有抖动，按键按下会被错误地认为是多次操作。

为了克服按键触点机械抖动所导致的检测误判，必须采取去抖动措施。常用的去抖动措施包括硬件去抖动方法和软件去抖动方法：

（1）硬件去抖动法。

键数较少时，一般采用硬件去抖方法。硬件去抖方法一般采用基本 RS 触发器构成的电路来实现。

（2）软件去抖动法。

键数较多时，一般采用软件去抖。软件去抖动的步骤主要包括：

① 在检测到有按键按下时，执行一个 10 ms 左右（具体时间应视所使用的按键进行调整）的延时程序。

② 确认按键电平是否仍保持闭合状态电平。若仍保持闭合状态电平，则确认该键处于闭合状态，从而消除抖动的影响。

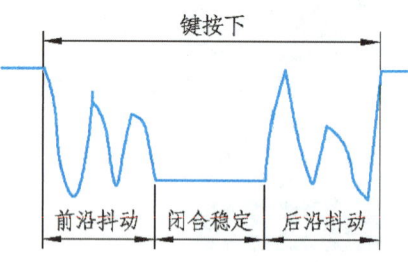

图 1.39　键盘抖动

二、if 语句

if 语句包括基本 if 语句、if—else 语句和 if—else if 语句三种形式。

（一）基本 if 语句

基本 if 语句格式如下：

```
if（表达式 condition）
{
        语句组（condition 成立执行语句）;
}
```

if 语句执行的过程包括：

（1）当表达式 condition 为真时，执行语句组。

（2）当表达式 condition 为假时，跳过该语句组，继续执行下面的语句。

（二）if—else 语句

if—else 语句的格式如下：

```
if ( condition)
{
        当条件为 true 时执行的代码
}
else
{
        当条件不为 true 时执行的代码
}
```

（三）if– else if 语句

if-else if 语句的格式如下：

```
if (condition1)
```

```
{
    当条件 1 为 true 时执行的代码
}
else if (condition2)
{
    当条件 2 为 true 时执行的代码
}
else
{
    当条件 1 和条件 2 都不为 true 时执行的代码
}
```

三、单键控制单灯

单片机有 4 个 8 位的 I/O 口，包括 P0、P1、P2、P3，每一位端口都可以用来控制一个 LED 灯的亮、灭，特别注意的是 P0 口的每一位需要外接上拉电阻。本次任务采用 P1 口的 P1.0 口来控制 LED 灯、P3 口的 P3.0 口连接按键，用按键控制一个 LED 灯，单键控制单灯的电路图如图 1.40 所示。按键 S1 控制灯 D1 的亮、灭，若 S1 被按下则 P3.0 为低电平，单片机控制 P1.0 使其输出为低电平，点亮 LED 灯；S1 没有被按下则 P3.0 为高电平，单片机控制 P1.0 使其输出为高电平，LED 灯熄灭。

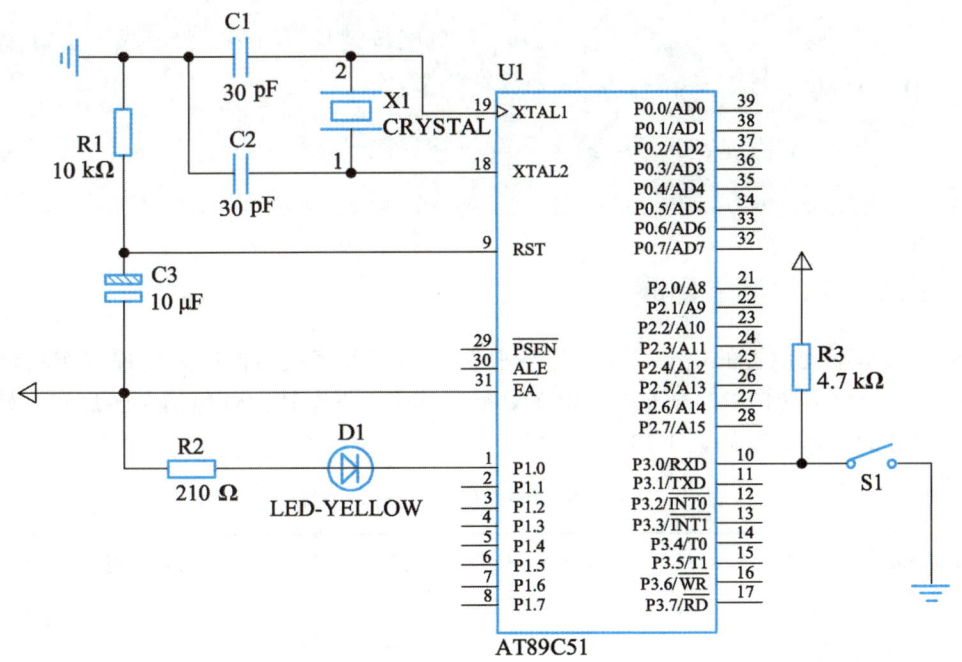

图 1.40　单键控制单灯

从 Proteus 中选取的元器件清单主要包括：
（1）U1：AT89C51，单片机。

（2）R1：RES，电阻 10 kΩ。
（3）R2：RES，电阻 210 Ω。
（4）R3：电阻 4.7 kΩ。
（5）C1、C2：CAP，电容 30 pF。
（6）C3：CAP-ELEC，电解电容 10 μF。
（7）D1：LED-YELLOW，黄色发光二极管。
（8）S1：SWITCH，开关。
（9）X1：CRYSTAL，晶体振荡器 12 MHz。

程序设计如下：

```
#include <reg51.h>
sbit P1_0=P1^0;                //定义 P1.0 引脚名称为 P1_0
sbit P3_0=P3^0;                //定义 P3.0 引脚名称为 P3_0
void  main()                   //主函数
{
    bit LED;                   //定义位变量 LED
    P3_0=1;                    //P3.0 作为输入口，置 1
    LED=P3_0;                  //读 P3.0
    if(LED==1)
        P1_0=1;                //判断按键是否按下，没有按下，灯熄灭
    if(LED==0)
        P1_0=0;                //按键按下，灯点亮
}
```

四、汽车转向灯电路分析

安装在汽车不同位置的信号灯是汽车驾驶员之间以及驾驶员向行人传递汽车行使状况的语言工具，一般包括转向灯、刹车灯、倒车灯等。其中，汽车转向灯包括左转灯和右转灯，左转灯和右转灯的工作状态如表 1.13 所示。

表 1.13 汽车转向灯工作状态

按键 S0（接 P3.0）	按键 S1（接 P3.1）	汽车状态或命令
0（低电平）	1（高电平）	右转指示灯（接 P1.1）亮
1（高电平）	0（低电平）	左转指示灯（接 P1.0）亮
1（高电平）	1（高电平）	左右转指示灯闪烁
0（低电平）	0（低电平）	左右转指示灯不亮

转向灯显示状态与驾驶员命令对应表如表 1.14 所示。当驾驶员按下按键 S0，S0 的开关状态可表示为 0，左转灯 D1 闪烁；驾驶员按下按键 S1，S1 的开关状态为 0，右转灯 D2 闪烁；驾驶员同时按下按键 S0、S1，则 S0 和 S1 的开关状态均为 0，左转灯和右转灯均闪烁，表示出现故障；驾驶员未按下任何按键，则汽车正常行驶，双灯熄灭。汽车转向灯电路图如图 1.41 所示电路图。

表 1.14 转向灯显示状态与驾驶员命令对应表

转向灯显示状态		驾驶员命令	开关状态	
左转灯	右转灯		S0	S1
灭	灭	无命令	0	0
灭	闪烁	右转命令	0	1
闪烁	灭	左转命令	1	0
闪烁	闪烁	故障命令	1	1

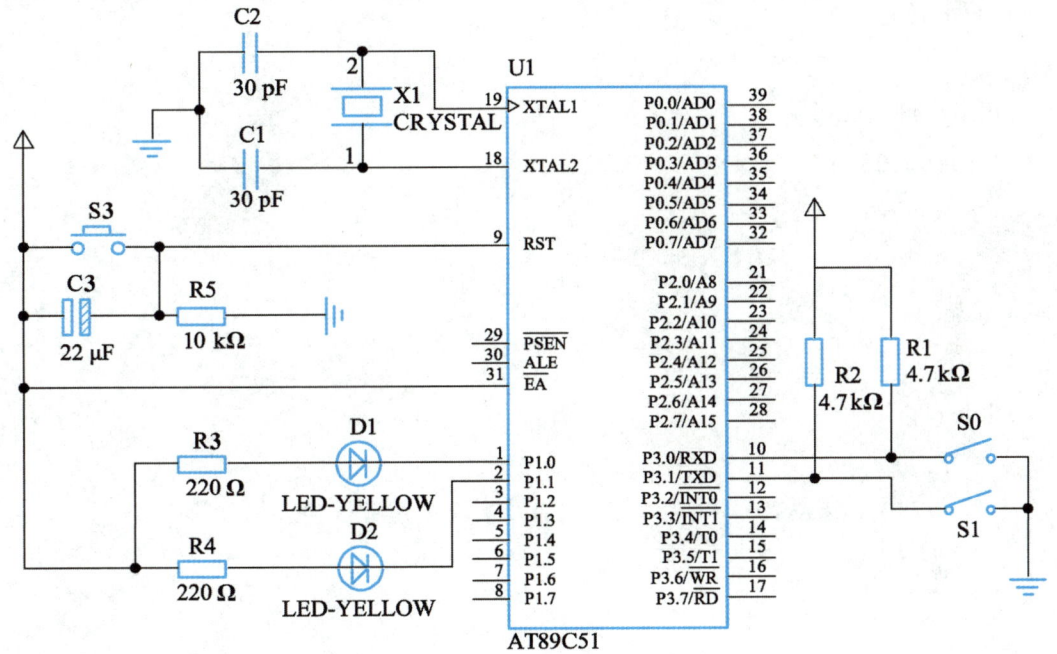

图 1.41 汽车转向灯电路图

从 Protues 中选取的元器件清单主要包括：

（1）U1：AT89C51，单片机。

（2）R1、R2：RES，电阻 4.7 kΩ。

（3）R3、R4：RES，电阻 210 Ω。

（4）R5：电阻 10 kΩ。

（5）C1、C2：CAP，电容 30 pF。

（6）C3：CAP-ELEC，电解电容 22 μF。

（7）D1、D2：LED-YELLOW，黄色发光二极管。

（8）S1、S2：SWITCH，开关。

（9）X1：CRYSTAL，晶体振荡器 12 MHz。

（10）S3：BUTTON，按键。

五、汽车转向灯参考程序

根据表 1.11 转向灯显示状态与驾驶员命令对应表，编写汽车转向灯的控制程序。

```c
#include <reg51.h>
sbit S0=P3^0;
sbit S1=P3^1;
sbit D1=P1^0;
sbit D2=P1^1;
void Delay( )
{
    unsigned char i,j;
    for(i=0;i<255;i++)
        for(j=0;j<255;j++);
}
void main( )
{
    while (1)
    {
        if (S0==0&&S1==0)           //无命令，汽车正常行驶
        {
            D1=0;
            D2=0;
        }
        else if(S0==0&&S1==1)       //右转命令
        {
            D1=0;
            D2=1;
```

```
        }
    else if(S0==1&&S1==0)    //左转命令
    {
        D1=1;
        D2=0;
    }
    else if(S0==1&&S1==1)    //故障命令
    {
        D1=1;
        D2=1;
    }
    Delay( );
    D1=1;
    D2=1;
    Delay( );
    }
}
```

任务实施

一、实训室操作规程

实训室的操作规程主要包括：

（1）使用者必须遵守机房规章制度，服从管理人员的指挥。未经负责人员同意，任何人不得私自进入机房或使用机房内任何设备。

（2）禁止将食物、饮料带入机房，禁止在机房内吸烟、谈笑、打闹、随地吐痰。

（3）不得在机房计算机上安装和卸载软件；严禁修改计算机系统设置；不得使用计算机做与教学无关的事，如看电视剧、看电影、打游戏等。

（4）在规定的范围内操作机器，爱护设备，严禁私自移动、拆卸机箱及外部设备，在操作过程中如遇设备故障，应及时报告管理人员，不得擅自处理。凡人为破坏设备者，后果自负。

（5）自觉保护机房设备，下课后自觉正确关闭计算机，按操作流程整理好自己使用过的键盘、鼠标、椅子、桌子，带走私人物品（包括产生的垃圾）。私人物品丢失，责任自负。

（6）机房卫生由使用班级负责打扫，任课老师负责监督。

（7）不得将电水壶、热得快、手机充电器等使用220 V电源的用电器带入机房。

二、设备检查

根据实验内容，记录设备检查内容以及设备所在位置。

三、绘制电路和编译程序

根据实验内容，绘制实验电路、编译程序并记录所遇到的问题、分析实验故障。

四、拓展

利用 switch 语句改写汽车转向灯程序。

if 语句一般用作单一条件或者分支数量较少的场合，如果使用 if 语句来编写 3 个以上的分支程序，则程序的可读性将降低。C 语言提供了一种用于多分支选择的 switch 语句，switch 语句的一般格式：

```
switch（表达式）
{
    case 常量表达式 1:语句组 1;break;
    case 常量表达式 2:语句组 2;break;
    ……
    case 常量表达式 n:语句组 n;break;
    default:语句组 n+1;
}
```

该语句的执行过程主要包括：

（1）运行 switch 后面表达式的值将会作为条件，与 case 后面的各个常量表达式的值相对比，如果相等时则执行后面的语句组，再执行 break（间断语句）语句，（break 语句也可省略），跳出 switch 语句。

（2）如果表达式的值与 case 后面常量表达式的值都不相等，则执行 default 后面的语句组。当要求没有符合条件时也不做任何处理，则可以不写 default 语句。

五、思考

模仿本任务设计一个 8 路抢答器。

安全提示

1. 请严格遵守实训室操作规程。
2. 按照实训室 7S 管理要求规范操作。

注意事项

编程时请注意每个转弯灯对应的开关，容易出现与要求相反的情况。

知识链接

MCS-51 单片机的存储器结构如图 1.42 所示，主要用来存放程序、常数或表格等。MCS-51 单片机的片内有 4K 字节的程序存储器 ROM，地址范围为 0000H ~ 0FFFH。$\overline{EA}$ 引脚为程序存储器空间选择控制端。

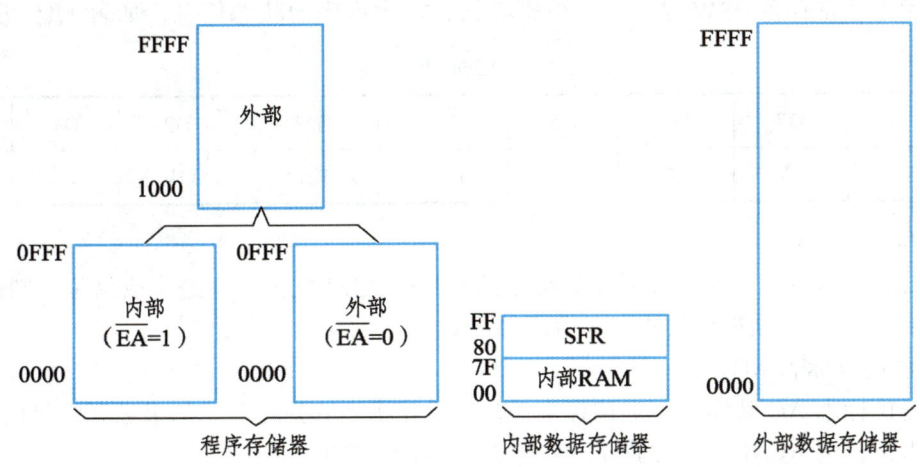

图 1.42　51 系列单片机存储器

MCS-51 单片机的数据存储器分为两部分：一部分是内部数据存储器，另一部分是外部数据存储器，主要包括：

（1）片内 RAM。

片内 RAM 分成三部分：工作寄存器区、位寻址区、通用 RAM 区，如图 1.43 所示。

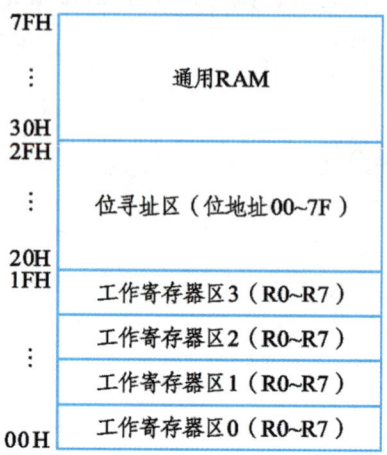

图 1.43　片内 RAM 分类

（2）特殊功能寄存器（SFR）。

单片机共有 21 个特殊功能寄存器（SFR），离散地分布在 80H～FFH 地址范围内。特殊功能寄存器主要包括：

① 累加器 A（ACC）。

累加器 A（ACC）是程序中最常用的特殊功能寄存器。大部分指令的操作数都取自累加器，故累加器 A 是单片机中最繁忙的寄存器。

② 寄存器 B。

寄存器 B 为 8 位寄存器，主要用于乘除指令。

③ 程序状态字寄存器 PSW。

程序状态字寄存器 PSW 是一个 8 位寄存器，包含程序的状态信息，如表 1.15 所示。

表 1.15　PSW 状态控制字

位序	D7	D6	D5	D4	D3	D2	D1	D0
位标志	CY	AC	F0	RS1	RS0	OV		P

a. 进位标志 CY。

在执行算术运算指令时，如果运算结果的最高位（D7 位）产生进位或借位，则进位标志 CY 位由硬件置 1；否则进位标志 CY 由硬件清 0。

b. 辅助进位标志 AC。

辅助进位标志 AC 又称为半进位标志。在执行算术运算指令时，如果运算结果的 D3 位产生进位或借位，则 AC 位由硬件置 1；否则 AC 由硬件清 0。

c. 软件标志 F0。

软件标志 F0 是用户定义的一个状态标志,可以通过软件对该标志置位或清 0。

d. 工作寄存器组选择控制位 RS1、RS0。

工作寄存器组选择控制位 RS1、RS0 用于确定当前工作寄存器组组号。OV 为溢出标志位。在执行算术运算指令时,如果运算结果的最高位(D7 位)和次高位(D6 位)中有且仅有一位产生进位或借位,则 OV 位由硬件置 1,否则 OV 由硬件清 0。

e. 奇偶标志位 P。

奇偶标志位 P 用来表示累加器 A 中包含 1 数量的奇偶性。如果累加器 A 中包含 1 的数量为奇数,则 P=1;如果累加器 A 中包含 1 的数量为偶数,则 P=0。

④ 数据指针 DPTR。

数据指针 DPTR 为一个 16 位的特殊功能寄存器,由两个 8 位寄存器 DPH 和 DPL 组成。

⑤ 堆栈指针 SP。

堆栈是在内部 RAM 区专门开辟出来按照"先进后出,后进先出"原则进行数据存取的存储区,主要用于子程序和中断程序中,具有保护现场和恢复现场功能。

堆栈指针(Stack Pointer,SP)是一个特殊的寄存器,始终指向堆栈的顶部即最近压入堆栈的数据的下一个可用位置。

⑥ I/O 端口寄存器 P0~P3。

I/O 端口寄存器 P0~P3 均为 8 位的特殊功能寄存器,通过对 I/O 端口寄存器的读写实现从 I/O 端口的读入数据或将数据写入到 I/O 端口。

(3)片外 RAM。

在 MCS-51 单片机中,片外 RAM 地址空间为 64 KB,地址范围为 0000H ~ FFFFH。

阅读材料

C51 的存储类型与 8051 存储空间的对应关系如表 1.16 所示。对于 8051 系列单片机来说,访问片内的 RAM 比访问片外的 RAM 的速度要快很多,所以对于经常使用的变量应该置于片内 RAM,即用 bdata、data、idata 来定义;对于不常使用的变量或规模较大的变量,应该置于片外 RAM 中,即用 pdata、xdata 来定义。

表 1.16 C51 的存储类型

存储器类型	长度/位	对应单片机存储器
bdata	1	片内 RAM,位寻址区,共 128 位(也能访问字节)
data	8	片内 RAM,直接寻址,共 128 B
idata	8	片内 RAM,间接寻址,共 256 B
pdata	8	片外 RAM,分页寻址,共 256 B
xdata	16	片外 RAM,间接寻址,共 64 K B
code	16	ROM 区域,间接寻址,共 64 K B

例如：

```
bit bdata my_fiag;           //定义一个位变量 my_flag，存储在内部 RAM 的位寻址区
float idata x,y,z;           //定义三个浮点数变量下 x、y、z 在片内 RAM
unsigned int padta temp;     //定义一个无符号整型变量 temp，存储在片外 RAM
```

如果用户不定义变量的存储类型，C51 的编译器采用默认的存储类型。默认的存储类型由编译命令中的存储模式指令限制。C51 支持的存储模式如表 1.17 所示。

表 1.17　C51 支持的存储模式

存储模式	默认存储类型	特　　点
small	data	直接访问片内 RAM；堆栈在片内 RAM 中
compact	pdata	用 RO 和 R1 间址片外分页 RAM；堆栈在片内 RAM 中
large	xdata	用 DPTR 间址片外 RAM，代码长，效率低

教学评价

对学生在实践操作过程中的表现进行评价，完成表 1.18 所示的教学评价表。

表 1.18　教学评价表

评价项目	项目评价内容	分值	自我评价	小组评价	教师评价	得分
仿真操作	正确绘制电路	20				
	正确编译程序	20				
拓展操作	能完成拓展项目	20				
小组提问	简述任务操作要点	10				
	简述程序组成部分	5				
安全文明生产	实验设备的正确使用	5				
	设备的摆放及实训台的整理	5				
学习态度	出勤情况	5				
	实验室和课堂纪律	5				
	团队协作精神	5				

项目二 显示控制

项目描述

显示器是单片机应用系统中人机交流的重要组成部分。常用的显示器有 LED 数码管和 LCD 显示器两种类型。本项目从单个数码管显示控制拓展到液晶显示器接口设计,引入定时器/计数器。本项目分为单个数码管显示控制、数码管显示"HELLO"、基础 LED 点阵显示、液晶显示器接口 4 个任务,通过学习进一步掌握单片机显示控制的开发流程。

知识目标

1. 掌握 C 语言数组及函数的相关知识。
2. 掌握数码管的结构、显示原理和方式。
3. 了解 8×8 点阵模块的结构和工作原理。
4. 了解定时器/计数器的基本工作原理。
5. 了解液晶显示模块与单片机接口电路的设计方法,利用单片机仿真软件完成任务。

技能目标

1. 完成单个数码管显示电路的设计和 C 语言程序设计及其调试运行。
2. 能完成数码管显示"HELLO"电路的设计和相关 C 语言程序设计及其调试运行。
3. 完成 8×8 LED 点阵显示电路的设计和 C 语言程序设计及其调试运行。
4. 完成液晶显示模块与单片机的接口电路设计和 C 语言程序设计及其调试运行。

素质目标

1. 实验过程中严格执行实验室 7S 管理要求。
2. 培养良好的职业素养和劳动习惯。
3. 增强团队意识和创新意识。
4. 养成实事求是的科学态度。
5. 培养战胜困难的自信心。
6. 养成独立思考的习惯。
7. 培养质疑精神和创新精神。

任务一　单个数码管显示控制

微课：单个数码管显示
控制仿真资源

任务目标

1. 掌握数码管结构、显示原理和方式。
2. 掌握 C 语言的运算符、表达式及数组的相关知识。
3. 会利用单片机实现对单个数码管显示控制。

任务描述

利用 AT89C51 单片机 P0 口的 P0.0～P0.6 引脚，依次连接到一个共阴极数码管的 a～h 引脚，数码管的公共端接地。

利用 Proteus 软件，通过程序完成控制数码管循环显示 0～9 的数字实践。

任务准备

一、认识数码管

显示器是单片机应用系统中人机交流的重要组成部分。常用的显示器有 LED 数码管和 LCD 显示器两种类型。LED 数码管价格低廉、体积小、功耗低、可靠性好，得到广泛使用。LED 数码管的实物外形和管脚结构图如图 2.1 所示。

（a）实物外形

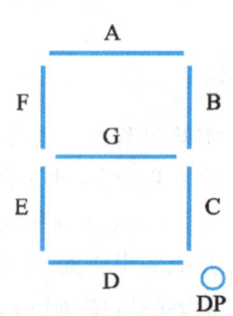
（b）显示结构

图 2.1　LED 数码管的管脚结构图

LED 数码管的组成和控制包括：

（1）数码管内部由 8 个 LED 组成，主要包括 7 个条形 LED 和一个小圆点 LED；当 LED 导通时，相应的线段或点发光，排成图形，能够显示数字 0~9、字符 A~F、H、L、P、R、U、Y、符号"—"以及小数点"."等。

（2）LED 数码管分为共阴极和共阳极两种结构。数码管引脚及内部结构图如图 2.2 所示，主要包括：

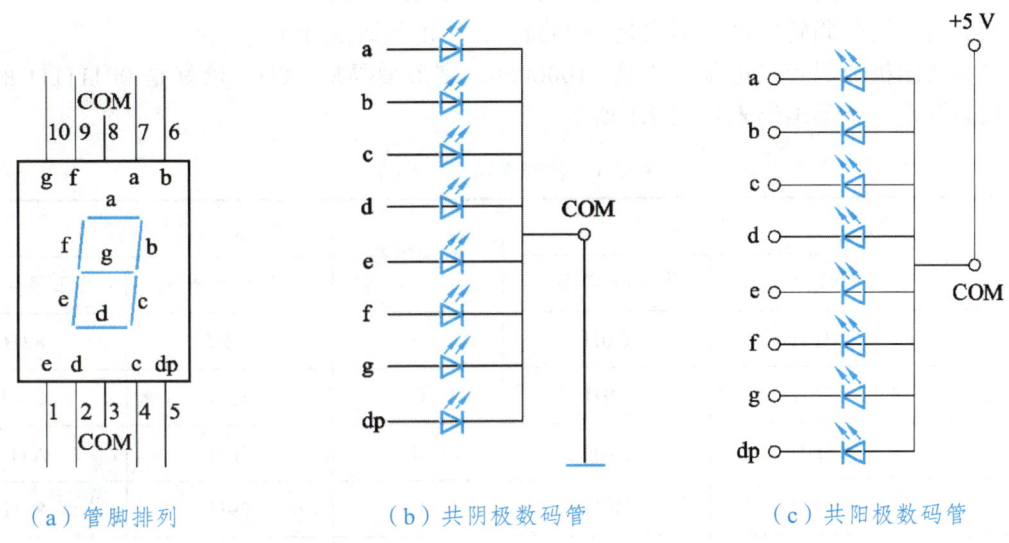

（a）管脚排列　　　　（b）共阴极数码管　　　　（c）共阳极数码管

图 2.2　数码管引脚及内部结构图

① 共阴极结构。

对于共阴极结构的数码管，把所有 LED 的 COM 连起来接低电平，通常接地，通过控制每个 LED 的阳极电平使其发光或熄灭。当某一个 LED 的阳极为高电平时，该 LED 发光；当某一个 LED 的阳极为低电平时，该 LED 熄灭。如果数码管要显示数字 0，把数码管的 a、b、c、d、e、f 端接高电平，其他各端接地。

② 共阳极结构。

对于共阳极结构的数码管，把所有 LED 的 COM 连起来接高电平，通常接+5 V 电源，通过控制每个 LED 的阴极电平使其发光或熄灭。当某一个 LED 的阴极为低电平时，该 LED 发光；当某一个 LED 的阴极为高电平时，该 LED 熄灭。如果数码管要显示数字 0，把数码管的 a、b、c、d、e、f 端接低电平，其他各端接高电平。

（3）使用注意事项。

由于数码管的电流较小，因此在使用数码管时必须外接限流电阻。如果不接限流电阻，可能会烧毁数码管。

二、数码管的字型编码

在数码管的 8 个位段施加相应的电平组合就可以显示某个字符，即一个 8 位数据，这个数据就叫该字符的字型编码。数码管编码规则如图 2.3 所示。

D7	D6	D5	D4	D3	D2	D1	D0
dp	g	f	e	d	c	b	a

图 2.3　数码管编码规则

数码管字型编码特点主要包括：
（1）共阴极数码管和共阳极数码管的字型编码是反相的，如字符"0"。
（2）共阴极数码管二进制形式是 00111111，字形编码是 3FH。
（3）共阳极数码管二进制形式是 11000000，字形编码是 C0H，恰好是 00111111 的反码。
数码管常用字形编码表如表 2.1 所示。

表 2.1　数码管常用字形编码表

显示字符	十六进制		显示字符	十六进制	
	共阴极字形码	共阳极字形码		共阴极字形码	共阳极字形码
0	3FH	C0H	b	7CH	83H
1	06H	F9H	C	39H	C6H
2	5BH	A4H	d	5EH	A1H
3	4FH	B0H	E	79H	86H
4	66H	99H	F	71H	8EH
5	6DH	92H	H	76H	89H
6	7DH	82H	L	38H	C7H
7	07H	F8H	P	73H	8CH
00	7FH	80H	U	3EH	C1H
9	6FH	90H	r	31H	CEH
A	77H	88H	y	6EH	91H
灭（黑）	00H	FFH	8.（全亮）	FFH	00H
—	40H	BFH	.	80H	7FH

三、数码管的显示方法

数码管的显示方式包括动态扫描显示和静态显示两种方法，主要内容包括：
（1）动态扫描显示。
数码管的动态扫描显示是指一位一位轮流点亮各位数码管的一种显示方式。在某一时间范围内，只选中一位数码管的位选端，送出相应的字型编码；在下一时间范围内，按顺序选中另外一位数码管的位选端，送出相应的字型编码。依此规律循环，使各位数码管分别间断地显示出相应的字符。

（2）静态显示。

数码管的静态显示是指数码管显示某一字符时相应的发光二极管恒定导通或恒定截止，这种显示方式的各位数码管相互独立，公共端恒定接地或接+5 V 电源。每个数码管的八个位段分别与一个八位 I/O 端口相连。I/O 端口只要有字型码输出，数码管就显示给定的字符并保持不变，直到 I/O 口输出新的段码。

四、认识 74LS245

74LS245 是一个 8 路同相三态双向数据总线驱动芯片，具有双向三态功能，既可以输入数据也可以输出数据。74LS245 引脚图如图 2.4 所示。

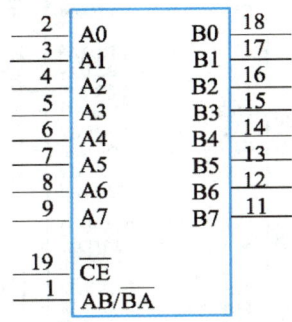

图 2.4　74LS245 引脚图

74LS245 的引脚主要包括总线端 A、总线端 B 和 $\overline{CE}$ 和 $AB/\overline{BA}$，其中：

（1）$\overline{CE}$：三态允许端（低电平有效）。

（2）$AB/\overline{BA}$：方向控制端。$AB/\overline{BA}$ 的控制方式包括：

① $AB/\overline{BA}$ =1，信号由 A 传向 B。

② $AB/\overline{BA}$ =0，信号由 B 传向 A。

五、单个数码管显示控制电路设计

单个数码管显示控制电路如图 2.5 所示。电路主要由 AT89C51 单片机最小应用系统、一片 1 位的共阴极数码管和一片 74LS245 构成。AT89C51 单片机 P0 口引脚 P0.0～P0.7 依次连接到 74LS245 引脚 A0～A7，RP1 是上拉排阻；74LS245 的 $\overline{CE}$ 端接地，$AB/\overline{BA}$ 端接高电平；74LS245 的 B0-B6 接数码管的 a～h 七个位段；共阴极数码管的公共端接地。

从 Proteus 中选取的元器件清单主要包括：

（1）U1：AT89C51，单片机。

（2）R1：RES，电阻 10 kΩ。

（3）C1、C2：CAP，电容 30 pF。

（4）C3：CAP-ELEC，电解电容 10 μF。

（5）U2：74LS245，8 路同相三态双向数据总线驱动芯片。

（6）U3：7SEG-COM-CATHODE，共阴极数码管。
（7）X1：CRYSTAL，晶体振荡器 12 MHz。
（8）RP1：RESPACK-8，排阻 210 Ω。

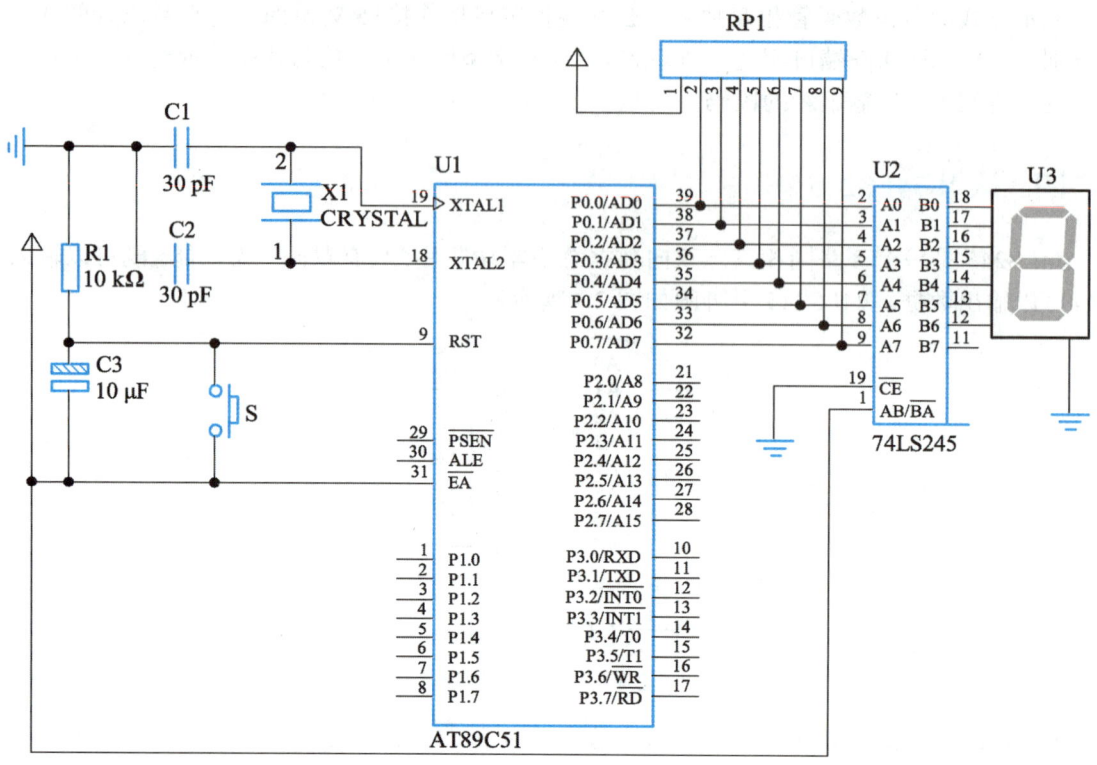

图 2.5　单个数码管显示电路

六、单个数码管显示程序设计

图 2.5 所示的单个数码管显示电路采用共阴极数码管，通过控制共阴极数码管每个 LED 灯的阳极电平使其发光或熄灭。共阴极数码管每个 LED 灯的阳极为高电平时 LED 灯发光，阳极为低电平时 LED 灯熄灭。在字型编码表中查找共阴极数码管的 0~9 的字型编码，按 0~9 的顺序把每个数字的字型代码按顺序排好，例如通过数组来完成 0~9 字型码顺序的排放。通过 P0 口依次输出字型编码，实现数码管显示数字 0~9。因此可以定义一个数组：

unsigned char code tab[ ]={0x3f, 0x06, 0x5b, 0x4f, 0x66, 0x6d, 0x7d, 0x07, 0x7f, 0x6f}；

单个数码管显示控制参考程序可分为方案 1 和方案 2，包括：

（1）方案 1：加延时。

```
#include <reg51.h>                    //包含 reg51.h 头文件
unsigned char code tab[ ]={0x3f,0x06,0x5b,0x4f,0x66,0x6d,0x7d,0x07,0x7f,0x6f};
                                      //用数组定义 0~9 的字形码
void Delay( )                         //延时函数
{
```

```c
    unsigned char i,j,k;              //定义无符号字符型变量i，j和k
    for(i=0;i<255;i++)
    for(j=0;j<40;j++)
    for(k=0;k<40;k++);
}
void main( )                          //主函数
{
    unsigned char n;                  //定义无符号字符型变量n
    while(1)
    {
        for(n=0;n<10;n++)
        {
            P0 = tab[n];              // 显示数字
            Delay( );                 //延时
        }
    }
}
```

（2）方案 2：减延时。

```c
#include <reg51.h>                    //包含 reg51.h 头文件
unsigned char code tab[ ]={0x3f,0x06,0x5b,0x4f,0x66,0x6d,0x7d,0x07,0x7f,0x6f};
                                      //用数组定义 0~9 的字形码
void Delay( )                         //延时函数
{
    unsigned char i,j,k;              //定义无符号字符型变量i，j和k
    for(i=255;i>0;i--)
    for(j=40;j>0;j--)
    for(k=40;k>0;k--);
}
void main( )                          //主函数
{
    unsigned char n;                  //定义无符号字符型变量n
    while(1)
```

```
        {
            for(n=0;n<10;n++)
            {
                P0 = tab[n];              // 显示数字
                Delay( );                 //延时
            }
        }
}
```

任务实施

一、实训室操作规程

实训室的操作规程主要包括:

(1) 使用者必须遵守机房规章制度,服从管理人员的指挥。未经负责人员同意,任何人不得私自进入机房或使用机房内任何设备。

(2) 禁止将食物、饮料带入机房,禁止在机房内吸烟、谈笑、打闹、随地吐痰。

(3) 不得在机房计算机上安装和卸载软件;严禁修改计算机系统设置;不得使用计算机做与教学无关的事,如看电视剧、看电影、打游戏等。

(4) 在规定的范围内操作机器,爱护设备,严禁私自移动、拆卸机箱及外部设备,在操作过程中如遇设备故障,应及时报告管理人员,不得擅自处理。凡人为破坏设备者,后果自负。

(5) 自觉保护机房设备,下课后自觉正确关闭计算机,按操作流程整理好自己使用过的键盘、鼠标、椅子、桌子,带走私人物品(包括产生的垃圾)。私人物品丢失,责任自负。

(6) 机房卫生由使用班级负责打扫,任课老师负责监督。

(7) 不得将电水壶、热得快、手机充电器等使用220 V电源的用电器带入机房。

二、设备检查

根据实验内容,记录设备检查内容以及设备所在位置。

三、绘制电路和编译程序

根据实验内容,绘制实验电路、编译程序并记录所遇到的问题、分析实验故障。

四、拓展

(一)如何修改程序,使数码管循环显示 9~0?

(二)如果采用共阳极数码管,如何修改电路?如何修改程序?

五、思考

（一）LED 数码管有哪两种结构？是如何实现的？

（二）在用共阴极数码管显示的电路中，如果直接将共阴极数码管换成共阳极数码管，能否正常显示？为什么？应采取什么措施？

（三）总结本次任务中遇到的问题及解决方法。

安全提示

1. 请严格遵守实训室操作规程。
2. 按照实训室 7S 管理要求规范操作。

注意事项

绘制电路选择数码管时，注意观察 7SEG-COM-CATHODE 和 7SEG-COM-ANODE 的区别，正确选择。

知识链接

一、关系运算符

关系运算是指将两个值作比较，判断其比较的结果是否符合给定的条件。关系运算的结果只有 2 种：即"真"和"假"。

例如：3>2 的结果为真，而 3<2 的结果为假。

C 语言一共提供了 6 种关系运算符：

（1）小于："<"。
（2）小于等于："<="。
（3）大于：">"。
（4）大于等于：">="。
（5）等于："=="。
（6）不等于："!="。

二、关系表达式

关系表达式是指用关系运算符将两个表达式连接起来的式子，如 a>b、a+b<c+d。

在 C 语言中，没有专门的逻辑型变量。如果运算结果是"真"，则用数值"1"表示；如果运算结果是"假"，则用数值"0"表示。

如：x1=3>2，则 x1 等于 1。

由于 3>2 的结果是"真"，即其结果为 1，该结果被"="号赋给了 x1。

如：x2=3<=2 的结果是"假"，则 x2=0。

注意：在 C 语言中，"<""<="">"">="的优先级高于"=="和"!="。

三、逻辑运算符

C 语言提供了三种逻辑运算符，包括：

（1）"&&"（逻辑与）。

在进行逻辑与运算过程中，如果两个操作数的值都为真时，结果才为真；如果两个操作数的值有一个为假时，结果为假。

（2）"||"（逻辑或）。

在进行逻辑或运算过程中，如果两个操作数的值中有一个为真，结果便为真；如果两个操作数的值都为假，结果便为假。

（3）"!"（逻辑非）。

在进行逻辑非运算过程中，对操作数的值取反。

逻辑"&&"和逻辑"||"要求有两个操作对象，而逻辑"!"只要求有一个运算对象。

四、逻辑表达式

逻辑表达式是指采用逻辑运算符将关系表达式或逻辑量连接起来的式子。如（x>=2）&&（x<3）。

C语言编译系统在给出逻辑运算的结果时，用"1"表示真，用"0"表示假。

在判断一个量是否是"真"时，以0代表"假"，以非0代表"真"，需要注意的事项主要包括：

（1）若a=10，则！a的值为0，因为10被作为"真"处理。

（2）如果a=－2，则！a的值为0，因为－2被作为"真"处理。

（3）若a=10，b=20，则a&&b的值为1，a||b的结果也为1。

五、C语言数组

数组是C51的一种构造数据类型，必须由具有相同数据类型的元素构成，如数组中的所有元素都是整型，则该数组称为整型数组。如数组中的所有元素都是字符型，则该数组称为字符型数组。常用的数组有一维数组、二维数组和字符数组。在C语言中，数组必须要先定义后使用。

一维数组的格式可定义为：类型说明符　数组名[常量表达式];

数组格式中的类型说明符是数组中各个元素的数据类型，数组名是用户定义的数组标识符，方括号中的常量表达式表示数据元素的个数，即数组的长度。

例如：

```
int a[9];          //定义整型数组a，有9个元素，下标从0到8。
float b[5];        //定义实型数组b，有5个元素，下标从0到4。
char ch[10];       //定义字符数组ch，有10个元素，下标从0到9。
```

> 阅读材料

LED 数码管的识别方法

LED 数码管也称为半导体数码管,是将若干发光二极管按一定图形排列并封装在一起的最常用数码显示器件之一。LED 数码管种类很多,这里介绍最常用的小型"8"字形 LED 数码管的识别方法。

一、外形和种类

常用小型 LED 数码管的封装形式几乎全部采用双列直插结构,按照需要将 1 至多个"8"字形字符封装在一起,组成可以显示不同位数的数码管。LED 数码管如果按照显示位数(即全部数字字符个数)划分,可以划分为 1 位、2 位、3 位、4 位、5 位、6 位及更高位的 LED 数码管。LED 数码管如果按照内部发光二极管连接方式进行划分,可以划分为共阴极数码管和共阳极数码管;LED 数码管如果按照字符颜色进行划分,可以划分为红色、绿色、黄色、橙色、蓝色、白色等颜色的 LED 数码管;LED 数码管如果按照显示亮度进行划分,可以划分为普通亮度数码管和高亮度数码管;LED 数码管如果按照显示字形进行划分,可以划分为数字管和符号管。

二、数码管型号及引脚的识别

由于 LED 数码管各生产厂家的型号命名规则不统一,为了了解某一型号 LED 数码管的结构特点和有关参数等,只能查看该厂家的说明书或相关的参数手册。对于型号不清楚的 LED 数码管,只能通过万用表等工具进行测量,以弄清该数码管的内部电路结构和相关参数。

小型 LED 数码管的引脚排序规则:正对着数码管的显示面,从左上角(对于左右双排列封装的数码管)或左下角(对于上下双排列封装的数码管)开始,按逆时针方向计数,依次为 1、2、3、4、……,如果翻转过来从背面看(比如在印制电路板的焊接面上观察),即引脚面正对着自己,则应按顺时针方向计数。数码管的管脚识别方法与普通集成电路的管脚识别方法是一致的。

常用 LED 数码管的引脚排列均为双列 10 脚、12 脚、14 脚、16 脚、18 脚等。识别引脚排列的一般规律:对于单个数码管而言,最常见的引脚为上下双排列,通常第 3 脚和第 8 脚是连通的,为公共脚;如果引脚为左右双排列,则第 1 脚和第 6 脚是连通的,为公共脚。但也有例外,必须具体型号具体分析。

另外,多数 LED 数码管的"小数点"在内部是与公共脚接通的,但有些产品的"小数点"引脚却是独立引出来的。对于 2 位及以上的数码管,一般将内部各"8"字形字符的 a~h 这 8 根数据线对应连接在一起,而各字符的公共脚单独引出(称"动态数码管"),既减少了引脚数量,又为使用提供了方便。如 4 位动态数码管有 4 个公共端,加上 a~h 引脚一共才有 12 个引脚,如果制成各"8"字形字符独立的"静态数码管",则引脚数就达到 40 脚。

教学评价

对学生在实践操作过程中的表现进行评价，完成表 2.2 所示的教学评价表。

表 2.2　教学评价表

评价项目	项目评价内容	分值	自我评价	小组评价	教师评价	得分
仿真操作	正确绘制电路	20				
	正确编译程序	20				
拓展操作	能完成拓展项目	20				
小组提问	简述任务操作要点	10				
	简述程序组成部分	5				
安全文明操作	实训设备的正确使用	5				
	设备的摆放及实训台的整理	5				
学习态度	出勤情况	5				
	实验室和课堂纪律	5				
	团队协作精神	5				

任务二 数码管显示"HELLO"

微课：数码管显示
"HELLO"仿真资源

任务目标

1. 理解定时器/计数器的基本结构和工作原理。
2. 掌握 C 语言的常量、变量及函数的相关知识。
3. 会利用单片机实现单个数码管的控制并循环显示"HELLO"。

任务描述

使用 AT89C51 单片机 P1 口的 P1.0～P1.6 七个引脚，依次连接到一个共阳极数码管的 a～h 七个位段控制引脚上，数码管的公共端接 VCC。

利用 Proteus 软件，通过程序控制单个数码管循环显示"HELLO"且各字符显示 1 s。

任务准备

一、定时器/计数器功能

MCS-51 系列单片机有 2 个 16 位可编程定时器/计数器，简称定时器 0（T0）和定时器 1（T1）。16 位的定时器/计数器实质上是一个加 1 计数器，可实现定时和计数两种功能，其功能由软件控制和切换。定时器/计数器实现的功能主要包括：

（1）定时功能。

定时功能就是对机器周期数进行计数。每过一个机器周期，计数器就加 1，直至计满溢出结束。定时器的定时时间与系统的晶振频率有关，计数频率为晶振频率的 1/12。如晶振频率为 12 MHz，则机器周期为 1 μs。

（2）计数功能。

计数功能就是对来自单片机外部的事件进行计数，与请求中断的外部事件区分开，称这种外部事件为外部计数事件。外部计数事件由脉冲引入，单片机的 P3.4（T0）和 P3.5（T1）为外部计数脉冲输入端。计数就是对有效计数脉冲进行计数。外部计数脉冲的频率不能高于晶振频率的 1/24。

二、定时器/计数器结构

MCS-51 系列单片机内设置了 2 个 16 位可编程定时器/计数器 T0 和 T1，其逻辑结构如图 2.6 所示，主要包括：

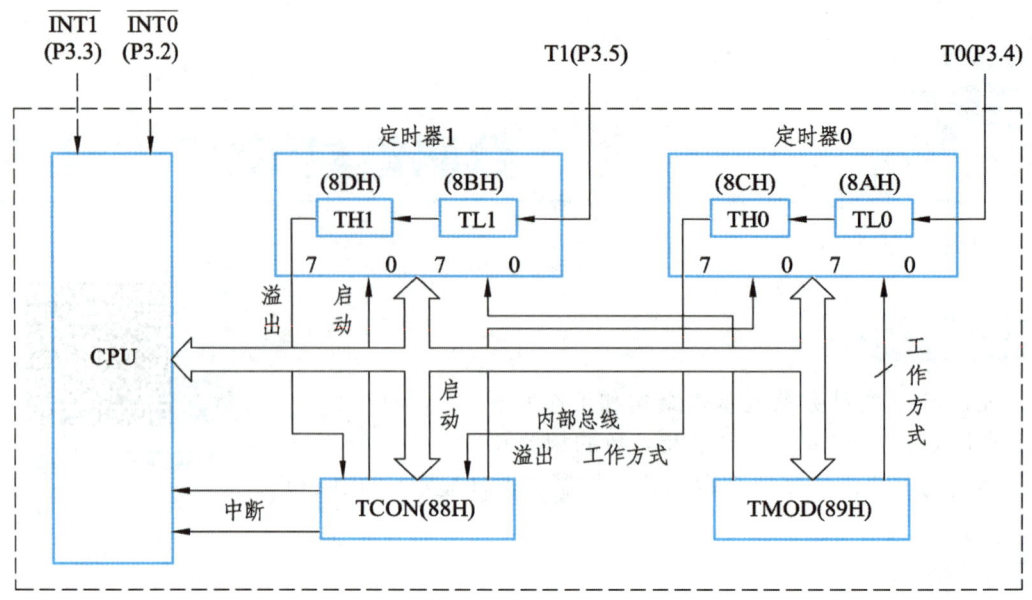

图 2.6 逻辑结构图

（1）2个16位可编程定时器/计数器T0和T1。

可编程定时器/计数器分别由两个8位特殊功能寄存器组成，用于存放定时或计数初始设定值。T0由TH0和TL0组成；T1由TH1和TL1组成。

（2）工作方式控制寄存器TMOD。

工作方式控制寄存器TMOD由软件设置成定时器模式或计数器模式；在这两种模式下，又可单独设定为方式0、方式1、方式2、方式3四种工作方式。

（3）定时器控制寄存器TCON。

定时器控制寄存器TCON由软件通过TCON来控制定时器/计数器的启动/停止。定时器/计数器的实质是一个二进制的加1寄存器。当启动后就开始从所设定的计数初始值开始加1计数；寄存器计满回零时能够自动产生溢出中断请求。

三、定时/计数器主要应用

定时/计数器主要应用于：
（1）定时与延时控制。
（2）测量外部脉冲。
（3）监控系统工作。

四、认识排阻

排阻就是将多个电阻封装到一个元件上，一般应用于数字电路，如作为某个并行口的上拉电阻或下拉电阻。使用排阻比使用若干只固定电阻更方便。排阻具有方向性，与色环电阻相比具有整齐、占用空间少的优点。排阻RX8的选择示例图如图2.7所示。

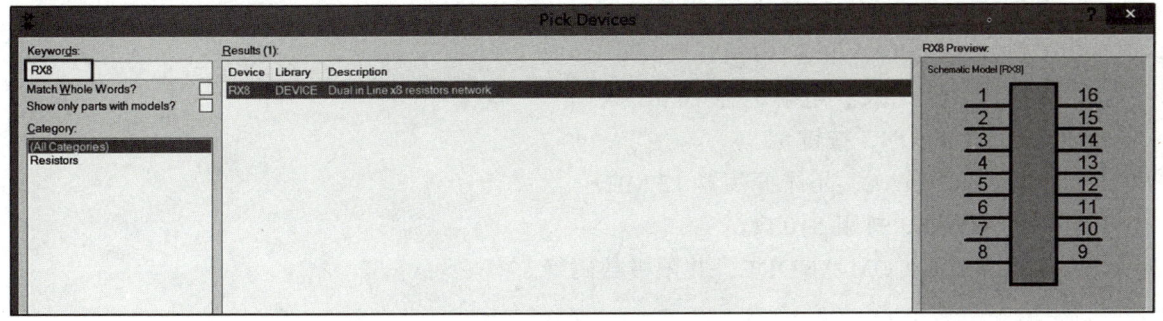

图 2.7　RX8 选择示例图

五、单个数码管循环显示"HELLO"电路设计

单个数码管循环显示"HELLO"电路如图 2.8 所示。电路由 AT89C51 为单片机最小应用系统、一片 1 位的共阳极 LED 数码管、一片 RN1 排阻构成。AT89C51 单片机 P1 口引脚 P1.0～P1.6 依次连接到排阻 RN1 的引脚 1～7；RN1 引脚 16～10 接数码管的 a～h 七个位段；共阳极 LED 数码管的公共端接 ↑。

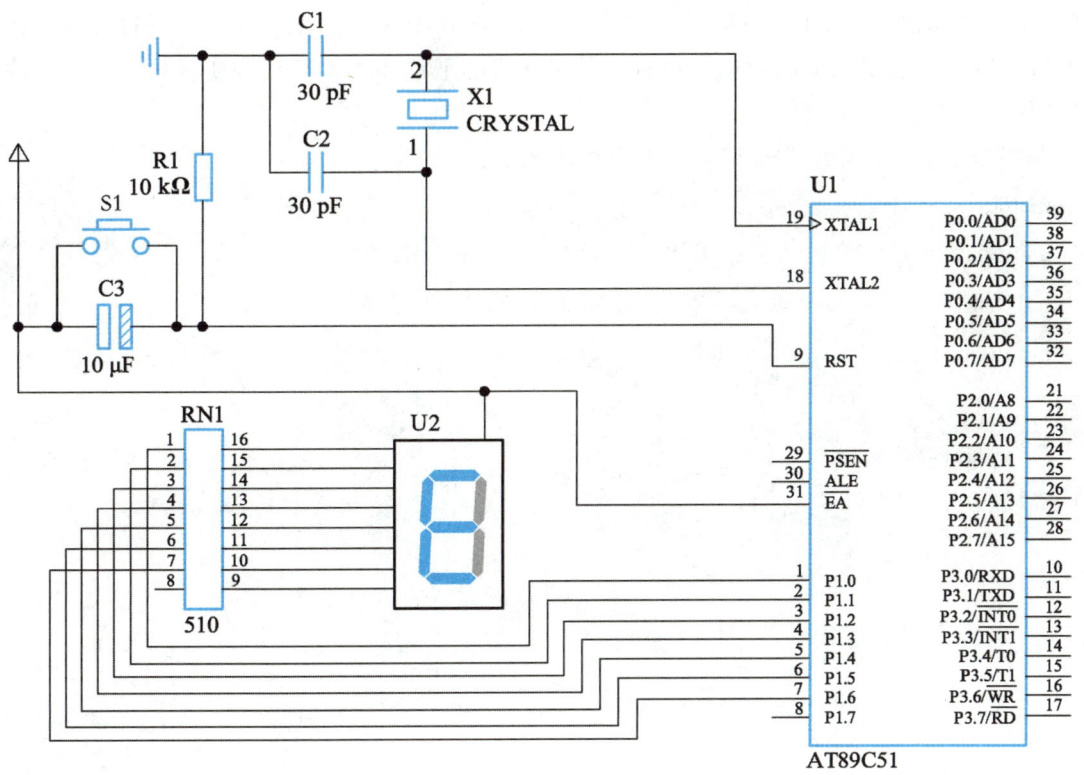

图 2.8　单个数码管循环显示"HELLO"电路

从 Proteus 中选取的元器件清单主要包括：
（1）U1：AT89C51，单片机。

（2）R1：RES，电阻 10 kΩ。

（3）C1、C2：CAP，电容 30 pF。

（4）C3：CAP-ELEC，电解电容 10 μF。

（5）S1：BUTTON，按键。

（6）X1：CRYSTAL，晶体振荡器 12 MHz。

（7）RN1：RX8，排阻 510 Ω。

（8）U2：7SEG-COM-ANODE，共阳极数码管。

六、单个数码管循环显示"HELLO"程序设计

电路采用共阳极结构的数码管，数码管的公共端接电源 VCC。在一个数码管上顺序显示多个字符，需要向 P1 口多次传送字符所对应的字型编码。在每次传送完数据后都要加一段延时函数，实现各字符显示 1 s。将多个字符对应的字型码定义为一个一维数组，一维数组的定义格式可表示：

unsigned char led[]={0x89,0x86,0xc7,0xc7,0xc0};

通过定义 LED 数组的语句来存放字符"H""E""L""L""0"的显示字型编码，在数码管控制程序中添加语句"P1=led[i]"（i 的取值范围为 0~5）将显示字型编码通过 P1 口送到 LED 段控制端，显示相应的数字。这种将数组元素的下标作为循环控制变量是最常见的数组应用方法。

单个数码管循环显示"HELLO"参考程序如下：

```
#include <reg51.h>
void delay1s( );           //采用定时器 1 实现 1 秒延时子函数
void disp1( );             //顺序显示字符"H""E""L""L""0"一次的子函数
void main( )               //主函数
{
    while(1)
    {
        disp1( );
    }
}

void disp1( )
{
    unsigned char code led[]={0x89,0x86,0xc7,0xc7,0xc0};
                           //定义数组 led 存放字符"H""E""L""L""0"的字形编码
```

```
    unsigned char i;
    for(i=0;i<5;i++)
    {
        P1=led[i];              //字型显示码送段控制口 P1
        delay1s( );             //延时 1 秒
    }
}

void delay1s( )
{
    unsigned char i;
    TMOD=0x10;                  //设置定时器 1 工作于方式 1
    for(i=0;i<0x14;i++)         //设置 20 次循环次数
    {
        TH1=0x3c;
                                //设置定时器初值为 3CB0H（十进制数 15536）
        TL1=0xb0;
        TR1=1;                  //启动 T1
        while(!TF1);            //查询计数是否溢出，即定时 50 ms 时间到
        TF1=0;                  //50 ms 定时时间到，将 T1 溢出标志位 TF1 清零
    }
}
```

注释 1.　　//函数名：disp1
　　　　　　//函数功能：顺序显示字符"H""E""L""L""O"一次
　　　　　　//形式参数：无
　　　　　　//返回值：无

注释 2.　　//函数名：delay1s
　　　　　　//函数功能：采用定时器 1、工作方式 1 实现 1 s 延时，晶振频率 12 MHz
　　　　　　//形式参数：无
　　　　　　//返回值：无

任务实施

一、实训室操作规程

实训室的操作规程主要包括：

（1）使用者必须遵守机房规章制度，服从管理人员的指挥。未经负责人员同意，任何人不得私自进入机房或使用机房内任何设备。

（2）禁止将食物、饮料带入机房，禁止在机房内吸烟、谈笑、打闹、随地吐痰。

（3）不得在机房计算机上安装和卸载软件；严禁修改计算机系统设置；不得使用计算机做与教学无关的事，如看电视剧、看电影、打游戏等。

（4）在规定的范围内操作机器，爱护设备，严禁私自移动、拆卸机箱及外部设备，在操作过程中如遇设备故障，应及时报告管理人员，不得擅自处理。凡人为破坏设备者，后果自负。

（5）自觉保护机房设备，下课后自觉正确关闭计算机，按操作流程整理好自己使用过的键盘、鼠标、椅子、桌子，带走私人物品（包括产生的垃圾）。私人物品丢失，责任自负。

（6）机房卫生由使用班级负责打扫，任课老师负责监督。

（7）不得将电水壶、热得快、手机充电器等使用 220 V 电源的用电器带入机房。

二、设备检查

根据实验内容，记录设备检查内容以及设备所在位置。

三、绘制电路和编译程序

根据实验内容,绘制实验电路、编译程序并记录所遇到的问题、分析实验故障。

四、拓展

(一)修改程序,使数码管循环显示 HELLO2024。

(二)如果采用共阴极数码管,如何修改电路?如何修改程序?

五、思考

(一)LED 数码管有哪两种结构?是如何实现的?

（二）比较任务 1 和任务 2 的区别。

（三）总结本任务中遇到的问题及其解决方法。

安全提示

1. 请严格遵守实训室操作规程。
2. 按照实训室 7S 管理要求规范操作。

注意事项

绘制电路选择数码管时，注意观察 7SEG-COM-CATHODE 和 7SEG-COM-ANODE 的区别，正确选择。

知识链接

一、C 语言常量

C 语言常量在程序运行过程中不能改变。常量的数据类型只有整型、浮点型、字符型、字符串型和位变量。常量一般用在不必改变值的场合如固定的数据表、字库等。

常量的 C 语言常量定义方式包括：

（1）用预定义语句可以定义常量，如#difine False 0x0。
（2）定义 False 为 0，True 为 1，如#difine True 0x1。
程序中用到的 False 和 True，在编译时会将 False 替换为 0，True 替换为 1。
（3）用 code 把 a 定义在程序存储器中并赋值，如 unsigned int code a=100。
（4）用 const 定义 c 为无符号 int 常量并赋值，如 const unsigned int c=100。
对于（3）（4）中的赋值，保存在 ROM 中，ROM 在运行过程中不允许被修改。如果之后用了类似 a=110、a++这样的赋值语句，编译时将会出错。

二、C 语言变量

变量在程序执行过程中其值可以不断变化，变量可以使用 C51 编译器支持的数据类型。

在程序中使用变量时，必须先用标识符作为变量名并指出所用的数据类型和存储模式，这样编译系统才能为变量分配相应的存储空间。

定义一个变量的格式如下：

[存储种类] 数据类型 [存储器类型] 变量名表

在上述定义格式中除了数据类型和变量名表是必要的，其他都是可选项。其中，"存储种类"包括自动（auto）、外部（extern）、静态（static）、寄存器（register），缺省类型为自动（auto）；"存储器类型"是指定该变量在 C51 硬件系统中所使用的存储区域，在编译时准确定位。

存储器类型说明如表 2.3 所示。

表 2.3 存储器类型说明表

存储器类型	说　　明
data	直接访问内部数据存储器（128 字节），访问速度最快
bdata	可位寻址内部数据存储器（16 字节），允许位与字节混合访问
idata	间接访问内部数据存储器（256 字节），允许访问全部内部地址
pdata	分页访问外部数据存储器（256 字节），用 MOVX @Ri 指令访问
xdata	外部数据存储器（64 KB），用 MOVX @DPTR 指令访问
code	程序存储器（64 KB），用 MOVC @A+DPTR 指令访问

三、C语言函数

（一）函数的定义和分类

函数的一般形式：

函数类型说明符　函数名（[形式参数表]）
{
　　函数体
}

按照函数的定义，函数可分为无参函数、有参函数、空函数。
无参函数的一般形式：
　　　　函数类型说明符　函数名( ){函数体语句}
例如：void main( ){...}
有参函数的定义形式为：
　　　　函数类型说明符　函数名(形式参数表){函数体语句}
例如：void mDelay(unsigned int Delay){...}

（二）函数的调用

函数调用的一般形式：
　　　　函数名 (实参列表);
例如：

void mDelay(unsigned int Delay)
{
　　……
　　for(;Delay>0;Delay--)
　　{
　　　　……
　　}
}

函数中 Delay 就是一个形式参数，而在程序中调用该函数的形式为：

Delay(1000);　　//1000 为一个实际参数，在执行函数时该值被传递到函数内部。

（三）函数的返回值

在 C 语言中，一般使用 return 语句由被调函数向主调函数返回值，该语句的用途包括：能立即从所在的函数中退出，返回到调用它的程序中去，返回一个值给调用它的函数。

return 语句的一般形式：

（1）return;

（2）return 表达式;

（3）return (表达式);

阅读材料

LED 数码管的检测方法

LED 数码管也称为半导体数码管，是将若干个发光二极管按一定图形排列并封装在一起的最常用的数码显示器件之一。LED 数码管种类很多，这里介绍最常用的小型"8"字形 LED 数码管的检测方法。

一个合格的 LED 数码管，其外观应该是做工精细、发光颜色均匀、无局部变色及无漏光等。对于不清楚性能好坏、产品型号及管脚排列的数码管，采用的简便检测方法主要包括：

（1）干电池检测法。

干电池检测法如图 2.9 所示，取两节普通 1.5 V 干电池进行串联，得到 3 V 电源，串联一个 100 Ω、1/8 W 的限流电阻器，防止过电流烧坏被测 LED 数码管。将 3 V 干电池组的负极引线（两根引线均可接上小号鳄鱼夹）接在被测数码管的公共阴极上，正极引线依次移动接触各笔段电极（a～h 脚）。当正极引线接触到某一笔段电极时，对应笔段就发光显示。采用干电池检测法可以快速测出数码管是否有断笔（某一笔段不能显示）或连笔（某些笔段连在一起），可相对比较出不同的笔段发光强弱是否一致。若检测共阳极数码管，只需将电池的正、负极引线对调，方法同上。

如果将图 2.9 中被测数码管的各笔段电极（a～h 脚）全部短接在起来，再接通测试用干电池组，被测数码管全笔段发光。对于合格的数码管，其发光颜色应该均匀，无笔段残缺及局部变色等。

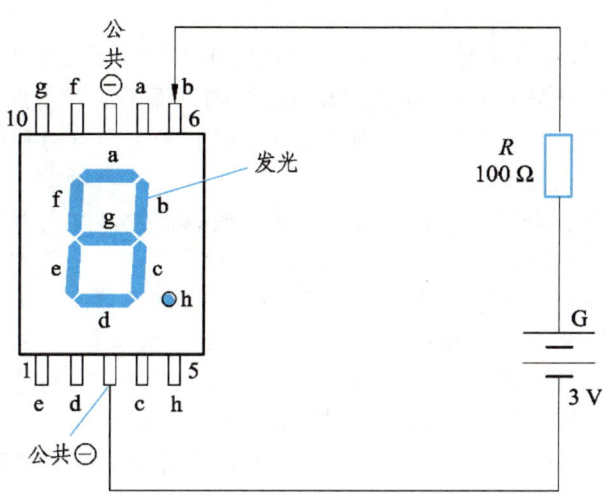

图 2.9　干电池检测法

如果不清楚被测数码管的结构类型（共阳极还是共阴极）和引脚排序，可从被测数码管的左边第 1 脚开始逆时针方向依次测试各引脚，使各笔段分别发光，即可检测出该数码管的引脚排列和内部接线。

测试时需要注意，只要某一笔段发光就说明被测的两个引脚中有一个是公共脚。假设某一脚是公共脚不动，变动另一测试脚。如果另一个笔段发光，说明假设正确。这样根据公共脚所接电源的极性，可判断出被测数码管是共阳极数码管还是共阴极数码管。显然，公共脚如果接电池正极，则被测数码管为共阳极数码管；公共脚如果接电池负极，则被测数码管应为共阴极数码管。接下来测试剩余各引脚，即可很快确定出所对应的笔段。

（2）万用表检测法。

万用表检测法如图 2.10 所示。以 MF50 型指针式万用表为例，具体检测步骤包括：

① 将指针式万用表拨至"R×10k"电阻挡。

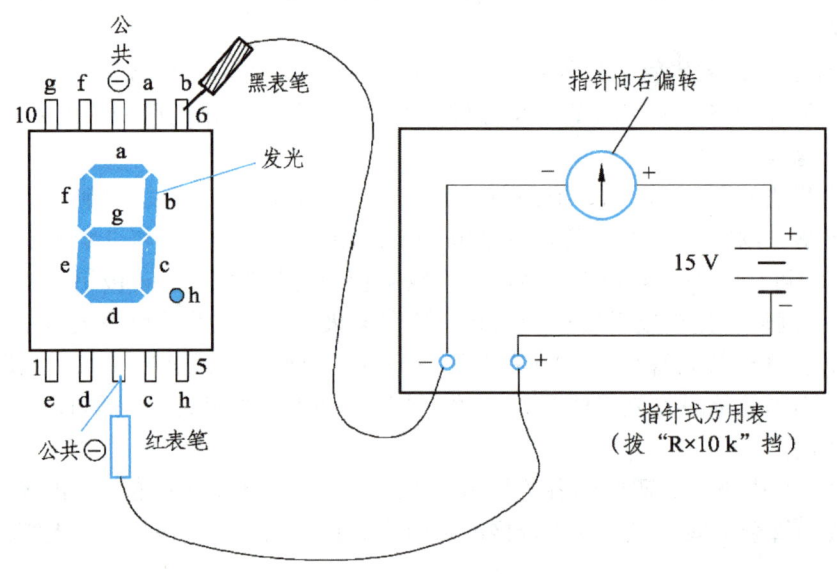

图 2.10　万用表检测法

由于 LED 数码管内部的发光二极管正向导通电压一般大于 1.8 V，所以万用表的电阻挡应置于内部电池电压是 15 V（或 9 V）的"R×10k"挡，而不应置于内部电池电压是 1.5 V 的"R×100"或"R×1k"挡，否则无法正常测量发光二极管的正向电阻和反向电阻。

② 进行检测。

在利用万用表检测法测量图 2.10 所示的共阴极数码管时，万用表红表笔（注意：红表笔接表内电池负极、黑表笔接表内电池正极）应接数码管的"⊖"公共端，黑表笔则分别去接各笔段电极（a～h 脚）；对于共阳极的数码管，黑表笔应接数码管的"⊕"公共端，红表笔则分别去接 a～h 脚。正常情况下，万用表的指针应该偏转，一般示数在 100 kΩ 以内，说明对应笔段的发光二极管导通，同时对应笔段会发光。在检测某个管脚时，万用表指针不偏转，所对应的笔段也不发光，则说明被测笔段的发光二极管已经开路损坏。

与干电池检测法一样，采用万用表检测法也可对不清楚结构类型和引脚排序的数码管进行快速检测。

教学评价

对学生在实践操作过程中的表现进行评价，完成表 2.4 所示的教学评价表。

表 2.4 教学评价表

评价项目	项目评价内容	分值	自我评价	小组评价	教师评价	得分
仿真操作	正确绘制电路	20				
	正确编译程序	20				
拓展操作	能完成拓展项目	20				
小组提问	简述任务操作要点	10				
	简述程序组成部分	5				
安全文明操作	实训设备的正确使用	5				
	设备的摆放及实训台的整理	5				
学习态度	出勤情况	5				
	实验室和课堂纪律	5				
	团队协作精神	5				

任务三　基础 LED 点阵显示

任务目标

1. 理解 8×8 点阵模块结构和工作原理。
2. 理解 LED 点阵显示方式。
3. 会利用单片机实现 8×8 点阵显示设计。

微课：8×8 点阵显示
设计资源

任务描述

使用 AT89C51 单片机 P2 口的 P2.0～P2.6 引脚，依次连接到一个 8×8 点阵模块。采用逐列扫描方法，利用 Proteus 软件编写控制程序完成 8×8 LED 点阵显示心形实践。

任务准备

一、认识 8×8 LED 点阵显示屏

LED 点阵显示屏是由高亮发光二极管点阵组成的矩阵模块，通过控制这个二极管矩阵达到在显示屏上显示符号、文字等信息的目的。LED 点阵显示屏制作简单、安装方便，可以用来显示温度、日期和文字等。LED 点阵显示屏主要应用场合如排队叫号、公交车报站、广告屏等。LED 点阵显示屏示例图如图 2.11 所示。

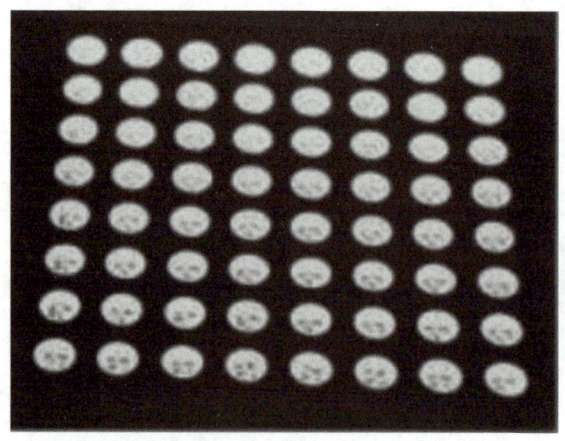

图 2.11　LED 点阵显示屏示例图

8×8 LED 点阵显示屏的内部结构实际上是由 64 个发光二极管按矩阵排列而成的发光二极管组，每个发光二极管是放置在行线和列线的交叉点上。当二极管一端置"1"、另一端置"0"

时，则该二极管就被点亮，也就是点亮了 LED 显示屏上相应的点。8×8 LED 点阵显示屏结构示意图如图 2.12 所示。

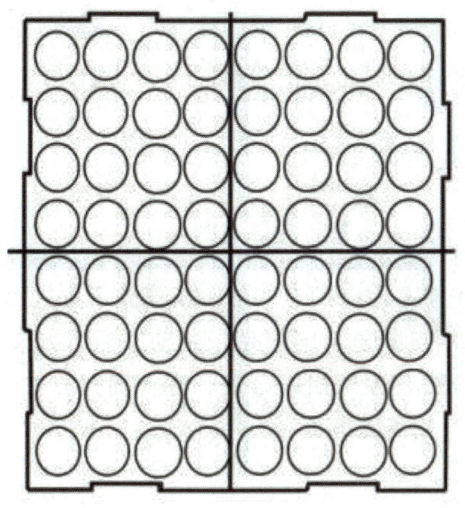

（a）二极管排列

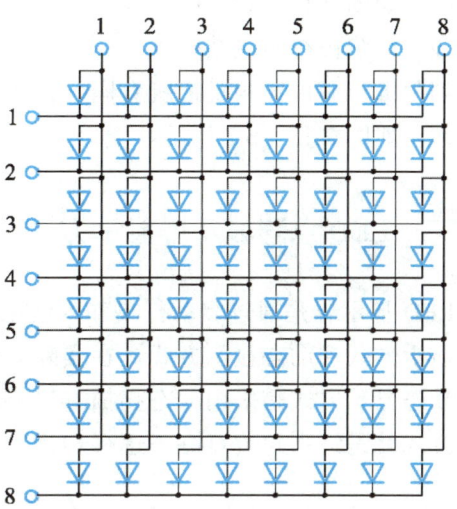

（b）内部电路

图 2.12　8×8 LED 点阵显示屏结构示意图

二、8×8 LED 点阵显示屏内部结构

8×8 LED 点阵显示屏内部结构主要包括：

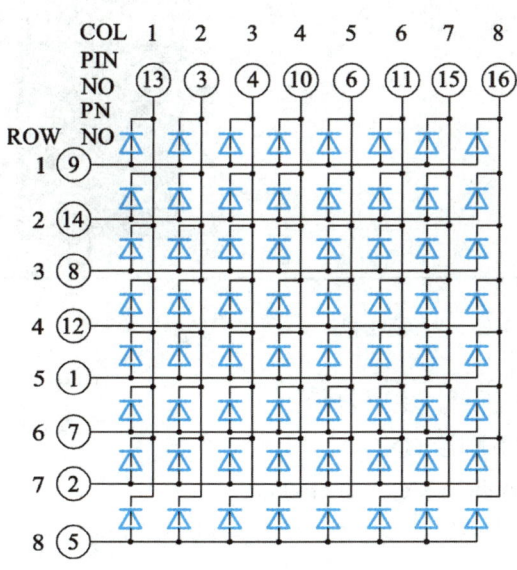

（a）列阴极行阳极

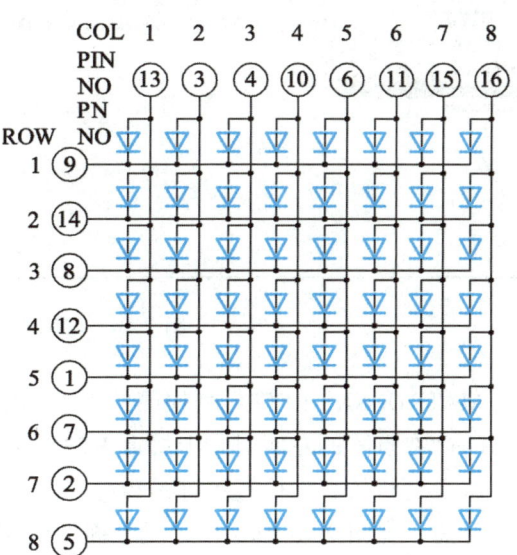

（b）列阳极行阴极

图 2.13　8×8 LED 点阵显示屏内部结构图

（1）列阴极行阳极结构。

列阴极行阳极结构是把所有同一行 LED 的阳极连在一起，把所有同一列 LED 的阴极连在一起，如图 2.13（a）所示。

（2）列阳极行阴极结构。

列阳极行阴极结构是把所有同一行 LED 的阴极连在一起，把所有同一列 LED 的阳极连在一起，如图 2.13（b）所示。

三、LED 点阵显示屏显示方式

LED 显示屏是通过驱动行线和列线来点亮 LED 屏上相应的点。LED 点阵显示方式可分为静态显示方式和动态显示方式。在实际应用中，LED 点阵显示屏都是采用动态显示方式。

动态显示方式是采用动态扫描方法。动态扫描方法有逐列扫描方式和逐行扫描方式，逐列扫描方式就是逐列轮流点亮，逐行扫描方式就是逐行轮流点亮。

四、认识 MATRIX-8X8-RED

"MATRIX-8X8-RED"是 8×8 LED 点阵模块，采用列阴极行阳极结构。在 Protues 中选择示例图如图 2.14 所示。该元器件的初始位置如图 2.15（a）所示，经过左转 90°水平放置后，左面 8 个引脚是其行线，右面 8 个引脚是其列线，如图 2.15（b）所示。

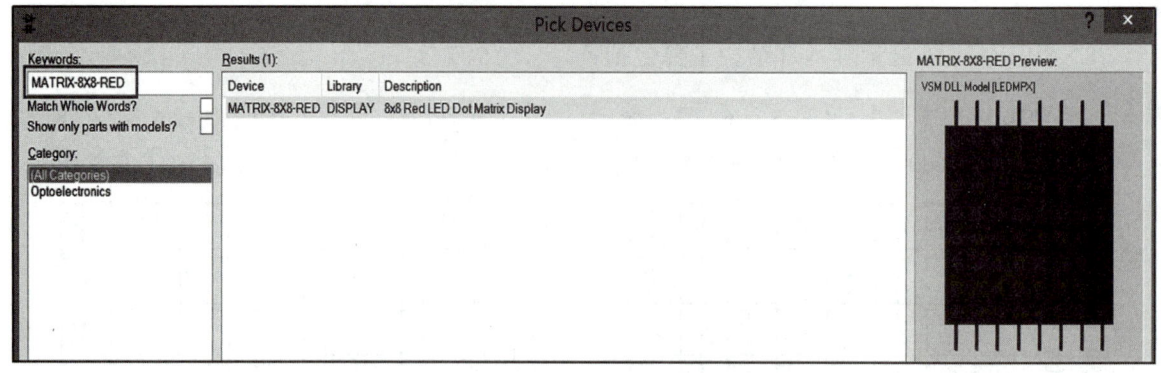

图 2.14　MATRIX-8X8-RED 选择示例图

MATRIX-8X8-RED 行列检测的方法如图 2.16 所示，主要包括：

（1）在点阵的左面引脚上接上 VCC，右面的引脚接 GND。

（2）运行仿真，检查点阵是否亮。如果不亮就调换 VCC 和 GND。

注意：在图 2.16（a）中，最上面的引脚对应的是第一行，2.16（b）中最下面的引脚对应的是第一列。

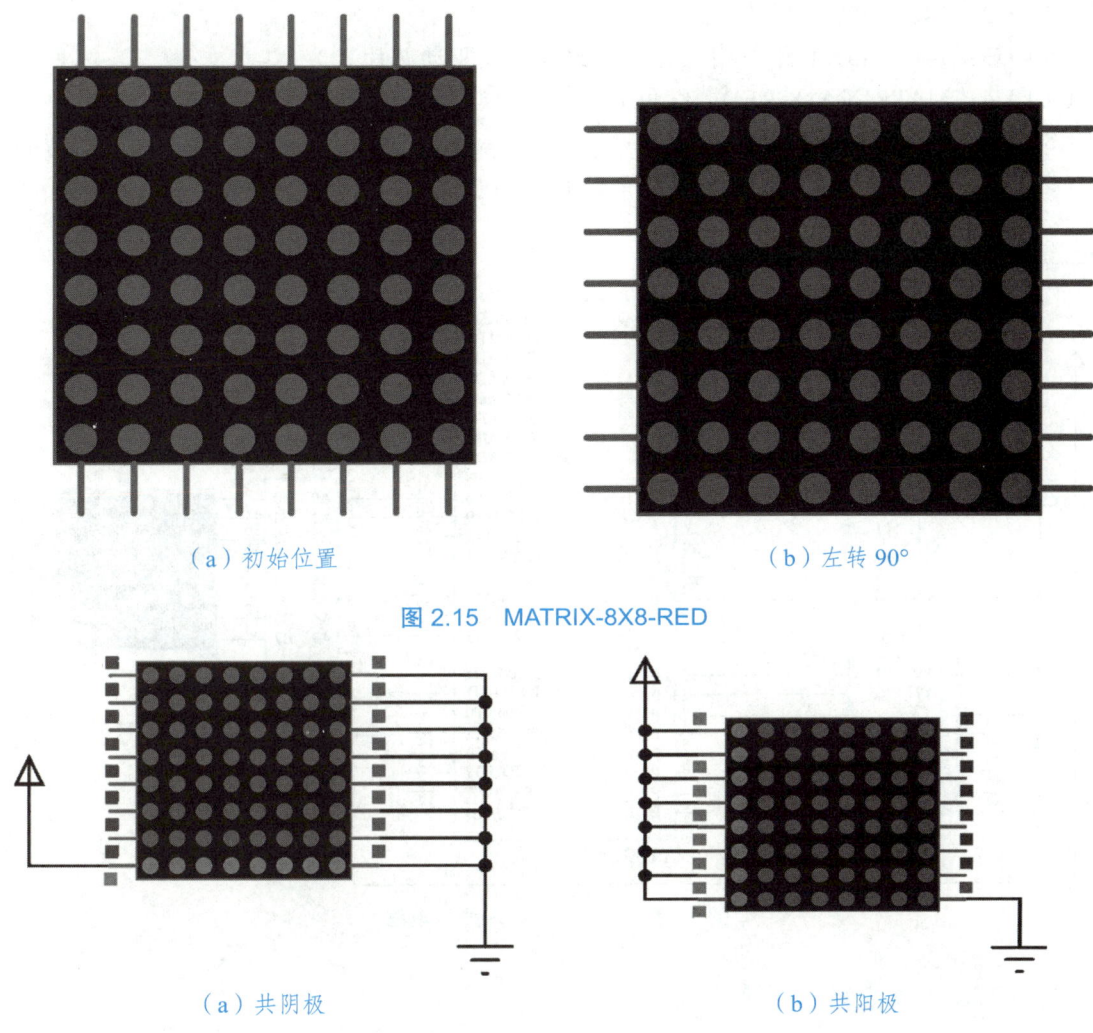

(a)初始位置　　　　　　　　　　　　(b)左转 90°

图 2.15　MATRIX-8X8-RED

(a)共阴极　　　　　　　　　　　　(b)共阳极

图 2.16　MATRIX-8X8-RED 检测方法

五、8×8LED 点阵显示电路设计

8×8LED 点阵显示电路如图 2.17 所示。电路由 AT89C51 单片机最小系统、一片 74LS138 译码器、一片 MATRIX-8X8-RED 点阵显示模块和一片 74LS245 构成。AT89C51 单片机 P2 口引脚 P2.0～P2.7 依次连接到 74LS245 引脚 A0～A7；74LS245 的 $\overline{CE}$ 端接地，AB/$\overline{BA}$ 端接高电平；74LS245 的 B0~B7 接 MATRIX-8X8-RED 行线；MATRIX-8X8-RED 列线接 74LS138 译码器输出端。74LS138 的三个输入端 ABC 接 P1 口的 P1.0～P1.2。

从 Proteus 中选取的元器件清单主要包括：

（1）U1：AT89C51，单片机。
（2）R1：RES，电阻 10 kΩ。
（3）C1、C2：CAP，电容 30 pF。
（4）C3：CAP-ELEC，电解电容 10 μF。

（5）U2：74LS138，3-8 译码器。
（6）U3：74LS245，8 路同相三态双向数据总线驱动芯片。
（7）U4：MATRIX-8×8-RED，红色 8×8 点阵模块。
（8）S1：BUTTON，按键。
（9）X1：CRYSTAL，晶体振荡器 12 MHz。

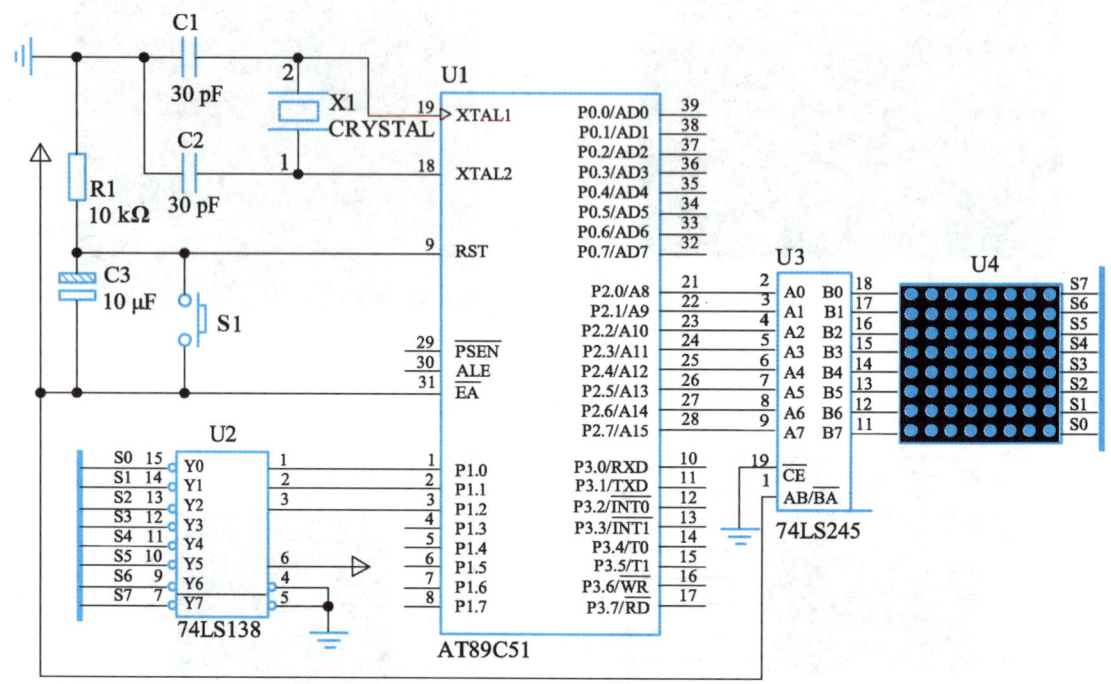

图 2.17　8×8LED 点阵显示电路

六、8×8LED 点阵显示程序设计

本任务采用逐列扫描方法，通过单片机的 P1 口将列码送到 74LS138 进行驱动后再送到 8×8LED 点阵，通过单片机的 P2 口将列数据送到 74LS245 进行解码后再送到 8×8LED 点阵，对 8×8LED 点阵进行逐列扫描从而实现循环显示心形。图 2.17 所示电路的控制步骤主要包括：

（1）通过 P2 口送心形"第一个形状"的第 0 列的列数据，既第 0 列亮灭的数据，通过 P1 口选通第 0 列，其他列都处于熄灭状态并保持第 0 列显示一段时间。

（2）熄灭一段时间再送出下一列的列数据，然后选通下一列，使其点亮相同的时间，然后熄灭。

（3）重复步骤（2）直到最后一列后，就可以看到心形"第一个形状"。

（4）重复上述步骤，就可以循环显示心形。

8×8LED 点阵实际上是逐列轮流依次点亮的。由于人眼的视觉驻留现象，当速度足够快时，所看到的就是显示屏上呈现出的稳定的图形。

8×8LED 点阵循环显示心形参考程序如下：

```c
#include <reg51.h>              //包含 reg51.h 头文件
#define uchar unsigned char
#define uint unsigned int

uint code tab[6][8]=
{
    {0x0c,0x12,0x22,0x44,0x00,0x00,0x00,0x00},    //心形第一个形状
    {0x00,0x00,0x00,0x00,0x44,0x22,0x12,0x0c},    //心形第二个形状
    {0x0c,0x12,0x22,0x44,0x44,0x22,0x12,0x0c},    //心形
    {0x0c,0x12,0x22,0x44,0x44,0x22,0x12,0x0c},
    {0x0c,0x12,0x22,0x44,0x44,0x22,0x12,0x0c},
    {0x00,0x00,0x00,0x00,0x00,0x00,0x00,0x00}
};

void delay(uint t)
{
    while(t--);
}

void main(void)
{
    uchar i,j,k;
    P2=0;
    while(1)
    {
        for(j=0;j<6;j++)            //显示心形
        {
            for(k=0;k<120;k++)      //显示屏显示刷新120次,保持每个形状显示一定时间
            {
                for(i=0;i<8;i++)
                {
                    P2=tab[j][i];   //通过 P2 口送 i 列的列数据,即第 i 列亮灭的数据
                    P1=i;           //选择 i 列
                    delay(40);      //保持 i 列显示一段时间
                    P2=0;           //i 列熄灭
                    delay(2);       //保持 i 列熄灭一段时间
                }
            }
        }
```

```
        }                              //End while
    }                                  //End main( )
```

任务实施

一、实训室操作规程

实训室的操作规程主要包括:

(1)使用者必须遵守机房规章制度,服从管理人员的指挥。未经负责人员同意,任何人不得私自进入机房或使用机房内任何设备。

(2)禁止将食物、饮料带入机房,禁止在机房内吸烟、谈笑、打闹、随地吐痰。

(3)不得在机房计算机上安装和卸载软件;严禁修改计算机系统设置;不得使用计算机做与教学无关的事,如看电视剧、看电影、打游戏等。

(4)在规定的范围内操作机器,爱护设备,严禁私自移动、拆卸机箱及外部设备,在操作过程中如遇设备故障,应及时报告管理人员,不得擅自处理。凡人为破坏设备者,后果自负。

(5)自觉保护机房设备,下课后自觉正确关闭计算机,按操作流程整理好自己使用过的键盘、鼠标、椅子、桌子,带走私人物品(包括产生的垃圾)。私人物品丢失,责任自负。

(6)机房卫生由使用班级负责打扫,任课老师负责监督。

(7)不得将电水壶、热得快、手机充电器等使用220 V电源的用电器带入机房。

二、设备检查

根据实验内容,记录设备检查内容以及设备所在位置。

三、绘制电路和编译程序

根据实验内容，绘制实验电路、编译程序并记录所遇到的问题、分析实验故障。

四、拓展

（一）如何修改程序，使 8×8 点阵显示 0~9？

（二）如何修改程序，使 8×8 点阵显示自己设计的图形？

五、思考

（一）8×8 点阵动态显示方式有几种？详细说明。

（二）8×8 点阵显示模块的内部结构有哪两种？

（三）总结本次任务中遇到的问题及解决方法。

安全提示

1. 请严格遵守实训室操作规程。
2. 按照实训室 7S 管理要求规范操作。

注意事项

绘制电路选择 MATRIX-8X8-RED 点阵显示模块时，注意行线列线不要接错，正确旋转。

知识链接

一、二维数组的定义和引用

二维数组定义的一般形式：
　　类型说明符　数组名[常量表达式 1][常量表达式 2];
其中：常量表达式 1 表示第一维下标的长度。
　　　常量表达式 2 表示第二维下标的长度。
例如：int num[3][4];
这是一个三行四列的数组，数组名为 num，该数组共包括 3×4 个数组元素，即：

　　num[0][0],num[0][1],num[0][2],num[0][3]

　　num[1][0],num[1][1],num[1][2],num[1][3]

　　num[2][0],num[2][1],num[2][2],num[2][3]

二维数组的存放方式是按行排列，放完一行之后顺次放入第二行。

二、二维数组的初始化

二维数组初始化赋值可按行分段赋值，也可按行连续赋值。
例如对数组 a[3][4]进行赋值的方法主要包括：
（1）按行分段赋值。

　　int a[3][4]={{80,75,92,61},{65,71,59,63},{70,85,87,90}};

（2）按行连续赋值。

　　int a[3][4]={80,75,92,61,65,71,59,63,70,85,87,90};

以上两种赋初值的结果是完全相同的。

三、C51 位操作运算符

在 C51 单片机的编程中，位操作运算符主要用于对单个位或一组位进行操作。位操作运算符可以用于对单片机的寄存器或位字段进行操作，以实现位级的控制和处理。C51 单片机常用的位操作运算符包括：

（1）"&"（按位与）。

按位与&运算符可以对两个操作数的对应位进行逻辑与操作，如果两个位都为 1，则结果位为 1，否则为 0。

按位与"&"示例：

```
unsigned char a = 0xAB;              // 1010 1011
unsigned char b = 0x0F;              // 0000 1111
unsigned char result = a&b;          // 0000 1011
```

在这个示例中，使用按位与运算符&将变量"a"和"b"进行按位与操作，结果存储在"result"变量中。

（2）"|"（按位或）。

按位或|操作符可以对两个操作数的对应位进行逻辑或操作。如果两个位中至少有一个为1，则结果位为1，否则为0。

按位或（"|"）示例：

```
unsigned char a = 0xAB;              // 1010 1011
unsigned char b = 0x0F;              // 0000 1111
unsigned char result = a | b;        // 1010 1111
```

在这个示例中，使用按位或运算符将变量"a"和"b"进行按位或操作，结果存储在"result"变量中。

（3）"^"（按位异或）。

按位异或^运算符可以对两个操作数的对应位进行逻辑异或操作，如果两个位不相同，则结果位为1，否则为0。

按位异或（"^"）示例：

```
unsigned char a = 0xAB;              // 1010 1011
unsigned char b = 0x0F;              // 0000 1111
unsigned char result = a ^ b;        // 1010 0100
```

在这个示例中，使用按位异或运算符将变量"a"和"b"进行按位异或操作，结果存储在"result"变量中。

（4）"~"（按位取反）。

按位取反~运算符可以对单个操作数的每个位进行逻辑取反操作，即将0变为1，将1变为0。

按位取反（"~"）示例：

```
unsigned char a = 0xAB;              // 1010 1011
unsigned char result = ~a;           // 0101 0100
```

在这个示例中，使用按位取反运算符将变量"a"的每个位进行取反操作，结果存储在"result"变量中。

（5）"<<"（左移）。

左移<<运算符可以将操作数的二进制位向左移动指定的位数，右侧用零填充。

左移（"<<"）示例：

```
unsigned char a = 0xAB;              // 1010 1011
unsigned char result = a << 2;       // 1010 1100
```

在这个示例中，使用左移运算符将变量"a"向左移动 2 位，空出的位将用 0 填充，结果存储在"result"变量中。

（6）">>"（右移）。

右移>>运算符可以将操作数的二进制位向右移动指定的位数，左侧用符号位（如果是有符号数）或零填充。

右移（">>"）示例：

```
unsigned char a = 0xAB;              // 1010 1011
unsigned char result = a >> 3;       // 0001 0101
```

在这个示例中，使用右移运算符将变量"a"向右移动 3 位，右侧空出的位将用 0 填充，结果存储在"result"变量中。

阅读材料

LED 点阵显示屏介绍

LED 电子显示屏是由几万到几十万个半导体发光二极管像素点均匀排列组成，利用不同的材料可以制造不同色彩的 LED 像素点。目前应用最广的是红色、绿色、黄色，而蓝色和纯绿色 LED 的开发已经达到了实用阶段。

LED 显示屏是一种通过控制半导体发光二极管的显示方式来显示文字、图形、图像、动画、行情、视频、录像信号等各种信息的显示屏幕。

LED 显示屏可分为图文显示屏和视频显示屏，均由 LED 矩阵块组成。图文显示屏可与计算机同步显示汉字、英文文本和图形；视频显示屏采用微型计算机进行控制，图文、图像并茂，以实时、同步、清晰的信息传播方式播放各种信息，还可显示二维、三维动画、录像、电视、VCD 节目以及现场实况。LED 显示屏显示画面色彩鲜艳、立体感强、静如油画、动如电影，广泛应用于车站、码头、机场、商场、医院、宾馆、银行、证券市场、建筑市场、拍卖行、工业企业管理和其他公共场所。

LED 之所以受到广泛重视而得到迅速发展，是与其本身所具有的优点分不开的。这些优点概括起来是：亮度高、混色好、可实现超高密度、抗静电性能优势超强、可视角度大、工作电压低、通透性高、功耗小、小型化、寿命长、耐冲击和性能稳定。LED 的发展前景极为广阔，目前正朝着更高亮度、更高耐气候性、更高的发光密度、更高的发光均匀性以及可靠性、全色化方向发展。

16×32LED 点阵显示屏构建方法主要包括：

（1）构建一块 16×32LED 点阵显示屏，需要八块 8×8 LED 点阵模块。

（2）把八个"MATRIX-8X8-RED"元器件对应的行线和列线分别进行连接，每一条行线引脚接一行 32 个 LED，每一条列线引脚接一列 16 个 LED。

（3）标注行列引脚连线标号，相同行标注同一个连线标号，相同列标注同一个连线标号。标注内容主要包括：

① 1~8 行引脚连线标号分别为 P00~ P07。

② 9~16 行引脚连线标号分别为 P20~ P27。

③ 1~32 列引脚连线标号分别为 S00~ S31。

16×32 LED 点阵行列引脚连线标号示例如图 2.18 所示。

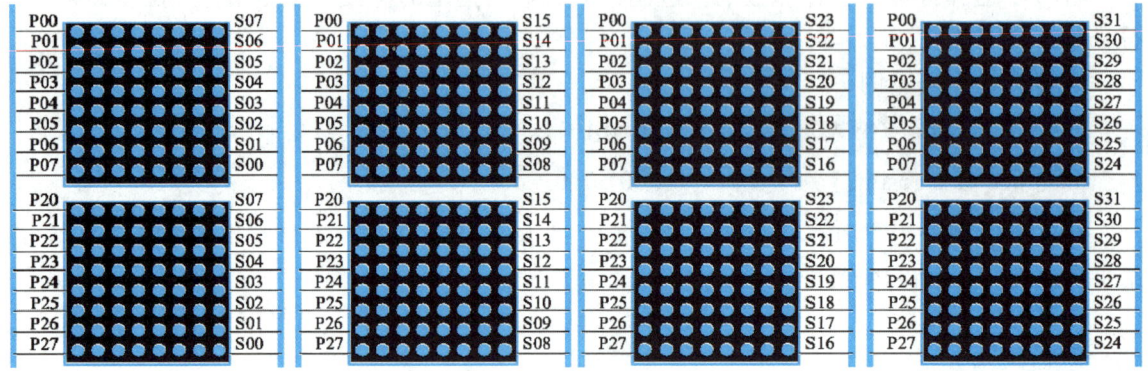

图 2.18　16×32 LED 点阵行列引脚连线标号示例图

分开的 8×8 LED 点阵模块并不能达到好的效果，需要把 8 个 8×8 LED 点阵模块并拢成一个 16×32 LED 点阵模块，主要包括：

（1）选中一块 8×8 LED 点阵模块，然后拖动并使其与另一块相并拢，原来的连线已经自动隐藏了。

（2）并拢后，行线有 16 个引脚（在左侧），列线有 32 个引脚（在右侧只能看到 8 个引脚，其他的引脚隐藏了）。

（3）行线高电平有效，列线低电平有效。

16×32 LED 点阵显示屏如图 2.19 所示。

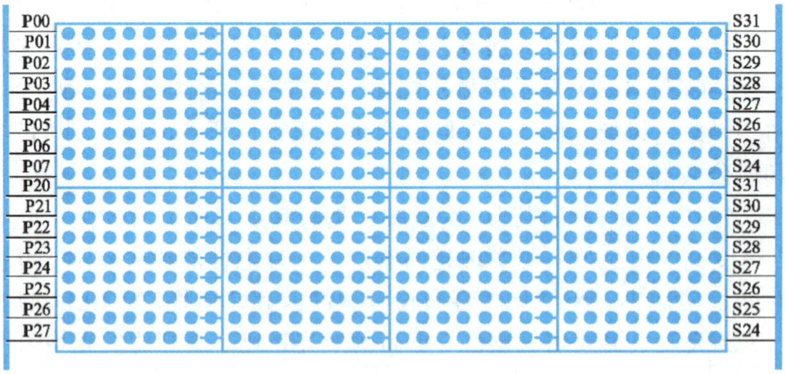

图 2.19　16×32 LED 显示屏

教学评价

对学生在实践操作过程中的表现进行评价，完成表 2.5 所示的教学评价表。

表 2.5 教学评价表

评价项目	项目评价内容	分值	自我评价	小组评价	教师评价	得分
仿真操作	正确绘制电路	20				
	正确编译程序	20				
拓展操作	能完成拓展项目	20				
小组提问	简述任务操作要点	10				
	简述程序组成部分	5				
安全文明操作	实训设备的正确使用	5				
	设备的摆放及实训台的整理	5				
学习态度	出勤情况	5				
	实验室和课堂纪律	5				
	团队协作精神	5				

任务四　液晶显示器接口

任务目标

1. 理解液晶显示模块 LCD1602 结构和工作原理。
2. 理解液晶显示模块与单片机接口电路设计方法。
3. 会利用单片机实现液晶显示器接口编程。

微课：液晶模块显示资源

任务描述

AT89C51 单片机 P1 口的 P1.0 ~ P1.7 引脚，依次连接到一个 LCD1602 液晶显示模块。利用 Proteus 软件，通过程序完成 1602 液晶模块显示 "Good Morning" 实践。

任务准备

一、认识液晶显示模块 LCD1602

液晶显示模块 LCD1602 相关知识点主要包括：

（1）LCD1602 是一种工业字符型液晶显示模块，能够同时显示 16×02 即 32 个字符。LCD1602 液晶显示模块的工作原理是利用液晶的物理特性，通过电压对其显示区域进行控制，即可以显示出图形。

（2）1602 液晶也叫 1602 字符型液晶，是一种专门用来显示字母、数字、符号等的点阵型液晶模块，由若干个 5×7 或者 5×11 等点阵字符位组成，每个点阵字符位都可以显示一个字符，每位之间有一个点距的间隔，每行之间也有间隔，起到了字符间距和行间距的作用，因此它不能很好地显示图形。

（3）LCD1602 可以显示 16×2 的内容，即可以显示两行，每行 16 个字符（显示字符和数字）。

（4）LCD1602 具有微功耗、体积小、显示内容丰富、超薄轻巧的特点，常用于袖珍式仪表和低功耗应用系统。LCD1602 液晶显示模块实物如图 2.20 所示。

图 2.20　LCD1602 液晶显示模块实物图

二、LCD1602 引脚

LCD1602 选择示例如图 2.21 所示，引脚如图 2.22 所示。引脚名称及功能如表 2.6 所示。LCD1602 在 Proteus 软件中名称为 LM016L。

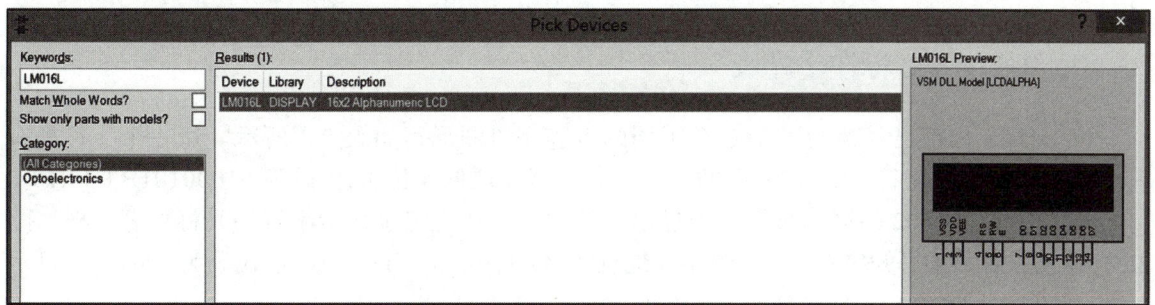

图 2.21　LCD1602 选择示例图

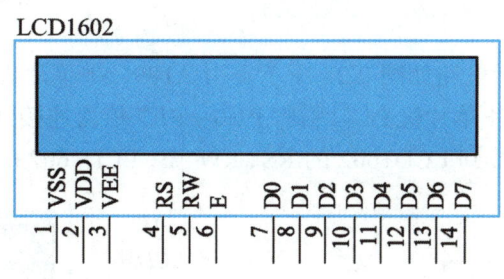

图 2.22　LCD1602 引脚图

表 2.6　引脚名称及功能

引脚号	引脚名称	引脚功能
1	VSS	地管脚（GND）
2	VDD	+5 V 电源管脚（VCC）
3	VEE	液晶显示偏压（0~5 V），可接电位器
4	RS	数据和指令选择控制端。RS=0 时表示指令寄存器；RS=1 时表示数据寄存器
5	RW	读写控制线。RW=0 时表示写操作；RW=1 时表示读操作
6	E	数据读写操作控制位。E 线向 LCD 模块发送一个脉冲，LCD 模块与单片机之间将进行一次数据交换。
7 ~ 14	D0 ~ D7	数据线。可以用 8 位连接，也可以只用高 4 位连接，节约单片机资源
15	A	背光控制正电源
16	K	背光控制地

市面上字符液晶大多数是基于 HD44780 的液晶芯片，控制原理完全相同，因此基于 HD44780 写的控制程序可以应用于市面上大部分的字符型液晶。

LCD 控制器 HD44780 内部有 80 字节的显示数据存储器（显存），用于存储当前要求显示的字符 ASCII 码，各个存储单元与显示屏上的字符位相对应，其映射关系如图 2.23 所示，需要注意的是第 1 行 DDRAM 地址与第 2 行 DDRAM 地址并不连续。

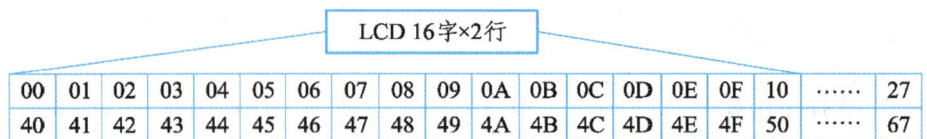

图 2.23 地址映射关系图

三、LCD1602 标注字库表

LCD1602 内部已经存储了 160 个不同的点阵字符图形，如表 2.7 所示。每一个字符都有一个固定代码，如字符"E"在表中的 5 列 6 行（高 4 位低 4 位），代码为 01000101B（45H）。

如果在 LCD1602 的第 2 行第 3 列显示字符"E"，首先定位显示字符的光标位置，根据图 2.23 地址映射关系可知字符"E"的显存地址为 42H；字符"E"的显示代码为 45H。将显示代码 45H 写入 DDRAM 的 42H 单元，即可显示字符"E"。

四、LCD1602 液晶模块接口电路设计

LCD1602 液晶模块显示电路如图 2.24 所示，由 AT89C51 单片机最小系统、一片 LCD1602 液晶显示模块构成。AT89C51 单片机 P1 口引脚 P1.0 ~ P1.7 依次连接到 LCD1602 引脚 D0 ~ D7；P3 口引脚 P3.0 ~ P3.2 依次接到 LCD1602 的 RS、RW、E；LCD1602 的 VSS 接地，VDD 接 5 V。

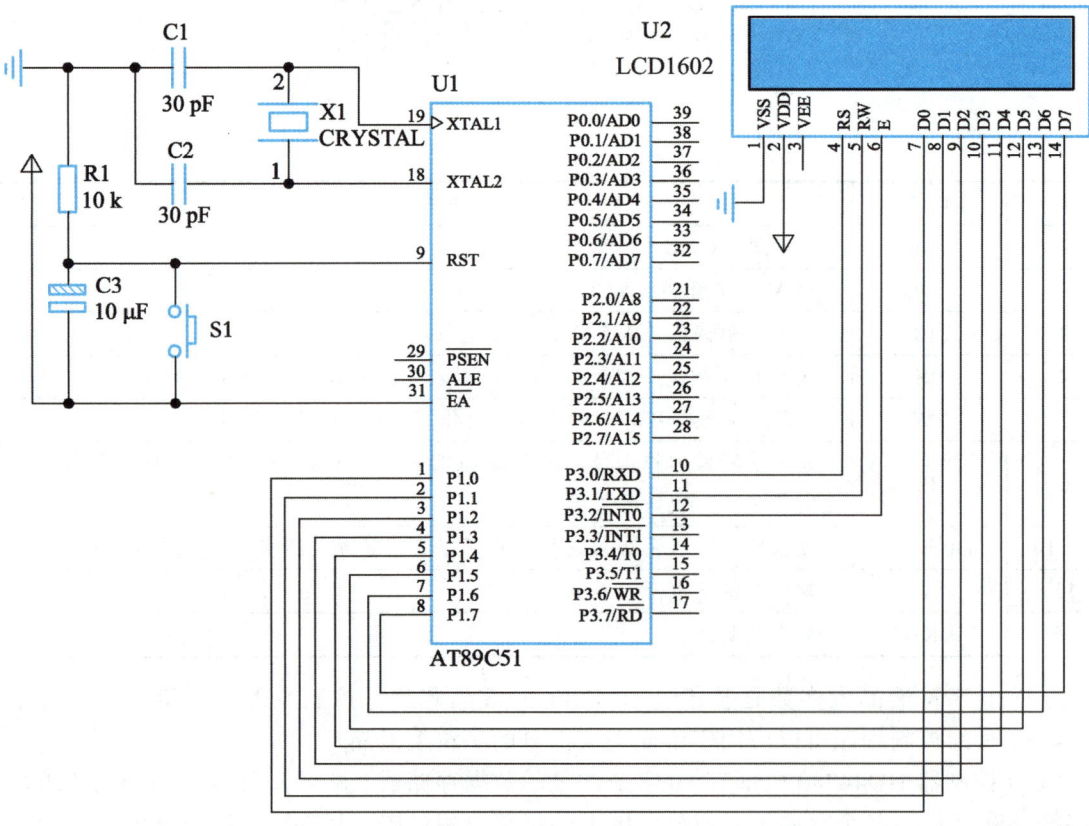

图 2.24 LCD1602 液晶模块接口电路

表 2.7　LCD1602 标注字库表

从 Proteus 中选取的元器件清单主要包括：

（1）U1：AT89C51，单片机。

（2）R1：RES，电阻 10 kΩ。

（3）C1、C2：CAP，电容 30 pF。

（4）C3：CAP-ELEC，电解电容 10 μF。

（5）X1：CRYSTAL，晶体振荡器 12 MHz。

（6）U2：LCD1602，字符点阵液晶模块。

（7）S1：BUTTON，按键。

五、LCD1602 液晶模块接口程序设计

//功能：LCD1602 液晶模块显示问候语 "Good Morning"

```c
#include <reg51.h>
#include <intrins.h>                          //库函数头文件，代码中引用了_nop_( )函数
sbit RS=P3^0;                                 //定义控制信号端口
sbit RW=P3^1;
sbit E= P3^2;                                 //声明调用函数
void lcd_w_cmd(unsigned char com);            //写命令字函数
void lcd_w_dat(unsigned char dat);            //写数据函数
unsigned char lcd_r_start( );                 //读状态函数
void lcd_init( );                             //LCD 初始化函数
void delay100us(unsigned char t);             //可控延时函数
void delay5us(unsigned char n);               //软件实现延时函数，n*5 个机器周期
//主函数
void main( )
{
    unsigned char Disp[]="Good Morning";      //定义字符数组 Disp
    unsigned char i;
    P1=0xff;                                  // 送全 1 到 P1 口
    lcd_init( );                              // 初始化 LCD
    delay100us(255);
    lcd_w_cmd(0xc2);                          // 定位光标设置显示位置
    delay100us(255);
    for(i=0;i<14;i++)                         // 显示字符串
    {
        lcd_w_dat(Disp[i]);
        delay100us(200);
    }
    while(1);                                 // 显示完成
}

//函数名：delay100us
void delay100us(unsigned char t)
{
    unsigned char j,i;
```

```c
        for(i=0;i<t;i++)
            for(j=0;j<10;j++);
}

//函数名:delay5us
void delay5us(unsigned char n)
{
    do
    {
        _nop_( );
        _nop_( );
        _nop_( );
        n--;
    }
    while(n);
}

//函数名：lcd_init
//函数功能：lcd 初始化
void lcd_init( )
{
    lcd_w_cmd(0x3c);            // 设置工作方式
    lcd_w_cmd(0x0e);            // 设置光标
    lcd_w_cmd(0x01);            // 清屏
    lcd_w_cmd(0x06);            // 设置输入方式
    lcd_w_cmd(0x80);            // 设置初始显示位置
}

//函数名：lcd_r_start
//函数功能：读状态字
unsigned char lcd_r_start( )
{
    unsigned char s;
    RW=1;                       //RW=1，RS=0，读 LCD 状态
    delay5us(1);
    RS=0;
```

```c
        delay5us(1);
        E=1;                          //E 端时序
        delay5us(1);
        s=P1;                         //从 LCD 的数据读状态
        delay5us(1);
        E=0;
        delay5us(1);
        RW=0;
        delay5us(1);
        return(s);                    //返回读取的 LCD 状态字
}

//函数名：lcd_w_cmd
//函数功能：写命令字
void lcd_w_cmd(unsigned char com)
{
    unsigned char i;
    do{                               // 查 LCD 忙操作
        i=lcd_r_start( );             // 调用读状态字函数
        i=i&0x80;                     // 与操作屏蔽掉低 7 位
        delay100us(2);
    }
    while(i!=0);                      // LCD 忙，继续查询，否则退出循环
    RW=0;
    delay5us(1);
    RS=0;                             // RW=0，RS=0，写 LCD 命令字
    delay5us(1);
    E=1;                              //E 端时序
    delay5us(1);
    P1=com;                           //将 com 中的命令字写入 LCD 数据口
    delay5us(1);
    E=0;
    delay5us(1);
    RW=1;
    delay100us(255);
}
```

```
//函数名：lcd_w_dat
//函数功能：写数据
void lcd_w_dat(unsigned char dat)
{
    unsigned char i;
    do{                              //查忙操作
        i=lcd_r_start( );            // 调用读状态字函数
        i=i&0x80;                    //与操作屏蔽掉低7位
        delay100us(2);
    }
    while(i!=0);                     // LCD 忙，继续查询，否则退出循环
    RW=0;
    delay5us(1);
    RS=1;                            // RW=0，RS=1，写 LCD 数据
    delay5us(1);
    E=1;                             // E 端时序
    delay5us(1);
    P1=dat;                          //将 dat 中的显示数据写入 LCD 数据口
    delay5us(1);
    E=0;
    delay5us(1);
    RW=1;
      delay100us(255);
}
```

任务实施

一、实训室操作规程

实训室的操作规程主要包括：

（1）使用者必须遵守机房规章制度，服从管理人员的指挥。未经负责人员同意，任何人不得私自进入机房或使用机房内任何设备。

（2）禁止将食物、饮料带入机房，禁止在机房内吸烟、谈笑、打闹、随地吐痰。

（3）不得在机房计算机上安装和卸载软件；严禁修改计算机系统设置；不得使用计算机做

与教学无关的事，如看电视剧、看电影、打游戏等。

（4）在规定的范围内操作机器，爱护设备，严禁私自移动、拆卸机箱及外部设备，在操作过程中如遇设备故障，应及时报告管理人员，不得擅自处理。凡人为破坏设备者，后果自负。

（5）自觉保护机房设备，下课后自觉正确关闭计算机，按操作流程整理好自己使用过的键盘、鼠标、椅子、桌子，带走私人物品（包括产生的垃圾）。私人物品丢失，责任自负。

（6）机房卫生由使用班级负责打扫，任课老师负责监督。

（7）不得将电水壶、热得快、手机充电器等使用220 V电源的用电器带入机房。

二、设备检查

根据实验内容，记录设备检查内容以及设备所在位置。

三、绘制电路和编译程序

根据实验内容，绘制实验电路、编译程序并记录所遇到的问题、分析实验故障。

四、拓展

（一）如何修改程序，使 LCD1602 液晶模块显示"Hello Teacher"？

（二）如果用 P2 口接 LCD1602，如何修改电路？如何修改程序？

五、思考

（一）LED 点阵显示屏和 LCD 液晶显示屏的区别？

（二）总结本次任务中遇到的问题及解决方法。

安全提示

1. 请严格遵守实训室操作规程。
2. 按照实训室 7S 管理要求规范操作。

注意事项

绘制电路若采用总线连接,注意正确标注网络标号。

知识链接

一、intrins.h 头文件

C51 单片机程序设计需要使用到空操作;字符循环移位等编程时,可以利用 intrins.h 头文件里面的有关函数来实现。内部函数主要包括:

(1) _crol_:字符循环左移。
(2) _cror_:字符循环右移。
(3) _irol_:整数循环左移。
(4) _iror_:整数循环右移。
(5) _lrol_:长整数循环左移。
(6) _lror_:长整数循环右移。
(7) _nop_:空操作。
(8) _testbit_:测试并清零位。

二、nop_ 函数及作用

nop 是空操作指令,用于控制时间周期。nop 是 no operation 的缩写,无操作数,所以称为空操作。执行 nop 指令时程序计数器 PC 加 1。_nop_( )函数是在 51 单片机中使用的延时函数,延时一个指令周期,一般包含在 intrins.h 头文件当中。

| _nop_( ); | // 延时一个指令周期,相当于执行一条无意义的语言 |

在 keil C51 中,直接调用库的程序格式如下:

| #include<intrins.h> | // 声明了 void _nop_((void)) |
| _nop_( ); | // 产生一条 nop 指令 |

直接调用库的作用:对于延时很短的如 μs 级,可以采用_nop_( )函数,这个函数相当汇编 nop 指令,延时几微秒。

nop 指令为单周期指令,可由晶振频率算出延时时间,对于 12 MHz 的晶振,延时 1 μs。

三、延时 5μs 子程序详细注释

```c
void delay5us(unsigned char n)    //定义一个 delay5us 的函数，它接受一个无符号字符
                                  //型（也就是一个 8 位无符号整数）作为输入
{
    do                            // 进入 do...while 循环，只要 n 的值非零，就会继续循环
    {
        _nop_( );
        _nop_( );
        _nop_( );                 // _nop_()是一个特殊的内置函数，代表"no operation"。
                                  // 每次调用_nop_()函数，微控制器会花费一个固定的时间
                                  // （通常是一个机器周期）来执行这个无操作指令。
                                  // 这里连续执行三次_nop_()，花了三个机器周期的时间。
        n--;                      // 减少 n 的值，每次循环 n 的值都会减 1
    }
    while(n);                     // 判断 n 的值，只要 n 的值非零，就会再次执行循环
}
```

阅读材料

液晶显示屏介绍

液晶显示屏（Liquid Crystal Display，LCD）属于平面显示器的一种，用于电视机及计算机的屏幕显示。LCD 显示屏的优点是耗电量低、体积小、辐射低。

液晶显示屏（LCD）是用于数字型钟表和许多便携式计算机的一种显示器类型。液晶显示屏使用两片极化材料中的液体水晶溶液，电流通过该液体时会使水晶重新排列达到成像的目的。两片极化材料之间是液体水晶溶液，电流通过该液体时会使水晶重新排列，光线无法透过水晶。因此，每个水晶就像百叶窗，既能允许光线穿过又能挡住光线。液晶显示屏（LCD）朝着轻、薄、短、小的方向发展。传统的显示方式如 CRT 映像管显示器及 LED 显示板等，受制于体积过大或耗电量大等因素，无法满足使用者的实际需求，液晶显示技术的发展正好切合信息产品的潮流，无论是直角显示、低耗电量、体积小、零辐射等优点，都能让使用者享受最佳的视觉环境。

液晶显示器按照驱动方式可分为静态驱动、单纯矩阵驱动、主动矩阵驱动。被动矩阵型又可分为扭转式向列型 TN、超扭转式向列型 STN 及其他被动矩阵驱动液晶显示器；主动矩阵型可区分为薄膜式晶体管型 TFT、二端子二极管型 MIM。

TN、STN 及 TFT 型液晶显示器因其采用不同的液晶分子扭转原理，在视角、彩色、对比及动画显示品质上存在高低档次之差别，使其产品的应用范围也有明显区别。根据目前液晶显示技术所应用的范围以及层次而言，主动式矩阵驱动技术是以薄膜式晶体管型 TFT 为主流，多应用于笔记型计算机及动画、影像处理等类产品；单纯矩阵驱动技术则以扭转向列 TN 以及超扭转向列 STN 为主，主要应用于以文字处理类以及消费类产品为主。TFT 液晶显示器所需的资金投入以及技术需求较高，而 TN 及 STN 所需的技术及资金需求则相对较低。液晶显示屏示例如图 2.25 所示。

图 2.25　液晶显示屏示例图

教学评价

对学生在实践操作过程中的表现进行评价，完成表 2.8 所示的教学评价表。

表 2.8　教学评价表

评价项目	项目评价内容	分值	自我评价	小组评价	教师评价	得分
仿真操作	正确绘制电路	20				
	正确编译程序	20				
拓展操作	能完成拓展项目	20				
小组提问	简述任务操作要点	10				
	简述程序组成部分	5				
安全文明操作	实训设备的正确使用	5				
	设备的摆放及实训台的整理	5				
学习态度	出勤情况	5				
	实验室和课堂纪律	5				
	团队协作精神	5				

项目三

安防报警系统

项目描述

本项目需要设计一套简易安防报警器系统,分为电感式(光电)接近开关与单片机接口电路、简易安防报警器、步进电机控制、安防联动(串口)4个任务,学习与安防报警系统相关传感器与单片机的接口电路,学习控制继电器、喇叭和步进电机等输出控制部件。

知识目标

1. 掌握安防系统中常用传感器与单片机的接口电路。
2. 掌握单片机控制继电器、喇叭和步进电机的方法。
3. 了解单片机串口通信方法。
4. 利用单片机仿真软件完成4个任务。

技能目标

1. 能完成简易安防报警系统的设计。
2. 能根据系统功能设计电路。
3. 能应用C语言程序完成单片机输入输出端口通信。
4. 能实践4个任务的调试运行。

素质目标

1. 严格执行实验室7S管理要求。
2. 培养自身职业素养和劳动习惯。
3. 增强团队意识和创新意识。

任务一　电感式（光电）接近开关与单片机接口电路

任务目标

1. 了解电感式接近开关、光电接近开关的基本结构。
2. 掌握电感式接近开关、光电接近开关与单片机连接的方法。
3. 完成电感式接近开关、光电接近开关与单片机的连接调试。

任务描述

电感式接近开关、光电接近开关与单片机的连接调试，点亮一个 LED 灯。

任务准备

一、电感式接近开关的基本结构

涡流是指将导线绕在金属块上，当变化的电流（交流电）通过导线时穿过金属块的磁通发生变化，金属块中产生的闭合涡旋状感应电流。金属块中的电流与磁通之间的关系如图 3.1 所示。

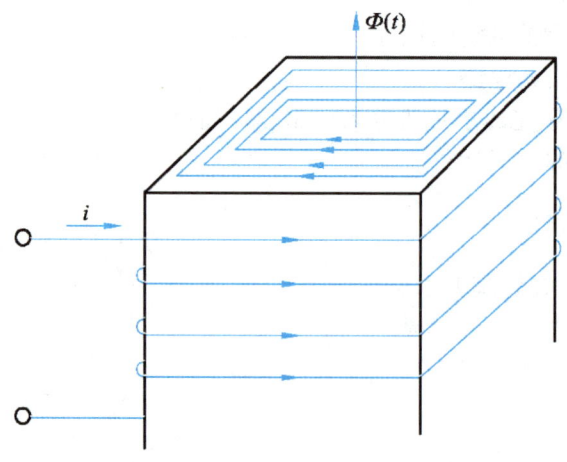

图 3.1　金属块中电流与磁通的关系

电涡流传感器主要用于金属探测（如安全检测等）、微小位移和振动测量以及转速、表面状态等与电感式有关的参数，还可以用于无损探伤及接近开关。电涡流传感器的最大特点是非接触测量。

电涡流接近开关俗称电感接近开关，属于一种开关量输出的位置传感器，由 LC 高频振荡电路、整形检波电路、信号处理电路和开关量输出电路组成。电感接近开关利用金属物体接近振荡感应头时会产生交变电磁场，使物体内部产生涡流。这个涡流反作用于接近开关，使接近开关振荡能力衰减，振荡电路参数发生变化导致振荡电路输出信号发生变化，由此识别出有无金属物体接近，进而控制开关的通或断。这种接近开关所能检测的物体必须是导电性能良好的金属物体。电感式接近开关原理框图如图 3.2 所示。

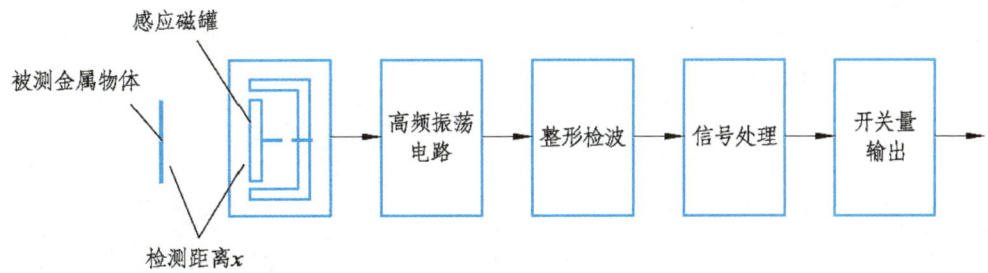

图 3.2　电感式接近开关原理框图

电感式接近开关按输出状态可分为常开型接近开关和常闭型接近开关。当无检测物体时，对于常开型接近开关，由于接近开关内部的输出三极管截止，所接的负载不工作（失电）；当检测到物体时，内部的输出级三极管导通，负载得电工作。对于常闭型接近开关，当未检测到物体时，三极管处于导通状态，负载得电工作；当检测到物体时，三极管处于截止状态，负载失电停止工作。型号为 LJ12A3-4-Z/BX 的电感式接近开关如图 3.3 所示，属于常开型接近开关。

图 3.3　LJ12A3-4-Z/BX 型号的电感式接近开关实物图

电感式线圈的阻抗变化与金属导体的电导率、磁导率等有关。对于非磁性材料，被测物体的电导率越高，则灵敏度越高；被测体是磁性材料时，其磁导率将影响电感式线圈的感抗，其磁滞损耗还将影响电感式线圈的 Q 值。磁滞损耗大时，其灵敏度通常较高。常用的输出形式有 NPN 二线、NPN 三线、NPN 四线、PNP 二线、PNP 三线、PNP 四线、DC 二线、AC 二线、AC 五线（带继电器）等，可查阅相关资料。

以 NPN 常开型 LJ12A3-4-Z/BX 为例来说明接近开关的接线方法，如图 3.4 所示。

KA 为继电器线圈，当被测物体未接近接近开关时，OC 门截止，OUT 端为高阻态，KA 不能吸合；被测物体靠近到接近开关的动作距离范围内时，OC 门导通，OUT 端为低电平，KA

得电吸合。

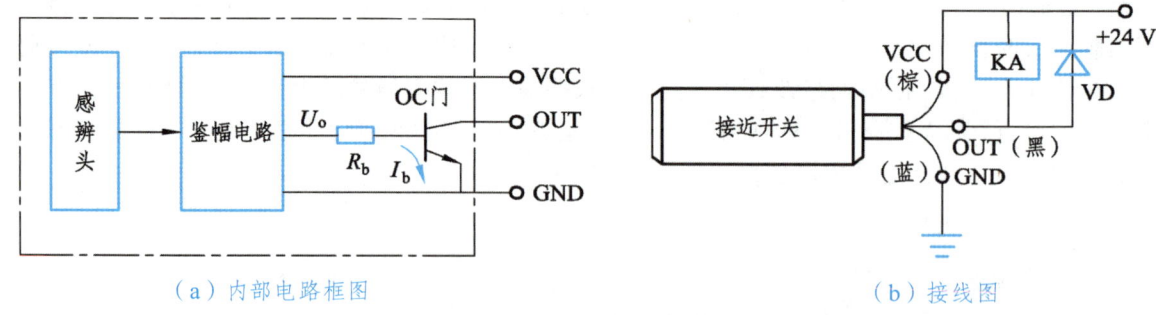

（a）内部电路框图　　　　　　　　　　　（b）接线图

图 3.4　NPN 常开三线电感式接近开关工作原理

二、光电接近开关的结构

漫反射光电开关是漫反射光电接近开关的简称，利用被检测物对光束的漫反射，由同步回路选通电路检测开关探测范围内是否存在物体，所有能反射光线的物体均可被检测。漫反射光电接近开关是一种集发射器和接收器于一体的传感器，当有被检测物体经过时，物体将光电接近开关发射器发射的足够强度的光线反射到接收器，于是光电开关就产生了开关信号。当被检测物体的表面光亮或其反光率极高时，漫反射式的光电接近开关是首选的检测模式。漫反射光电接近开关的工作原理是当开关发射光束时，目标产生漫反射，发射器和接收器构成单个的标准部件。当有足够的组合光返回接收器时，开关状态发生变化。漫反射光电接近开关典型的最大作用距离为 3 m，其有效作用距离由目标的反射能力以及目标表面性质、颜色等因素决定的。漫反射光电接近开关 E3F-DS30C4（距离可调）如图 3.5 所示。

微课：红外感应灯资源

图 3.5　漫反射光电接近开关 E3F-DS30C4（距离可调）

漫反射光电接近开关检测方法具有反应快、高解析、精度高、峰值波长、灵敏度高、易散热、无铅、可测参数多、结构简单、形式灵活多样的特点，使用寿命比较长，符合 RoHS 标准，是新一代的绿色环保产品。与接近开关等相比较，光电开关的检测距离非常长，属于无接触式检测，不会损伤被检测物体，也不受被检测物体的影响。

漫反射光电接近开关由于采用对被检测对象表面进行反射及透光等检测方式，不像接近开关仅限于对金属、玻璃、塑料、木制物体、液体等进行检测；与接近开关一样，能对高速运动的物体进行检测。漫反射光电接近开关的镜头受污染后，发射光和接收光会产生散射现象甚至被遮挡，所以在水蒸气、尘土等含量较大的环境中需要增设适当的保护装置。一般情况下，漫反射光电接近开关不受光线影响，但在强烈太阳光或其他强光源直接照射时会造成误动作甚至被损坏。

漫反射光电接近开关适用于安防报警电路中的报警探测头。E3F-DS30C4 漫反射光电接近开关的输出端口与电感式接近开关类似，均是黑、棕、蓝三线输出，其中黑色输出线是信号输出端，棕色是接电源正极、蓝色是电源负极（接地）。E3F-DS30C4 漫反射光电接近开关包括常开、常闭和对射型 3 种输出模式，对射型的接近开关测量距离较长。

三、单片机与电感式接近开关的连接电路

光耦合器（Optical Coupler，OC）亦称光电隔离器，简称光耦。光耦合器以光为媒介传输电信号，对输入、输出电信号有良好的隔离作用，可广泛应用于各种电路，已成为种类最多、用途最广的光电器件之一。光耦合器一般由光发射、光接收以及信号放大 3 部分组成。图 3.6 所示为不同工作电压的单片机系统与执行机构通过光耦合器进行连接的电路图，单片机输出低电平电信号驱动光耦合器内部的发光二极管，使之发出一定波长的光照射到光敏三极管。光敏三极管的基极接收到光信号后产生光电流，光敏三极管集电极和发射极接通。光耦合器实现信号的单向传输，输入端与输出端完全实现了电气隔离，输出信号对输入端无影响，具有抗干扰能力强、工作稳定、无触点、使用寿命长、传输效率高的特点。

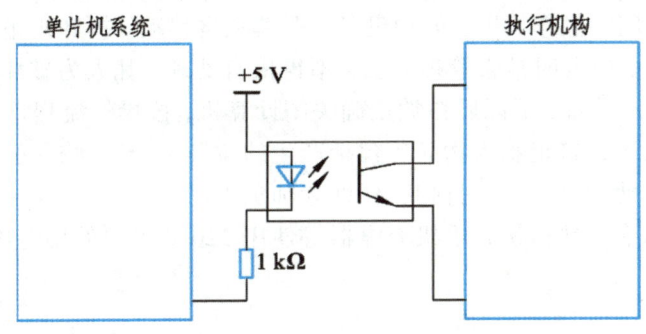

图 3.6　单片机与执行机构通过光耦合器连接

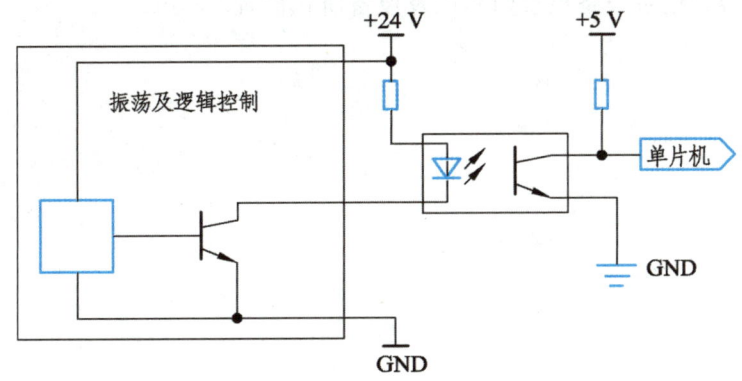

图 3.7　电感式接近开关与单片机接口电路

电感式接近开关和光电接近开关的工作电压均为 24 V，单片机的工作电压为 5 V。电感式接近开关在未接近金属时的输出信号约为工作电压，如果电感式接近开关不经过光耦合器直接与单片机相连，那么电感式接近开关的输出信号（24 V）直接输入到单片机，会烧坏单片机的相应输入端口甚至烧毁整个单片机。由此可见，两种不同电压工作的电路是不能直接连接在一起的，在单片机与传感器之间可以利用光耦合器来进行电气隔离，保证两部分电路的正常工作，如图 3.7 所示。若有金属靠近，接近开关输出低电平电信号驱动光耦合器内部的发光二极管，光敏三极管基极接收到光信号产生光电流，光敏三极管集电极和发射极接通，单片机接收到 0 V 的低电平信号；接近开关远离金属时，单片机接收到+5 V 的高电平信号。

任务实施

一、实训室操作规程

实训室的操作规程主要包括：

（1）使用者必须遵守机房规章制度，服从管理人员的指挥。未经负责人员同意，任何人不得私自进入机房或使用机房内任何设备。

（2）禁止将食物、饮料带入机房，禁止在机房内吸烟、谈笑、打闹、随地吐痰。

（3）不得在机房计算机上安装和卸载软件；严禁修改计算机系统设置；不得使用计算机做与教学无关的事，如看电视剧、看电影、打游戏等。

（4）在规定的范围内操作机器，爱护设备，严禁私自移动、拆卸机箱及外部设备，在操作过程中如遇设备故障，应及时报告管理人员，不得擅自处理。凡人为破坏设备者，后果自负。

（5）自觉保护机房设备，下课后自觉正确关闭计算机，按操作流程整理好自己使用过的键盘、鼠标、椅子、桌子，带走私人物品（包括产生的垃圾）。私人物品丢失，责任自负。

（6）机房卫生由使用班级负责打扫，任课老师负责监督。

（7）不得将电水壶、热得快、手机充电器等使用 220 V 电源的用电器带入机房。

二、设备检查

根据实验内容，记录设备检查内容以及设备所在位置。

三、根据实验要求回答问题

（一）请记录电感式接近开关和光电开关的引脚含义。蓝色引脚为_____；棕色引脚为_____；黑色引脚为_____；对应单片机实验台模块的接线柱，蓝色引脚应接_____；棕色引脚应接_____；黑色引脚应接_____。

（二）将实验台上的 24 V 直流电压接到电感式接近开关的电源端，采用万用表来测量电感式接近开关的输出引脚电压。当有金属物体接近电感式接近开关时，电感式接近开关的输出引脚电压为_____V；当金属物体离开电感式接近开关时，电感式接近开关的输出引脚电压为_____V，金属离接近开关的距离约为_____m；光电开关接近金属时输出引脚电压为_____V，远离金属时输出引脚的电压为_____V，金属离接近开关的距离约为_____m。

（三）参照图 3.7 所示电感式接近开关与单片机接口电路，按照图 3.8 所示电路将光耦合电路接入单片机，那么 1 号点接_____；2 号点接_____；3 号点接_____；4 号点接_____；5 号点接地保持低电平状态。

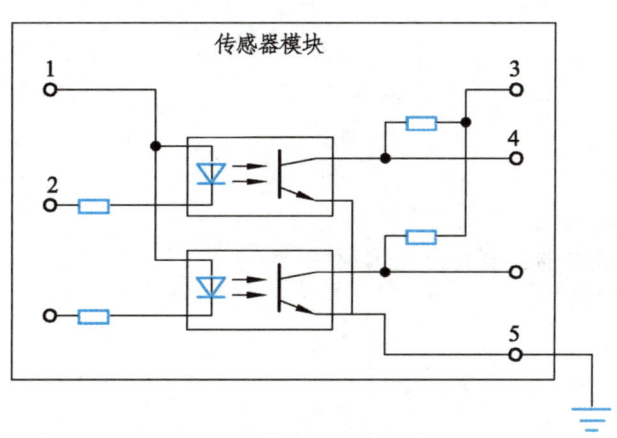

图 3.8　光耦合器模块示意图

（四）接好光耦合电路后，请用万用表测试单片机接收到信号的电压值。当有金属物体接近电感式接近开关时，电感式接近开关的输出引脚电压为_____V；当金属物体离开电感式接近开关时，电感式接近开关的输出电压为_____V，此时金属离电感式接近开关的距离约为_____m。

如果将电感式接近开关替换为光电开关，当有金属物体接近光电开关时，光电开关的输出引脚电压为_____V；当金属物体离开光电开关时，光电开关的输出引脚电压为_____V，此时金属离光电开关的距离约为_____m。

（五）编程要求：当电感式接近开关靠近金属时，LED 灯点亮；电感式接近开关远离物体（金属）时，LED 灯熄灭。请编写相应的控制程序。

四、拓展

（一）请将电感式接近开关换为光电开关进行编程调试，记录程序和问题。

（二）继电器测试控制
1. 绘制继电器底部引脚图，用万用表测量线圈端、公共端、常开触头和常闭触头。

2. 试编写程序用继电器控制灯点亮熄灭。

安全提示

1. 请严格遵守实训室操作规程。
2. 按照实训室 7S 管理要求规范操作。

注意事项

实验时严格按照教师要求，注意不同的直流电源之间需要采取隔离措施。

> 知识链接

一、单片机控制继电器电路

单片机控制照明灯、伺服电机、步进电机以及各种电磁阀等执行部件时,需要控制继电器的通断再去控制执行部件,其中继电器一般采用电磁式继电器。

电磁式继电器一般由铁心、线圈、衔铁、触点簧片等组成,只要在线圈两端加上一定的电压,线圈中就会流过一定的电流,从而产生电磁效应,衔铁就会在电磁力的作用下克服弹簧拉力吸向铁心,从而带动衔铁的动触点与静触点(常开触点)吸合。当线圈断电后,电磁的吸力也随之消失,衔铁在弹簧反作用力下返回原来位置,使动触点与原来的静触点(常闭触点)释放。由于电磁力和弹簧作用力会使衔铁吸合、释放,从而实现电路的导通、切断目的。

继电器的"常开""常闭"触点区分方法:继电器线圈未通电时处于断开状态的静触点,称为"常开触点"(NC);处于接通状态的静触点称为"常闭触点"(NO)。继电器实物如图3.9所示。

图3.9 继电器实物

图3.10为单片机接5 V直流继电器的电路,采用线圈为5 V继电器,使用NPN三极管来驱动。"CONTROL"信号来自单片机,当单片机输出低电平时三极管截止,继电器不会动作;当单片机输出高电平时三极管导通,继电器动作。二极管是续流二极管,在线圈失电的瞬间会在线圈两端产生比较高的反向感应电动势,如果没有该续流二极管则产生的反向感应电动势会施加到三极管的C、E两端导致三极管被击穿,续流二极管的作用就是给反向感应电动势提供一个泄放通道。电阻是限流电阻,防止在单片机上电的初始化过程中使继电器误动作。

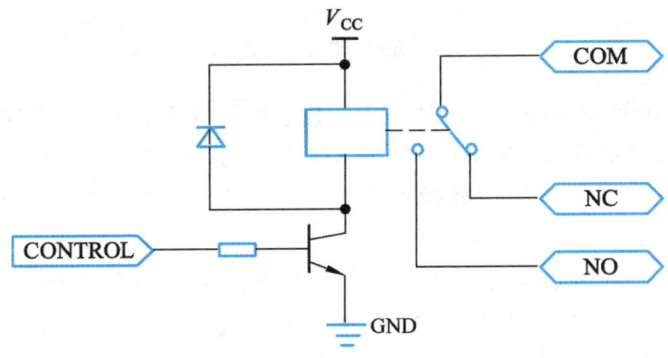

图3.10 单片机接DC 5 V继电器电路

二、单片机驱动不同工作电压继电器电路

驱动电路是电子线路输出电路的一个重要组成部分。为了驱动各种类型的负载，一般要求驱动电路具有大电流输出的能力。在大型仪器系统中，经常要用到伺服电机、步进电机、各种电磁阀等驱动电压高、功率大的组件。因此，ULN2000 和 ULN2800 等高电压、大电流的达灵顿晶体管数组的产品就被开发出来，以控制大功率组件。由于这类组件功能强大、应用范围广。

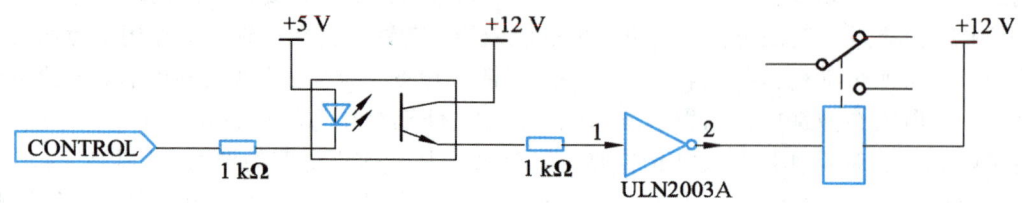

图 3.11　DC12V 继电器与单片机接口电路

由光耦合器和 ULN2003A 构成的驱动电路如图 3.11 所示。单片机的输出控制信号 CONTROL 接光耦合器，当单片机输出低电平时光耦合器内部的发光二极管发光，光敏三极管的 C、E 导通，高电平进入 ULN2003A 取反后为低电平，继电器线圈得电，吸合开关，常开触点闭合。

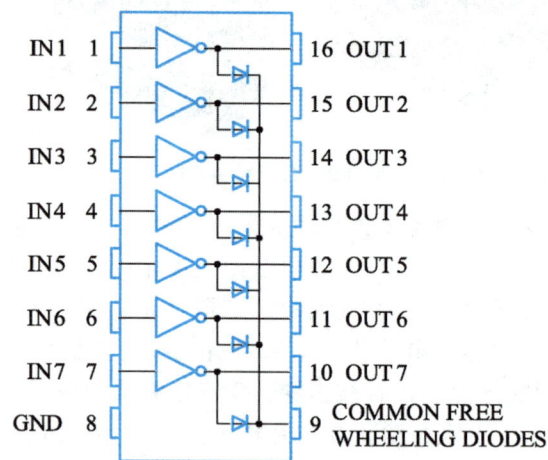

图 3.12　ULN2003A 内部结构图

ULN2003A 是大电流驱动阵列，多用于单片机、智能仪表、PLC、数字量输出卡等控制电路，可直接驱动继电器等负载。ULN2003A 的输入为 5 V 的 TTL 电平，输出可达 500 mA/50 V。ULN2003A 是高耐压、大电流的达林顿管阵列，由七个硅 NPN 达林顿管组成，如图 3.12 所示。

ULN2003A 的 3 个驱动器输出可以直接驱动 3 个继电器，每一个继电器线圈的端子连接到驱动器输出，另一端则连接到供电电源，连接的电源电压依赖于继电器的规格。ULN2003A 的 3 个驱动器输出电路如图 3.13 所示，继电器采用 24 V 的直流电压供电。

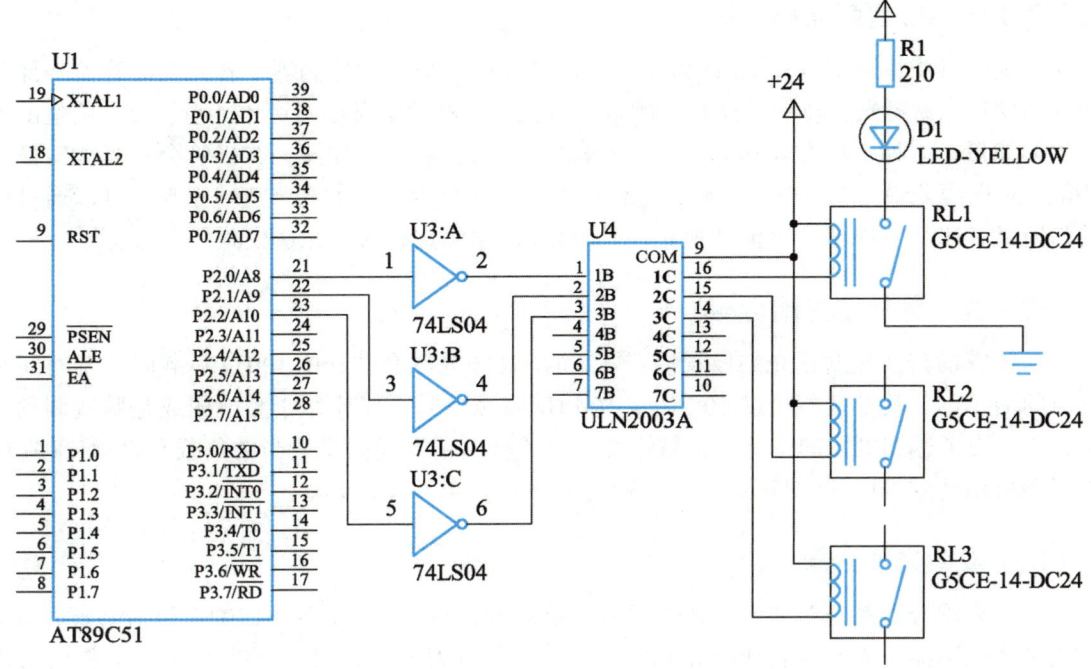

图 3.13 ULN2003A 的 3 个驱动器输出电路

> 阅读材料

一、RoHS 标准

RoHS 标准是由欧盟立法制定的一项强制性标准,全称为《关于限制在电子电气设备中使用某些有害成分的指令》(Restriction of Hazardous Substances)。RoHS 标准于 2006 年 7 月 1 日开始正式实施,主要用于规范电子电气产品的材料及工艺标准,使之更加有利于人体健康及环境保护。RoHS 标准的目的在于消除电器电子产品中的铅、汞、镉、六价铬、多溴联苯和多溴二苯醚(注意:PBDE 正确的中文名称是多溴二苯醚,多溴联苯醚是错误的说法)共 6 项物质,重点规定了镉的含量不能超过 0.01%。

二、光耦合器种类

(一)电阻式光耦合器

最早期的光耦合器出现于 20 世纪 60 年代,采用微型电灯泡为光源、硫化镉或硒化镉光电阻为接收器,称为电阻式光耦合器,也称为光敏电阻(Light Dependent Resistor,LDR)。若在控制线性度不太重要的场合,或者可用电流太小、无法点亮电灯泡的情形(如真空管放大器),可以采用霓虹灯代替电灯泡。

（二）光二极管型光耦合器

光二极管型光耦合器采用 LED 为光源、硅的光电二极管为感测器。若光二极管被外部电压源逆向偏压，入射光会减少二极管上的负向电流。二极管本身不会产生能量，而是调整由外部提供的能量，这种工作方式称为"光导模式"。如果没有外部偏压，二极管会将光能转换为电势能，对电压差最大为 0.7 V 的端子进行充电，充电速度与入射光强度成正比。可以通过外部的高阻路径来获得能量，电流转换比高达 0.2%，此模式称为"光伏模式"。

（三）光晶体管型光耦合器

光晶体管的转换速度比光二极管慢。早期的 4N35 光耦合器，在 100 Ω 负载时上升时间和下降时间为 5 μs，其带宽不超过 10 kHz，10 kHz 带宽信号可以应用于脑电图或是脉宽调制马达的控制。为了达到更大的带宽，光晶体管需要适合的偏置及提供适当的负载，如 4N28 在最佳偏置下可以达到 50 kHz 的带宽，但一般情形下只有 4 kHz 的带宽。

（四）双向光耦合器

所有的光耦合器都是单向的，光学通道是单向的，即只能从光源（LED）到感测器。感测器可能是光电阻器、光二极管或是光晶体管，但不能发射光线。LED 与其他光电二极管可以侦测到入射光，可以采用一组 LED 作双向光耦合器。最简单的双向光耦合器只是一组彼此相对的 LED，再用热缩套管包覆在一起，如果需要可以在 LED 间隙用光导纤维来延伸。

教学评价

对学生在实践操作过程中的表现进行评价，完成表 3.1 所示的教学评价表。

表 3.1　教学评价表

评价项目	项目评价内容	分值	自我评价	小组评价	教师评价	得分
仿真操作	正确绘制电路	20				
	正确编译程序	20				
拓展操作	能完成拓展项目	20				
小组提问	简述任务操作要点	10				
	简述程序组成部分	5				
安全文明生产	实验设备的正确使用	5				
	设备的摆放及实训台的整理	5				
学习态度	出勤情况	5				
	实验室和课堂纪律	5				
	团队协作精神	5				

任务二　简易安防报警器

微课：双机通信烟雾报警器资源

任务目标

1. 掌握被动红外探测器工作原理。
2. 掌握烟雾报警器的工作原理。
3. 利用 Proteus 模拟简易安防报警器调试。

任务描述

完成简易安防报警器设计实践。

任务准备

一、热释电红外传感器

热释电传感器又称为人体红外传感器，被广泛应用于防盗报警、来客告知及非接触开关等红外领域。压电陶瓷类电介质在电极化后能保持极化状态，称为自发极化。自发极化随温度的升高而减小，在居里点温度时降为零。因此，当这种材料受到红外辐射而温度升高时，表面电荷将减少，相当于释放了一部分电荷，故称为热释电。将释放的电荷经放大器放大后可转换为电压输出，这就是热释电传感器的工作原理。当辐射持续作用于热释电元件使其表面电荷达到平衡时，便不再释放电荷。因此，热释电传感器不能探测恒定的红外辐射。如一些住宅楼和商业大厦的楼道都安装有感应灯，当人靠近感应灯附近 1~2 m 时能通过感应自动将灯打开，当人离开后感应灯又会自动关闭。除了常见的感应灯、感应门、感应洗手池，很多家用电器利用热释电技术来提高操作的便捷性，如智能门铃、智能马桶、智能空调等智能家居设备中都有集成了热释电传感器系统。热释电红外传感器模块如图 3.14 所示。

以感应灯为例，利用发光二极管 LED 来模拟感应灯，采用热释电红外传感器的应用模块电路如图 3.15 所示。由于 Proteus 软件中无热释电红外传感器，因此模块是自己制作的模块软件。

热释电红外传感器应用模块有三个引脚，其中"VCC"端接模块工作电源，"GND"端接电源地，"OUT"端为信号输出引脚。当有人靠近时，输出信号 $U_{OUT}=3$ V，当无人靠近时输出信号 $U_{OUT}=0$ V。模块工作电源的直流电压为 4.5~20 V，感应角度为 110°，静态电流小于 40 μA，感应距离为 1~5 m。

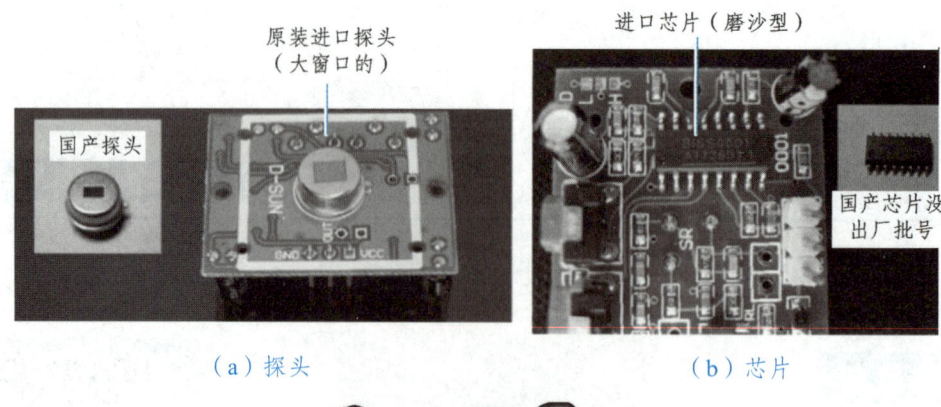

（a）探头　　　　　　　　　　（b）芯片

（c）电源插口

图 3.14　热释电红外传感器模块

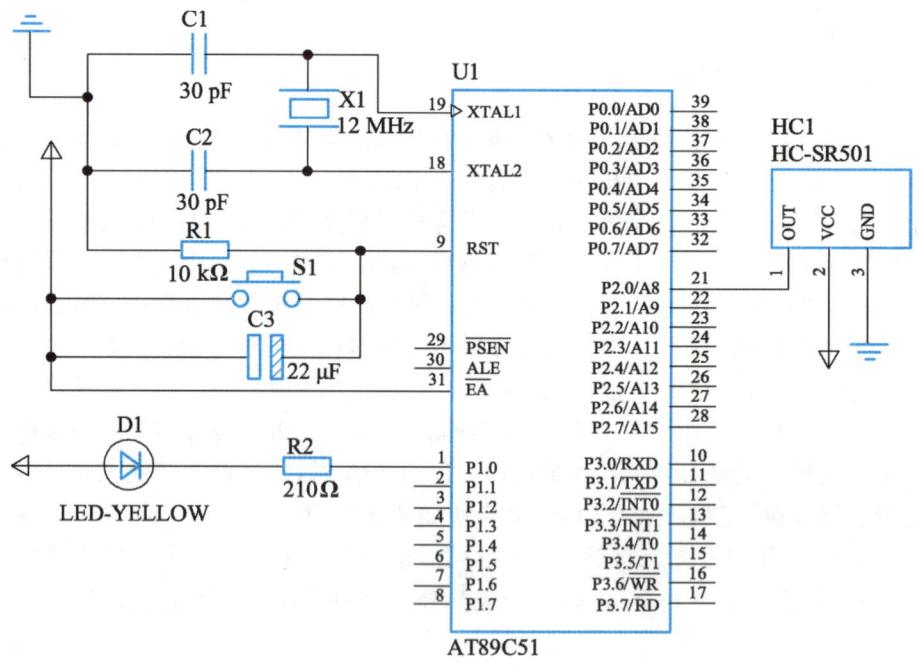

图 3.15　感应灯电路图

为了实现红外感应模块与单片机的连接，首先应清楚红外感应模块 HC-SR501 各引脚的功能和使用方法，如图 3.15 所示。将感应模块 HC-SR501 的"OUT"端子与 AT89C51 单片机的 P2.0 相连接，"VCC"端子与+5 V 电源相连接，"GND"端子与电源地相连接。当红外感应模块 HC-SR501 接通电源后，"OUT"端子的输出信号为低电平，表明红外感应模块 HC-SR501 处于初始工作状态。如果有人在感应区域内移动，模块的"OUT"端子会输出一个高电平。AT89C51 单片机通过查询或中断方式来检测红外感应模块 HC-SR501 的"OUT"端子电平就可以判断是否有人靠近感应灯。

注意：如果在 Proteus 软件中制作的红外模块不具有实际功能，在仿真时可以采用一个 SWITCH 开关来切换高电平和低电平，从而模拟红外感应模块。

从 Proteus 中选取元器件的清单主要包括：

（1）U1：AT89C51，单片机。
（2）R1：RES，电阻 10 kΩ。
（3）R2：RES，电阻 210 Ω。
（4）C1、C2：CAP，电容 30 pF。
（5）C3：CAP-ELEC，电解电容 22 μF。
（6）D1：LED-YELLOW，黄色发光二极管。
（7）S1：BUTTON，按键。
（8）X1：CRYSTAL，晶体振荡器 12 MHz。
（9）HC1：HC-SR501 型号的自制红外感应模块。

参考程序如下：

```
#include "reg51.h"
sbit hw=P2^0;              //红外控制端
sbit P1_0=P1^0;            //感应灯控制端
void  main( )
{ while(1)
    {
        P2=0xff;           //读 P2 口的状态，先置 1
        if(hw==1)
        P1_0=0;            //有人接近，打开灯
        if(hw==0)
            P1_0=1;        //人离开，熄灭灯
    }
}
```

二、烟雾传感器

（一）MQ-2 烟雾传感器

烟感报警器或烟雾报警器实际上就是烟雾传感器的实际应用。烟感报警器通过监测烟雾的浓度来实现火灾防范的目的，MQ-2 型烟雾传感器常用于家庭和工厂的气体泄漏监测，适宜于探

测液化气、苯、烷、酒精、氢气、烟雾等的泄漏,实际上 MQ-2 就是一个多类型气体探测器。

MQ-2 型烟雾传感器采用二氧化锡半导体气敏材料,属于表面离子式 N 型半导体。在 200~300 ℃ 时,二氧化锡吸附空气中的氧形成氧的负离子吸附,使半导体中的电子密度减少,从而使其电阻值增加。当与烟雾接触时,如果晶粒间界处的势垒接触到变化的烟雾,就会引起其表面导电率的变化,利用这一特性就可以推断出烟雾的信息。烟雾的浓度越大则导电率越大,输出电阻越低,输出的模拟信号就越大。MQ-2 型烟雾传感器的结构如图 3.16 所示。

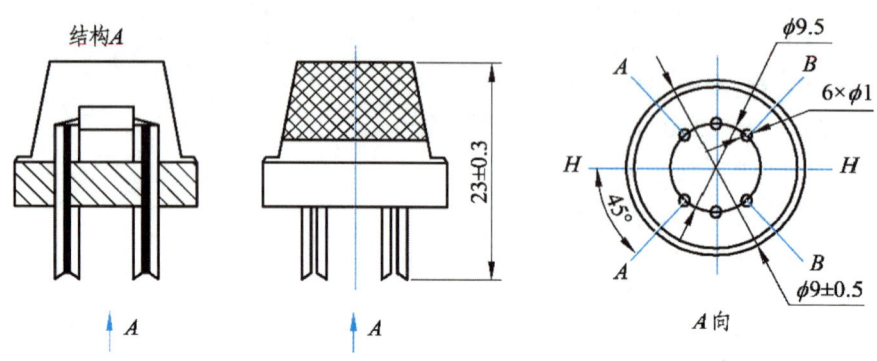

图 3.16　MQ-2 型烟雾传感器

MQ-2 型烟雾传感器对天然气、液化石油气等烟雾具有很高的灵敏度,尤其对烷类烟雾更为敏感。MQ-2 型烟雾传感器具有良好的抗干扰性,可准确排除有刺激性非可燃性烟雾的干扰信号。MQ-2 型烟雾传感器具有初始状态稳定、响应时间短、长时间工作性能好的特点。

在使用 MQ-2 型烟雾传感器之前必须加热一段时间,否则其输出的电阻和电压不准确。加热电压为 (5±0.2) V,加热电压过高会导致输入电流过大,将内部的信号线熔断导致器件报废。MQ-2 型烟雾传感器能检测可燃气体或烟雾的浓度为 100~10 000 ppm(ppm 为烟雾传感器的气体体积浓度,1 ppm=1 cm^3/m^3)。例如,当 MQ-2 烟雾传感器输出值为 100 ppm 时,表示空气中每百万份中有 100 份是烟雾。

(二)MQ-2 烟雾传感器应用电路

MQ-2 烟雾传感器常用的电路有两种,一种是采用比较器电路输出监控信号,另一种是采用 ADC 电路输出检测信号。

1. 比较器电路

MQ-2 烟雾传感器的第 4 引脚的输出信号随烟雾浓度变化而变化,该输出信号作为比较器 U1A 第 2 引脚的输入信号,Rp 用于调节比较器的门槛电压。当烟雾浓度较高时,MQ-2 烟雾传感器的输出电压高于门槛电压,比较器的第 1 引脚输出低电平(0 V),此时 LED 灯亮产生报警信号;当烟雾浓度降低时,MQ-2 烟雾传感器的输出电压低于比较器的门槛电压,比较器的第 1 引脚输出高电平,LED 灯熄灭,取消报警信号。调节 Rp 可以调节比较器的门槛电压,从而调节报警输出的灵敏度。R1 串入传感器的加热回路,可以保护加热丝免受冷上电时的冲击。MQ-2 烟雾传感器的比较器电路如图 3.17 所示,MQ-2 烟雾传感器的比较器电路实物电路模块如图 3.18 所示。比较器电路处理的监测信号只有高电平和低电平两种状态，当烟雾浓度低于比较器门槛电压对应的烟雾浓度时，比较器的输出信号为高电平；当烟雾浓度高于比较器门槛电压对应的烟雾浓度时，比较器的输出信号为低电平。因此，单片机只需要将与比较器输出引脚相连的引脚配置为输入模式，监控比较器输出信号的电平即可判断烟雾浓度的高低。

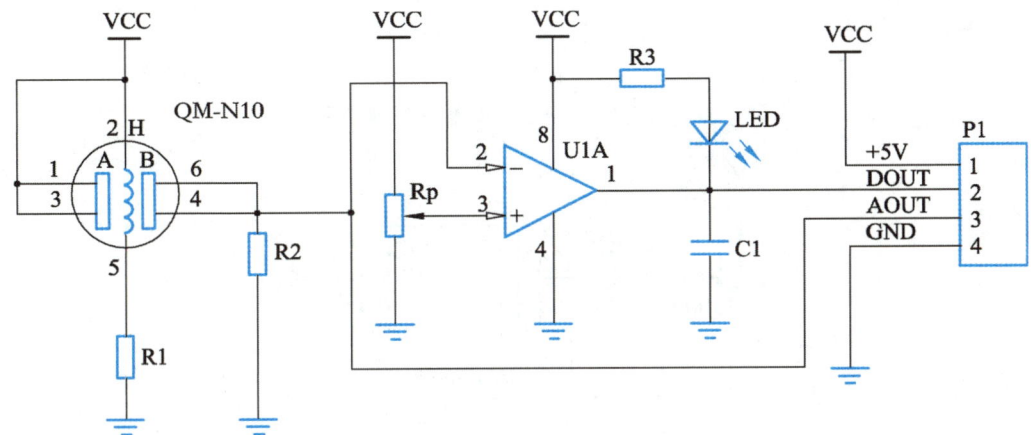

图 3.17　MQ-2 的比较器电路

图 3.18　MQ-2 比较器电路实物电路模块

2. ADC 信号采集电路

　　MQ-2 烟雾传感器的第 4 引脚输出随烟雾浓度变化的模拟信号，该模拟信号作为模数转换器 ADC0832 的第 2 引脚的输入信号。模拟转换器 ADC0832 将这个模拟信号转化为数字信号，单片机将模拟转换器 ADC0832 转化的数字信号进行信号处理，转换为精确的烟雾浓度值。MQ-2 传感器的 4 脚、6 脚输出气体浓度转换的电信号，Rs 为传感器的本体电阻。如果烟雾浓度上升，Rs 电阻值下降，导致 MQ-2 的 4 脚、6 脚对地输出电压增大，经过 ADC0832 转换后送到单片机。MQ-2 的 ADC 信号采集电路如图 3.19 所示。

　　在 Protues 仿真系统库中没有烟雾传感器，烟雾传感器可以采用一个滑动变阻器 POT-HG 来代替 MQ-2 烟雾集传感器第 4 脚和第 6 脚的输出电压信号，通过模数转换器 ADC0832 将模拟信号转换为数字信号再传给单片机。MQ-2 在 Protues 的仿真电路图如图 3.20 所示，仿真程序见附录 C 所示。

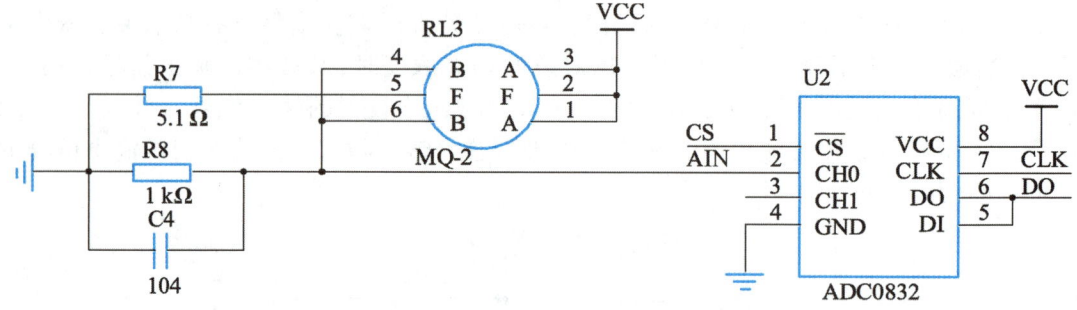

图 3.19　MQ-2 的 ADC 信号采集电路

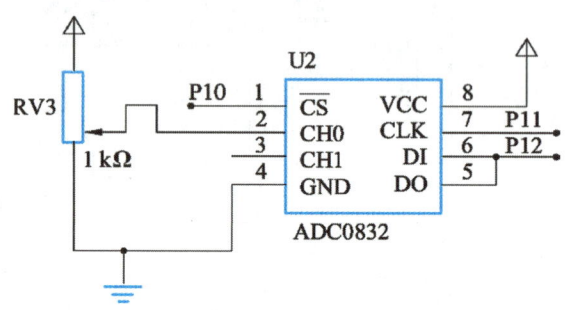

图 3.20　MQ-2 在 Protues 的仿真电路图

（三）报警电路设计

MQ-2 烟雾传感器的声光报警电路如图 3.21 所示，该电路由单片机 P3.7 端口控制 NPN 三极管 Q1 的基极。当 P3.7 被赋值高电平时，三极管 Q1 饱和导通，Q1 的 C 极和 E 极接通，将电源电压加载到蜂鸣器 BUZ1 和 LED 灯 D1 的阳极，此时蜂鸣器 BUZ1 报警、LED 灯 D1 点亮；当 P3.7 被赋值低电平时，三极管 Q1 截止，Q1 的 C 极和 E 极断开，电源电压不加载到蜂鸣器 BUZ1 和 LED 灯 D1 的阳极，此时蜂鸣器 BUZ1 停止报警、LED 灯 D1 熄灭。BUZ1 是蜂鸣器，在器件选择窗口选择蜂鸣器类型时注意蜂鸣器有两种类型，请选择"ACTIVE"类型的蜂鸣器。由于蜂鸣器是直流供电，请双击"蜂鸣器"，将蜂鸣器的工作电压设置为 3 V，否则仿真时蜂鸣器不会报警。

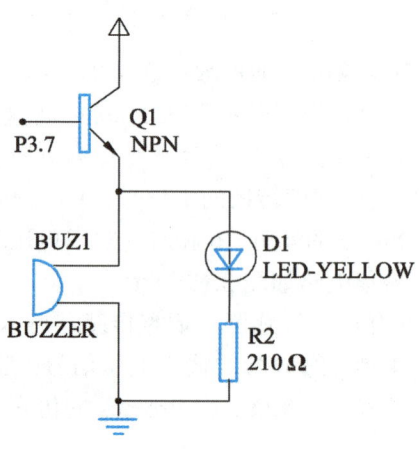

图 3.21　声光报警电路

任务实施

一、实训室操作规程

实训室的操作规程主要包括：

（1）使用者必须遵守机房规章制度，服从管理人员的指挥。未经负责人员同意，任何人不得私自进入机房或使用机房内任何设备。

（2）禁止将食物、饮料带入机房，禁止在机房内吸烟、谈笑、打闹、随地吐痰。

（3）不得在机房计算机上安装和卸载软件；严禁修改计算机系统设置；不得使用计算机做与教学无关的事，如看电视剧、看电影、打游戏等。

（4）在规定的范围内操作机器，爱护设备，严禁私自移动、拆卸机箱及外部设备，在操作过程中如遇设备故障，应及时报告管理人员，不得擅自处理。凡人为破坏设备者，后果自负。

（5）自觉保护机房设备，下课后自觉正确关闭计算机，按操作流程整理好自己使用过的键盘、鼠标、椅子、桌子，带走私人物品（包括产生的垃圾）。私人物品丢失，责任自负。

（6）机房卫生由使用班级负责打扫，任课老师负责监督。

（7）不得将电水壶、热得快、手机充电器等使用220 V电源的用电器带入机房。

二、设备检查

根据实验内容，记录设备检查内容以及设备所在位置。

三、绘制电路和编译程序

根据实验内容，绘制实验电路、编译程序并记录所遇到的问题、分析实验故障。

四、拓展

将 MQ-2 烟雾传感器的烟雾探测、信号转换、单片机信号处理、输出报警等部分电路进行综合设计，对单片机进行烟雾探测以及输出报警编程。

（设计提示：MQ-2 烟雾传感器的信号转换电路采用比较器模式，输出高低电平，可以采用开关进行模拟）

五、思考

（一）除了烟雾传感器可以采用滑动变阻器来模拟，还有哪些传感器可以采用滑动变阻器来模拟？

（二）如果采用多路烟雾传感器来监测烟雾，那么应该如何设计烟雾传感器监测电路及报警电路？

安全提示

1. 请严格遵守实训室操作规程。
2. 按照实训室 7S 管理要求规范操作。

注意事项

绘制电路时请查阅相关资料。

知识链接

ADC0832 是一种 8 位分辨率、250 kHz 转换频率、双通道的 ADC 转换芯片，其内部电源输入与参考电压复用，使得芯片的输入模拟电压为 0~5 V，芯片的转换时间仅为 32 μs，具有双数据输出可作为数据校验以减少数据误差，转换速度快且稳定性能强。由于 ADC0832 具有体积小、兼容性强、性价比高的特点，深受单片机爱好者及企业欢迎，目前已经有很高的普及率。ADC0832 的引脚如图 3.22 所示。

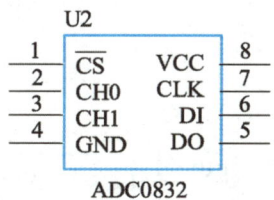

图 3.22　ADC0832 引脚图

一、ADC0832 特点

ADC0832 的主要特点包括：

（1）8 位分辨率，双通道 A/D 转换。
（2）输入电平、输出电平与 TTL/ CMOS 电平兼容。
（3）5 V 电源供电时输入电压为 0~5 V。
（4）功耗仅为 15 mW，工作频率为 250 kHz，转换时间 32 μs。

二、ADC0832 引脚定义

ADC0832 的引脚及定义主要包括：

（1）$\overline{CS}$：片选使能信号，低电平有效。
（2）CH0：模拟信号输入通道 0，或作为 IN+/-使用。
（3）CH1：模拟信号输入通道 1，或作为 IN+/-使用。
（4）GND：芯片参考零电位（地）。

（5）DI：数据信号输入，选择通道控制。

（6）DO：数据信号输出，转换数据输出。

（7）CLK：芯片时钟输入。

（8）VCC：芯片电源。

三、ADC0832 与单片机的应用

在正常情况下，ADC0832 与单片机的接口为 4 条数据线，分别为 $\overline{CS}$、CLK、DO、DI。DO、DI 在实际应用过程中与单片机端口相连时不会同时有效，所以在设计应用电路时可以将 DO、DI 与单片机的同一引脚相连。

当 ADC0832 的端口 $\overline{CS}$ 为高电平时，芯片处于禁用状态。当 ADC0832 工作时，需先将 $\overline{CS}$ 端口置低电平，维持 $\overline{CS}$ 端口的低电平直到 ADC0832 工作结束。ADC0832 开始转换数据时，单片机向 ADC0832 时钟输入端 CLK 输入脉冲信号，此时使用 DI 的输入通道选择功能。在第一个脉冲下降之前 DI 必须为高电平，用来表示启动信号。在第 2、3 个脉冲下降之前，DI 端应输入 2 位数据用于选择通道功能，到第 3 个脉冲的下降之后 DI 端的输入电平就失去输入作用，此后 DO+DI 端则开始利用数据输出 DO 进行转换数据的读取。从第 4 个脉冲下沉开始由 DO 端输出转换数据最高位 DATA7，随后每一个脉冲下降时 DO 端输出下一位数据，直到第 11 个脉冲时发出最低位数据 DATA0，一个字节的 8 位数据输出完成。最后将 CS 置高电平禁用芯片，直接将转换后的数据进行处理。ADC0832 电路连接图如图 3.23 所示。

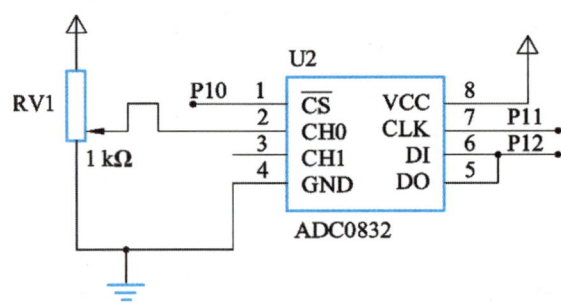

图 3.23　ADC0832 电路连接图

> **阅读材料**

在 Proteus 仿真电路软件中，如果没有找到所需元件，可以自己制作。下面以红外探测模块为例介绍自己制作元器件的流程，制作流程主要包括：

（1）点击左侧的 ■（2D 绘图模式）按钮，选择"COMPONET"，在右侧的绘图区利用绘图工具绘出芯片的主体轮廓，如图 3.24 所示。

（2）点击左侧的 ⇒▷-（引脚模式）按钮，选择"DEFAULT"（缺省值），在右侧的绘图区绘制出元件的引脚，注意电气引脚的朝外，如图 3.25 所示。

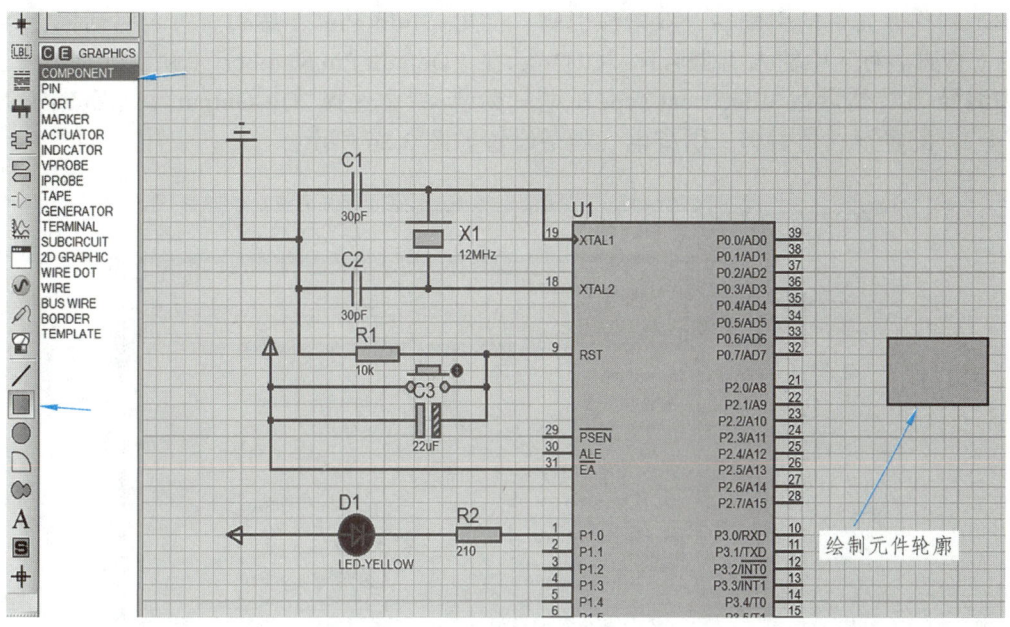

图 3.24 绘制元件轮廓

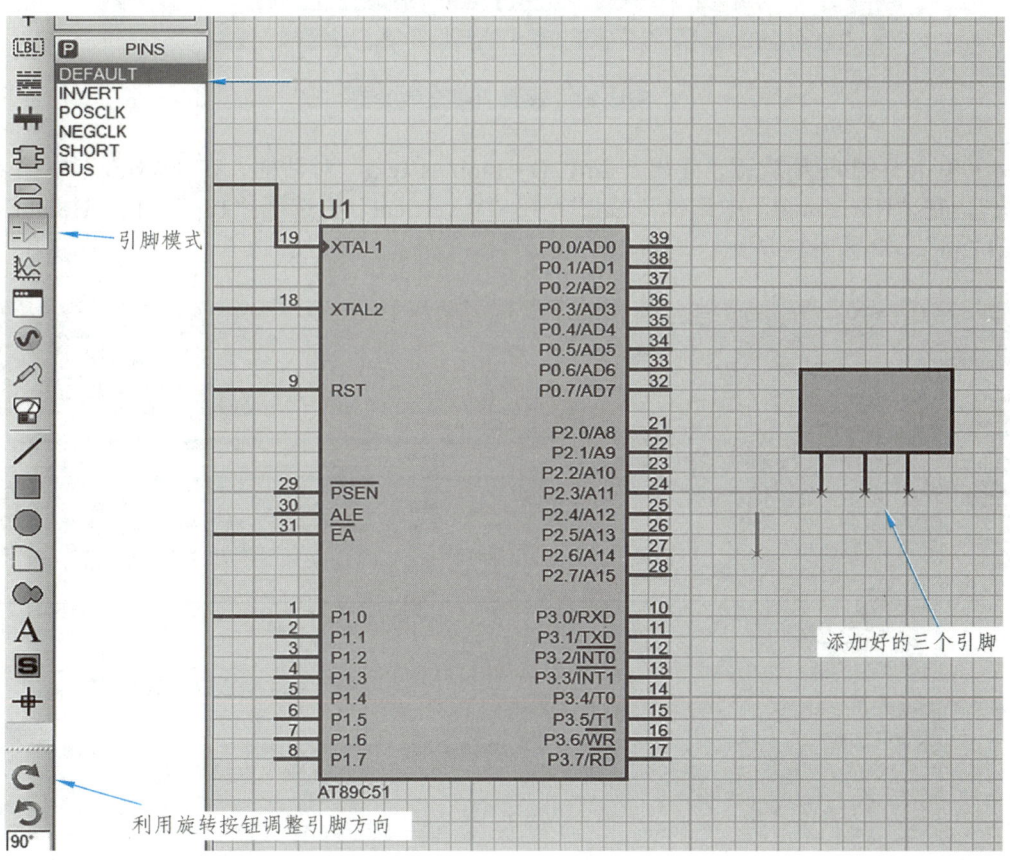

图 3.25 绘制元件引脚

（3）制作完元件的引脚后，双击该引脚，弹出"Edit Pin"（编辑管脚）对话框，在"Pin Name"（管脚名称）中输入引脚名称"OUT"，在"Default Pin Number"（缺省管脚编号）中输入引脚编号"1"，然后在"Electrical Type"（电气类型）栏中选择"OP-Output"，然后点击"Next"（下一步），配置下一个引脚。引脚电气类型设置如图 3.26 所示。

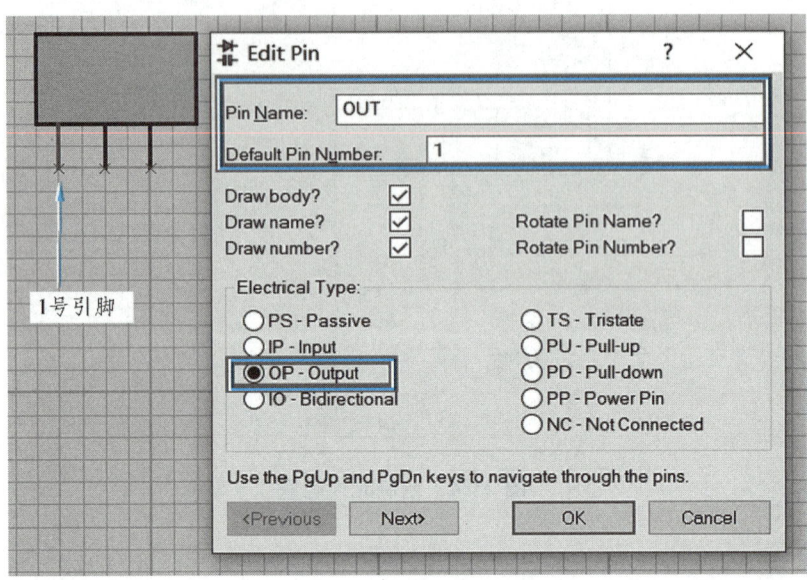

图 3.26　设置引脚电气类型

（4）单击左侧的 A 按钮，弹出"Edit 2D Graphics Text"对话框，在"String"中输入"红外模块"，在"Horizontal"中选择"Left"，在"V.Vertical"中选择"Top"，在"Height"中输入"0.17 in"，如图 3.27 所示。

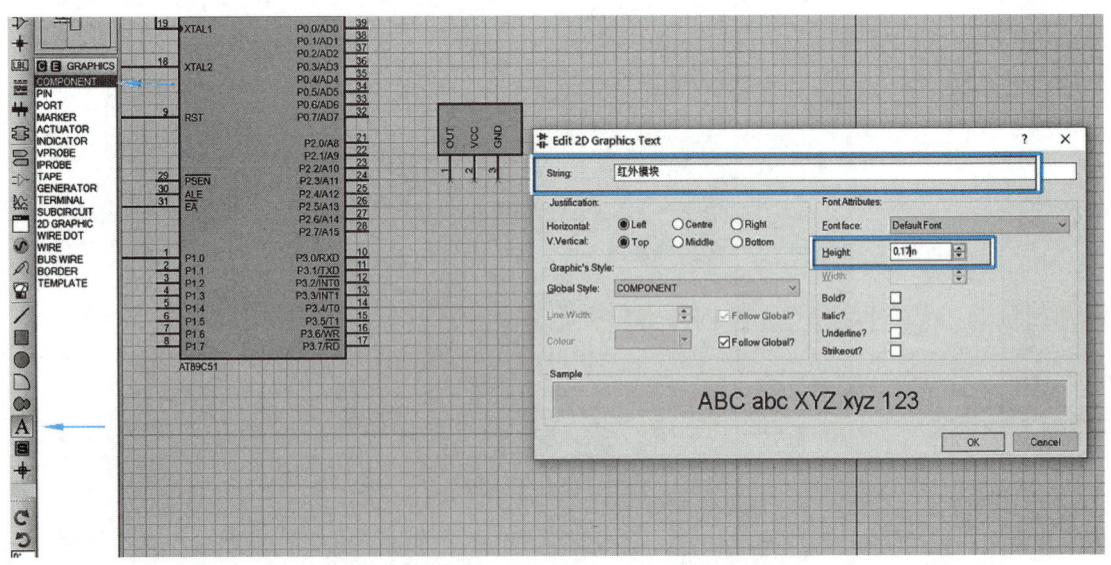

图 3.27　元件参数设置

（5）选中绘制的元器件，点击上方的 按钮，如图 3.28 所示。

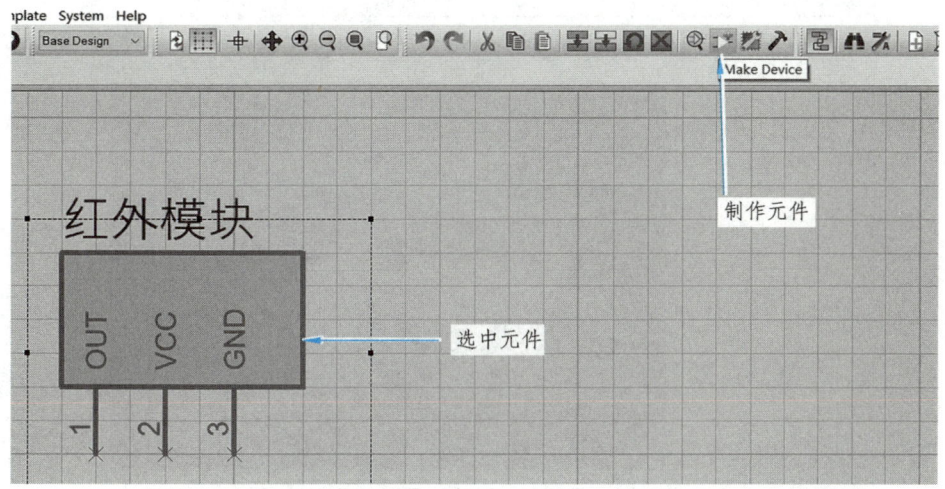

图 3.28　添加元件

（6）点击上方的 按钮后，弹出"Make Device"对话框，在"Device Name"（元件名称）中输入"HC-SR501"，在"Reference Prefix"（索引关键词）中输入"HC"，点击"Next"（下一步），如图 3.29 所示。

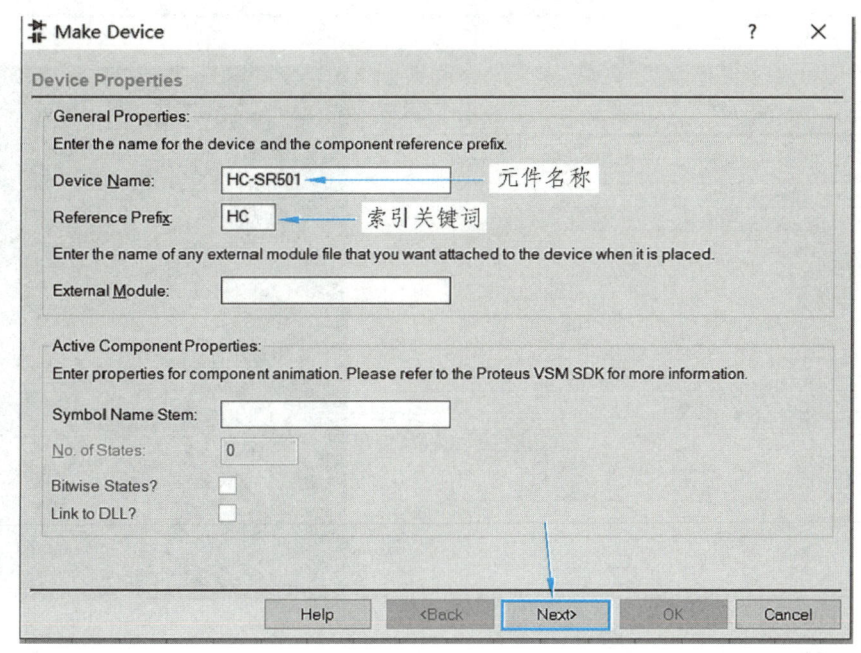

图 3.29　制作元件的名称

（7）在弹出的"Make Device"对话框中，点击"Add/Edit"（添加元件封装）按钮，如图 3.30 所示。

141

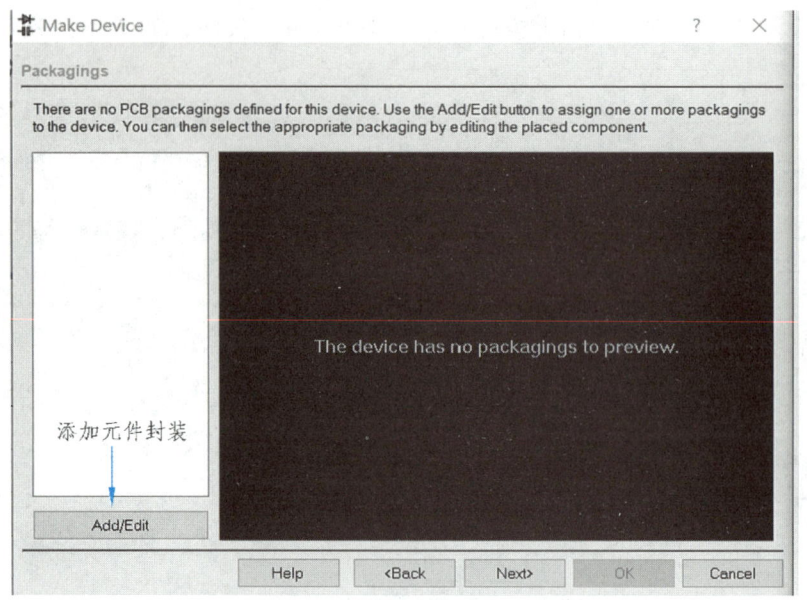

图 3.30　添加元件封装

（8）在弹出的"Package Device"对话框中，点击"Add"（添加封装）按钮，如图 3.31 所示。在"Packagings"中输入"BT-IDC-03"，勾选"Default package？"，然后点击"Add"按钮，如图 3.32 所示。

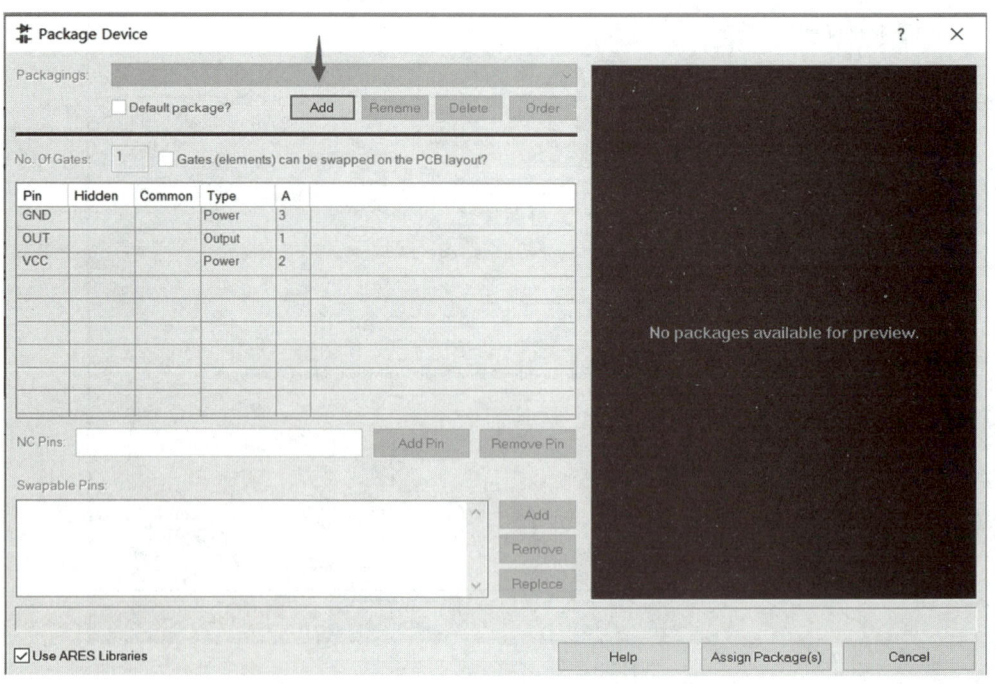

图 3.31　添加封装选择窗口

（9）在弹出的"Pick Packages"（封装库）中，在"Keywords"中输入"BT"，在"Category"中选择"(All Categories)"，在"Type"中选择"All Types"，在"Results（3）"中显示"Device"

为"BT-IDC-03","Library"为"CONNECTORS","Description"为"3 pin BT type IDC connector",如图 3.32 所示。

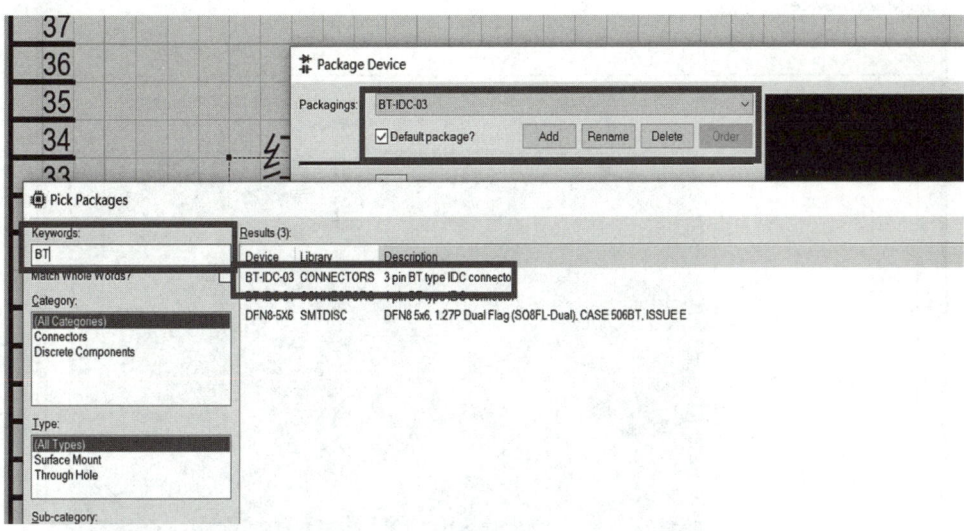

图 3.32　在封装库中找到合适的封装

（10）设置完新建元件的封装后,在"Package Device"对话框可见,新建元件的"Packagings"为"BT-IDC-03","No. Of Gates"为"1"。引脚"GND"的"Type"为"Power",引脚"GND"的"A"（引脚序号）为"3";引脚"OUT"的"Type"为"Output",引脚"OUT"的"A"（引脚序号）为"1";引脚"VCC"的"Type"为"Power",引脚"VCC"的"A"（引脚序号）为"2",然后点击"ASSIGN PACKAGE（s）"按钮,如图 3.33 所示。

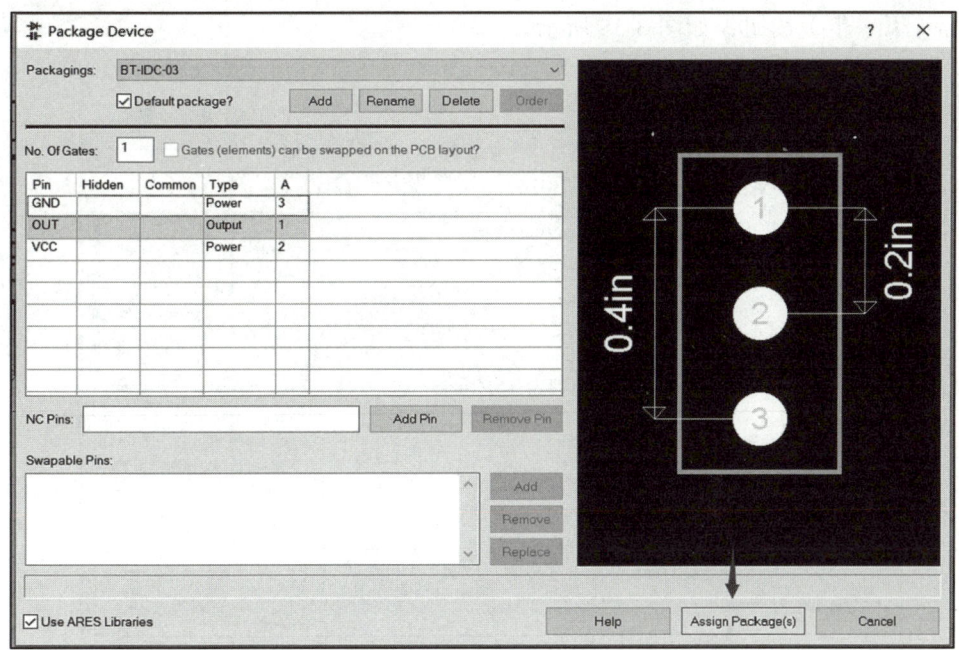

图 3.33　封装添加完毕

（11）在新弹出的"Make Device"中单击"NEXT"按钮，如图 3.34 所示。

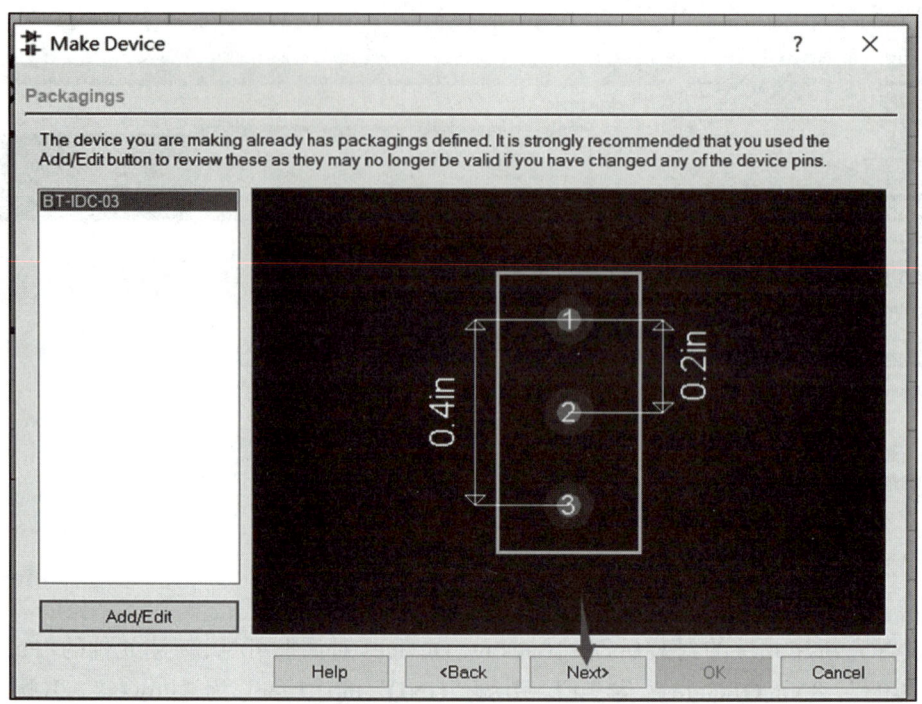

图 3.34　点击下一步

（12）在新弹出的对话框中，在"Property Definition"的"Name"中输入"MODEL"，在"Description"中输入"LISA Model"，"Type"默认为"String"，单击"New"按钮，再点击"Next"（下一步）按钮，如图 3.35 所示。

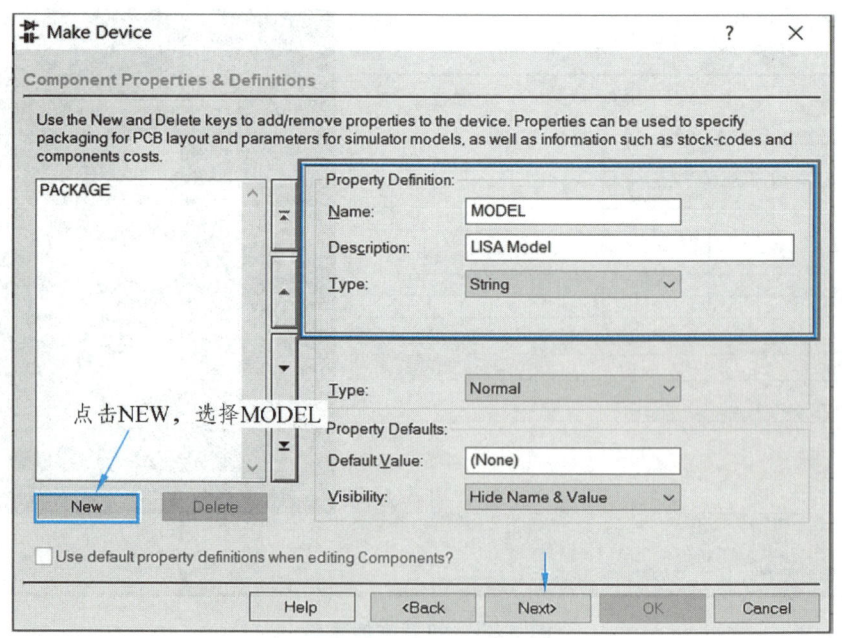

图 3.35　选择元件模型

（13）在新弹出的对话框中，在"Data Sheet Filename"（数据库文件名）中输入数据库文件名，如果不需要则直接点击"Next"按钮，如图 3.36 所示。

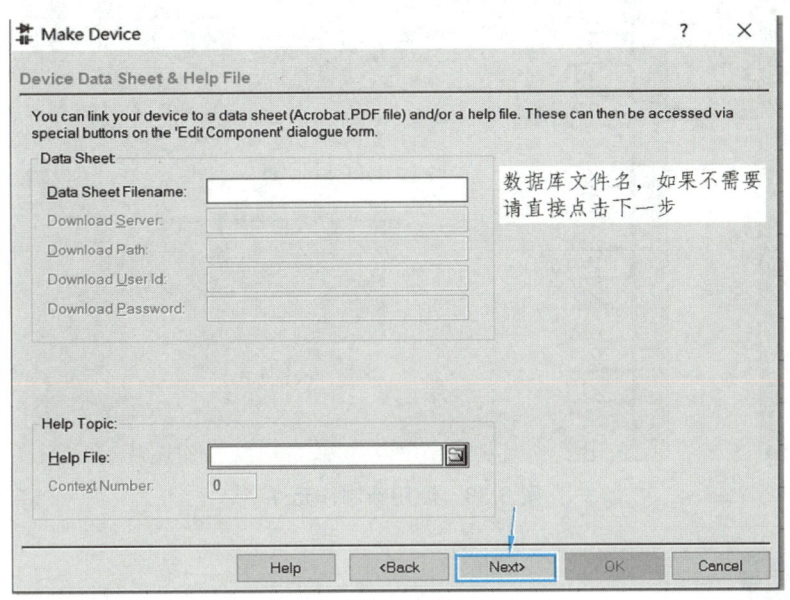

图 3.36　添加数据库文件名

（14）在新弹出的对话框中，在"Device Category"（元器件所属库）中选择"Miscellaneous"（杂库），在"Save Device To Library"中选择"CM0_NXP"，点击"OK"按钮，如图 3.37 所示。至此，完成新建元件的制作过程，可以调用新制作好的元件如图 3.38 所示。

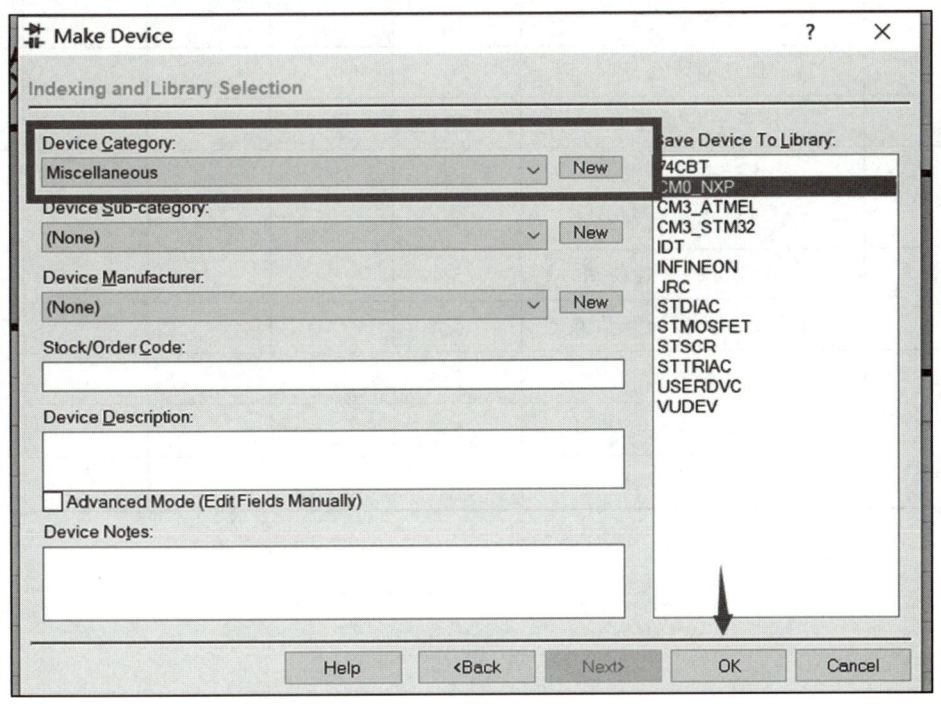

图 3.37　将元件放入杂库

145

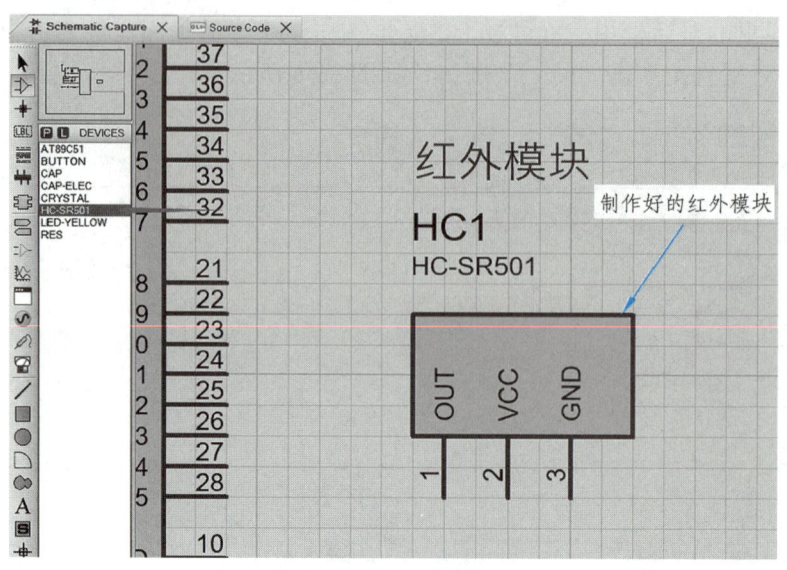

图 3.38 调用新制作元件

教学评价

对学生在实践操作过程中的表现进行评价，完成表 3.2 所示的教学评价表。

表 3.2 教学评价表

评价项目	项目评价内容	分值	自我评价	小组评价	教师评价	得分
仿真操作	正确绘制电路	20				
	正确编译程序	20				
拓展操作	能完成拓展项目	20				
小组提问	简述任务操作要点	10				
	简述程序组成部分	5				
安全文明生产	实验设备的正确使用	5				
	设备的摆放及实训台的整理	5				
学习态度	出勤情况	5				
	实验室和课堂纪律	5				
	团队协作精神	5				

任务三 步进电机控制

任务目标

1. 掌握步进电机的结构。
2. 利用单片机及独立键盘控制步进电机的速度和方向。
3. 完成步进电机的运行与调试。

微课：步进电机控制资源

任务描述

完成步进电机的仿真调试控制。

任务准备

一、步进电机的结构

步进电机是根据数字控制信号将电能转换成机械能的一种电气设备，常用于精确定位和精确定速，如机器人可使用步进电机作动力，可以精确控制机器人的动作。步进电机按内部线圈绕线可分为 4 相和 5 相，分别使用 5 V 和 12 V 电源。一般来说，4 相步进电动机又称为 2 相双绕组步进电机，是一种最常用的电机，其内部接线如图 3.39 所示。

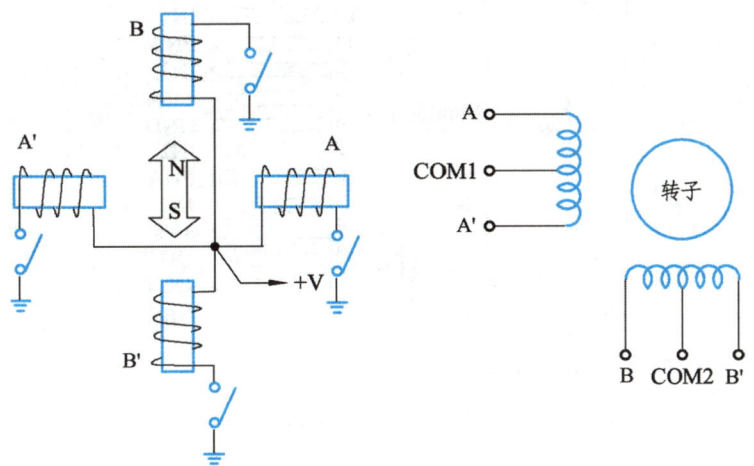

图 3.39 4 相步进电机内部接线图

由图 3.39 可知，线圈被分为 A、A′、B、B′四相。由于 A 相和 A′相（或 B 相和 B′相）线圈都绕在相同磁极上，而两组线圈缠绕方向相反，只需要对其中一组线圈进行励磁便可以改变定子磁场的极性。因此不可以将 A 相和 A′相（或 B 相和 B′相）线圈同时进行励磁。

步进电动机是"一步一步"转动的一种电动机，每输入一个电脉冲控制信号，电动机就转过一个固定角度。步进角由步进电机规范而定，一般为 1.8°~9°，市面上应用较广泛的是 1.8° 步进角的步进电机。对于步进角为 1.8°的步进电机，如果输入 200 个脉冲信号，步进电机就会旋转 200 个步进角，刚好转一圈（200×1.8°=360°）。步进电机旋转角度与输入脉冲数量成正比，控制输入脉冲数量就可以控制步进电机的转动角度。

二、步进电机的励磁方式

直流电流通过定子线圈建立磁场的过程称为励磁。为了控制步进电机进行正确的定位和控制，必须按照一定的顺序对各相线圈进行励磁。4 相步进电机线圈励磁方式可分为 1 相励磁、2 相励磁和 1-2 相励磁。

例如：本任务是采用 1-2 相励磁顺序，8 种励磁状态为一个循环。

正转时 1-2 相励磁的顺序：A→AB→B→BA′→A′→A′B′→B′→B′A→……

反转时 1-2 相励磁的顺序：AB′→B′→B′A′→A′→A′B→B→BA→A→……

三、电机驱动芯片 L298

L298 是一款集成的高电压、高电流、双路全桥式电机驱动芯片，可以连接标准 TTL 逻辑电平，驱动电感负载。L298 内部包含 4 通道的逻辑驱动电路，即内含二个 H 桥的高电压、大电流全桥式驱动器，可以直接驱动 2 个直流电机或 1 个 2 相（4 相）步进电机。L298 引脚如图 3.40 所示。

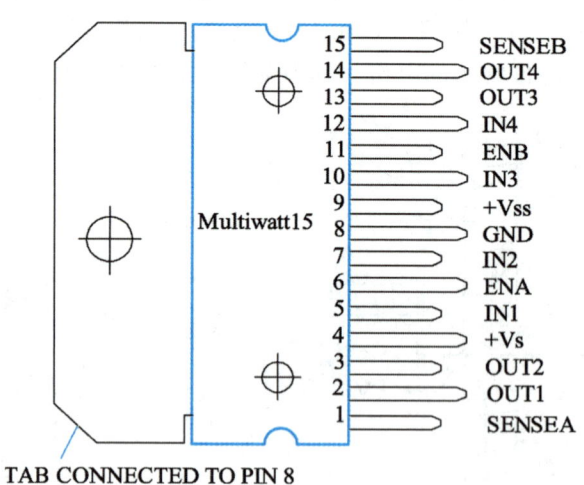

图 3.40　L298 引脚图

L298 的引脚及定义主要包括：

（1）+Vss：逻辑电源，通常为+5 V，该引脚到地必须连接一个 100 nF 的电容。

（2）+Vs：负载驱动电源，该引脚到地必须连接一个 100 nF 的电容。

（3）GND：接地端。

（4）IN1 和 IN2：A 桥信号输入端，兼容 TTL 逻辑电平。

（5）IN3 和 IN4：B 桥信号输入端，兼容 TTL 逻辑电平。

（6）OUT1 和 OUT2：A 桥信号输出端，通过两个引脚到负载的电流由 SENSEA 引脚监控。

（7）OUT3 和 OUT4：B 桥信号输出端，通过两个引脚到负载的电流由 SENSEB 引脚监控。

（8）ENA 和 ENB：使能输入，兼容 TTL 逻辑电平。ENA 和 ENB 分别使能 A 桥和 B 桥，设置为"1"（高电平）时电桥正常工作，设置为"0"（低电平）时禁止电桥工作。

（9）SENSEA 和 SENSEB：A 桥和 B 桥输出信号的监控信号。

L298 的 A 桥有一个使能信号 ENA，B 桥有一个使能信号 ENB。当 ENA 和 ENB 引脚为高电平时，A 桥和 B 桥处于使能状态能够正常工作，输入 IN1~IN4 与输出 OUT1~OUT4 的状态保持相同。如 IN1 引脚输入为高电平，OUT1 引脚输出也为高电平。在 ENA 和 ENB 引脚为低电平时，A 桥和 B 桥使能处于禁止状态则无法正常工作，所有的驱动三极管都将处于截止状态。L298 的基本结构如图 3.41 所示。

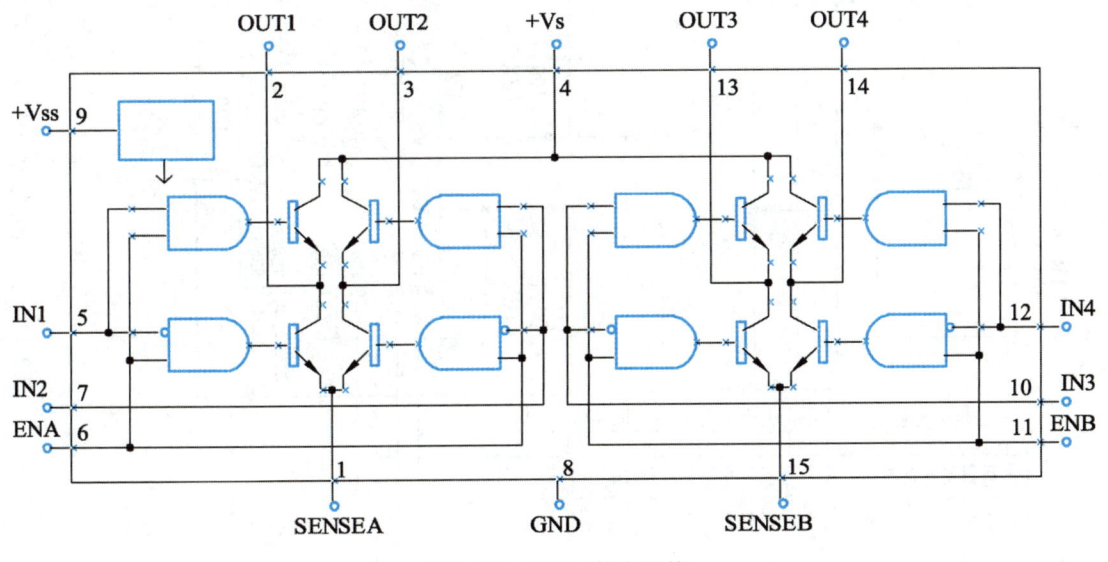

图 3.41　L298 基本结构

四、步进电机控制电路

步进电机控制电路由 AT89C51 单片机最小系统、步进电机驱动电路和键盘电路等模块构成，如图 3.42 所示。

从 Proteus 中选取的元器件清单主要包括：

（1）U1：AT89C51，单片机。

（2）U2：L298，电机驱动芯片。

（3）R1~R5：RES，电阻 10 kΩ。

（4）C1、C2：CAP，电容 22 pF。

（5）C3：CAP-ELEC，电解电容 10 μF。

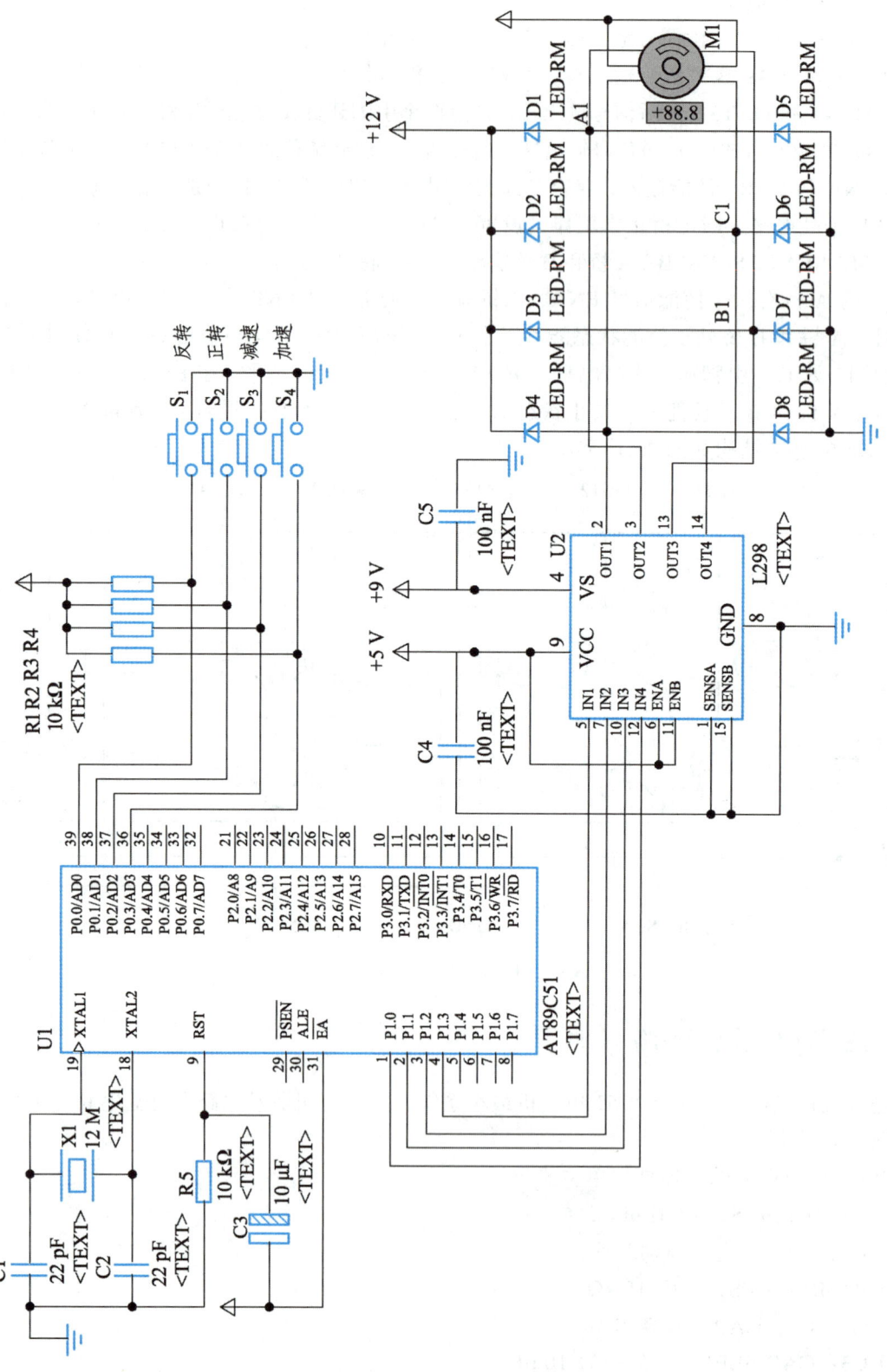

图 3.42 步进电机控制电路

（6）D1~D8：LED-RM，二极管。

（7）S1~S4：BUTTON，按键。

（8）X1：CRYSTAL，晶体振荡器 12 MHz。

（9）M1：步进电机。

（10）C4、C5：CAP，电容 100 nF。

五、参考程序

```c
#include<reg51.h>
sbit KEY1 = P0^0;                //反转按键
sbit KEY2 = P0^1;                //正转按键
sbit KEY3 = P0^2;                //加速按键
sbit KEY4 = P0^3;                //减速按键
unsigned char COUNT;

//函数名：DELAY
//函数功能：软件延时
void DELAY(unsigned char dat)
{
    unsigned char i,j;           //形式参数：延时参数 dat
    for(i = dat;i > 0;i--)       //返回值：无

    for(j = 0;j < 100;j ++);
}

//函数名：Invers( )
//函数功能：反转，采用单双八拍方式
void Invers( )
{
    do                           //形式参数：无
    {                            //返回值：无
        P1 = 0x08;               //A
        DELAY(COUNT);
        P1 = 0x0C;               //AB
        DELAY(COUNT);
        P1 = 0x04;               //B
        DELAY(COUNT);
        P1 = 0x06;               //BC
```

```
            DELAY(COUNT);
            P1 = 0x02;                    //C
            DELAY(COUNT);
            P1 = 0x03;                    //CD
            DELAY(COUNT);
            P1 = 0x01;                    //D
            DELAY(COUNT);
            P1 = 0x09;                    //DA
            DELAY(COUNT);
            if(KEY3==0)
            {
                if(COUNT > 20)
                    COUNT--;
            }
            if(KEY4==0)
            {
                if(COUNT<500)
                {
                    COUNT++;
                }
            }
        }while(KEY2==1);
}

//函数名：Forward( )
//函数功能：正转，采用单双八拍方式
void Forward( )
{
    do                                    //形式参数：无
    {                                     //返回值：无
        P1=0x08;                          //A
        DELAY(COUNT);
        P1=0x09;                          //AD
        DELAY(COUNT);
        P1=0x01;                          //D
        DELAY(COUNT);
        P1=0x03;                          //DC
        DELAY(COUNT);
```

```c
            P1=0x02;                         //C
            DELAY(COUNT);
            P1=0x06;                         //CB
            DELAY(COUNT);
            P1=0x04;                         //B
            DELAY(COUNT);
            P1=0x0C;                         //BA
            DELAY(COUNT);
            if(KEY3==0)
            {
                if(COUNT > 20)
                COUNT--;
            }
            if(KEY4==0)
            {
                if(COUNT<500)
                {
                    COUNT++;
                }
            }
        }while(KEY1==1);
}

//函数名：main( )
//函数功能：扫描按键，实现正转和反转功能
void main( )
{
    COUNT = 200;                //形式参数：无
    while(1)                    //返回值：无
    {
        if(KEY1==0)            //反转
            Invers( );
        if(KEY2==0)            //正转
            Forward( );
    }
}
```

任务实施

一、实训室操作规程

实训室的操作规程主要包括：

（1）使用者必须遵守机房规章制度，服从管理人员的指挥。未经负责人员同意，任何人不得私自进入机房或使用机房内任何设备。

（2）禁止将食物、饮料带入机房，禁止在机房内吸烟、谈笑、打闹、随地吐痰。

（3）不得在机房计算机上安装和卸载软件；严禁修改计算机系统设置；不得使用计算机做与教学无关的事，如看电视剧、看电影、打游戏等。

（4）在规定的范围内操作机器，爱护设备，严禁私自移动、拆卸机箱及外部设备，在操作过程中如遇设备故障，应及时报告管理人员，不得擅自处理。凡人为破坏设备者，后果自负。

（5）自觉保护机房设备，下课后自觉正确关闭计算机，按操作流程整理好自己使用过的键盘、鼠标、椅子、桌子，带走私人物品（包括产生的垃圾）。私人物品丢失，责任自负。

（6）机房卫生由使用班级负责打扫，任课老师负责监督。

（7）不得将电水壶、热得快、手机充电器等使用 220 V 电源的用电器带入机房。

二、设备检查

根据实验内容，记录设备检查内容以及设备所在位置。

三、绘制电路和编译程序

根据实验内容，绘制实验电路、编译程序并记录所遇到的问题、分析实验故障。

四、拓展

根据以上所学知识,绘制自动窗帘控制电路图并进行仿真。

五、思考

(一)若电路中需要显示步进电机的速度,如何加入显示电路?

(二)根据第一题的内容,编写相应的控制和显示程序。

安全提示

1. 请严格遵守实训室操作规程。
2. 按照实训室 7S 管理要求规范操作。

注意事项

使用步进电机仿真时，注意调整步进角。

知识链接

一、直流电动机的控制

常用的电动机有交流电动机、直流电动机和步进电动机，本项目利用电动机带动窗帘的开合，只需利用小功率直流电动机即可满足项目要求。直流电动机实物图如图 3.43（a）所示，利用导线将直流电动机和电池两端对接，电动机就可以转动；如果将电池极性反过来，电动机也反着旋转。

由于单片机的 I/O 端口驱动能力有限，不能提供足够大的功率去驱动电动机，必须添加驱动电路去驱动电动机。常用的电动机驱动电路有 H 桥驱动电路，只需要一组 H 桥电路就可以驱动直流电动机，步进电机则需要两组 H 桥驱动电路。直流电动机的驱动电路如图 3.43（b）所示。H 桥式电动机驱动电路包括 4 个三极管和一个电动机。为了使电动机运转，必须导通对角线上的一对三极管。根据不同三极管对的导通情况，电流可能会从左至右或从右至左流过电动机，从而控制电动机的转向。图 3.43（b）中，当 T2 和 T5 导通时，电流从 5 V 电源正极经 T2 从左至右流过电动机，然后再经 T5 回到电源负极，电动机顺时针转动。当三极管 T4 和 T3 导通时，电流从 5 V 电源正极经 T4 从右至左流过电动机，然后再经 T3 回到电源负极，电动机逆时针转动。

（a）实物图

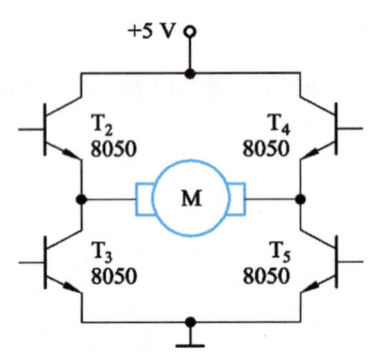

（b）H 桥驱动电路

图 3.43　直流电动机驱动电路

二、脉宽调制技术

随着大规模集成电路的不断发展，很多单片机都有内置脉宽调制（Pulse-Width Modulation，PWM）模块，单片机的 PWM 控制技术可以采用内置的 PWM 模块来实现，也可以采用单片机的其他资源由软件模拟实现，还可以通过控制外置硬件电路来实现。由于 51 单片机内部没有 PWM 模块，因此本设计采用软件模拟法，利用单片机的 I/O 引脚，通过软件对该引脚不断地输出高低电平来实现 PWM 波输出。这种方法简单实用，缺点是占用 CPU 的大量时间。本设计采用 PWM 技术，生成一种周期一定而高低电平可调的方波信号。当输出脉冲的频率一定时，输出脉冲的占空比越大，其高电平持续的时间越长。

阅读材料

自动窗帘的设计

一、光敏电阻

光敏传感是最常见的传感器之一，种类繁多，主要有光电管、光敏电阻、光敏三极管、红外线传感器、紫外线传感器、光纤式传感器等。

光敏电阻的工作原理是基于内光电效应，在黑暗环境里的电阻值很高。当受到光照时电阻率变小，从而使光敏电阻值下降，光越强则阻值越低。当入射光消失后，光敏电阻的阻值也就恢复原值。光敏电阻没有极性，使用时可加直流电压或交流电压，具有光照强则电阻值小、光照弱则电阻值大的特性。

二、自动窗帘电路设计

自动窗帘电路的设计要求主要包括：当光线较暗（晚上）时控制窗帘自动闭合，当光线较强（白天）时控制窗帘自动打开。将单片机 P0 口的 P0.0 引脚设置为输入口，通过检测该引脚的输入信号用于检测有无光照。当光敏电阻的电阻值较大（无光）时，三极管饱和导通，输入 P0.0 引脚的电平为低电平；当光敏电阻阻值较小（有光）时，三极管截止，输入 P0.0 引脚的电平为高电平。因此可见，检测有无光照可以转换成检测 P0.0 引脚的高低电平来实现。

直流电动机采用 H 桥式控制，电动机正转则表示窗帘自动闭合，电动机反转则表示窗帘自动打开。电动机的转速由单片机的 P3.0 和 P3.1 控制，P3.0 和 P3.1 产生两个 PWM 脉宽调制波，调制波的周期为 2 s、高电平持续时间为 1 s、占空比为 50%，由单片机的定时器 T1 通过定时操作来实现，定时时间为 1 s，工作方式 1，初始值设置为 50 ms，循环 20 次。自动窗帘的控制电路如图 3.44 所示。

从 Proteus 中选取的元器件清单主要包括：

（1）U1：AT89C51，单片机。
（2）R1：RES，电阻 10 kΩ。
（3）R2：RES，电阻 20 kΩ。
（4）R3：RES，电阻 4.7 kΩ。

（5）R4：RES，电阻 200 kΩ。

（6）C1、C2：CAP，电容 30 pF。

（7）C3：CAP-ELEC，电解电容 10 μF。

（8）Q1：NPN 三极管。

（9）S1：BUTTON，按键。

（10）X1：CRYSTAL，晶体振荡器 12 MHz。

（11）Q2~Q5：2N5550，NPN 三极管。

（12）MOTOR：直流电机。

（13）LDR1：TORCH_LDR，光敏电阻。

（14）RV1：POT-HG，电位器，50 kΩ。

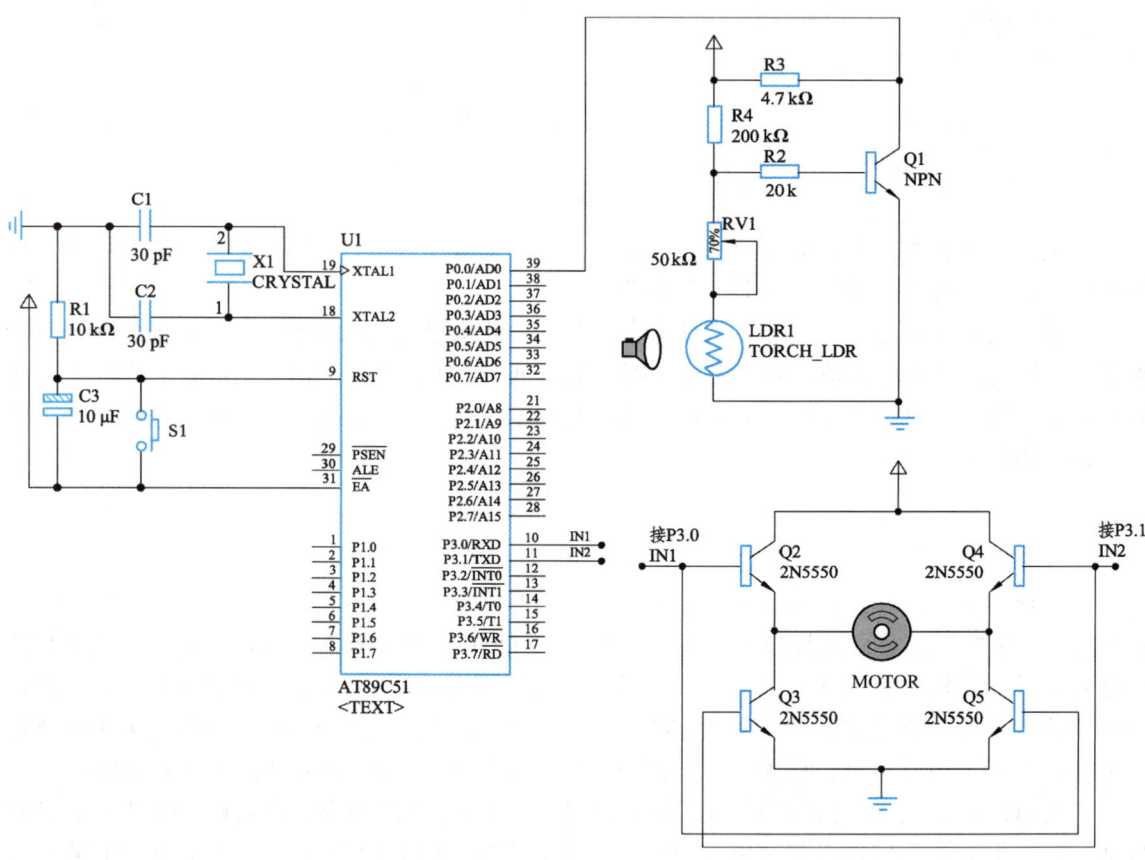

图 3.44　自动窗帘的控制电路图

三、自动窗帘参考程序

```
#include<reg51.h>
sbit flag=P0^0;
sbit up=P3^0;
sbit down=P3^1;
unsigned char t0;
```

```c
unsigned int k;
void delay1s( );
void pwm1( );
void pwm2( );
void main( )
{
    while(1)                            //不断检测
    {
        if(flag==0)                     //若 P0.0=0,表示晚上，窗帘闭合
        {
            pwm1( );                    //调用 PWM 波形控制电机转速
            for(k=0;k<50;k++)           //窗帘闭合时间到，电机停止
                delay1s( );
        }
        else                            //若 P0.0=1,表示白天，窗帘打开
        {
            pwm2( );                    //调用 PWM 波形控制电机转速
            for(k=0;k<50;k++)           //窗帘打开时间到，电机停止
                delay1s( );
        }
    }
}
void pwm1( )                            //函数功能：窗帘闭合
{
    unsigned char i;                    //定义无符号字符型变量 i
    for(i=0;i<10;i++)                   //设窗帘打开的时间为 20s
    {
        down=0;                         //确保窗帘不闭合
        up=1;                           //产生 PWM 脉宽调制波形
        delay1s( );
        up=0;
        delay1s( );
    }
    up=0;
}
void pwm2( )                            //函数功能：窗帘打开
{
    unsigned char j;                    //定义无符号字符型变量 i
```

```
        for(j=0;j<10;j++)           //设窗帘闭合时间为 20 s
        {
            up=0;                   //确保窗帘不打开
            down=1;                 //产生 PWM 脉宽调制波形
            delay1s( );
            down=0;
            delay1s( );
        }
        down=0;
}
void delay1s( )
for(t0=0;t0<20;t0++)                //设置循环次数为 20 次
{
    TH1=0x3c;                       //设置定时器初始值为 3CB0H
    TL1=0xb0;
    TR1=1;                          //启动定时器 T1
    while(!TF1);                    //查询计数是否溢出,即定时 50 ms 时间到,TF1=1
        TF1=0;                      //50 ms 定时时间到,将 T1 溢出标志位 TF1 清零
}
```

教学评价

对学生在实践操作过程中的表现进行评价,完成表 3.3 所示的教学评价表。

表 3.3 教学评价表

评价项目	项目评价内容	分值	自我评价	小组评价	教师评价	得分
仿真操作	正确绘制电路	20				
	正确编译程序	20				
拓展操作	能完成拓展项目	20				
小组提问	简述任务操作要点	10				
	简述程序组成部分	5				
安全文明生产	实验设备的正确使用	5				
	设备的摆放及实训台的整理	5				
学习态度	出勤情况	5				
	实验室和课堂纪律	5				
	团队协作精神	5				

任务四　安防联动（串口）

任务目标

1. 了解单片机的串口结构和功能。
2. 掌握双击利用串口通信实现一定距离的烟雾报警。
3. 完成串口通信的烟雾报警系统运行与调试。

任务描述

利用串口实现双击通信的烟雾报警。

微课：综合设计范例——
安防报警系统设计资源

任务准备

一、串口的相关寄存器

MCS-51 内部有一个可编程全双工串行通信接口，它具有通用异步接收/发送装置（Universal Asynchronous Receiver/Transmitter，UART）的全部功能，该接口不仅可以同时进行数据的接收和发送，还可以用作同步移位寄存器。该串口有 4 种工作方式，帧格式包括 8 位、10 位和 11 位，并能设置各种波特率。本任务主要学习该串口的方式 1——双机通信。

串行通信是指数据的各位依次进行传送（发送和接收）的一种通信方式。TXD（P3.1）表示发送管脚，RXD（P3.0）表示接收管脚，串口通信的数据传送如图 3.45 所示。由于数据的各位是依次传送的，通信时占用同一根数据线，其突出优点为通信所需的数据线少，但由于传送时需要进行数据的并联—串联转换，因此通信速度慢、通信控制程序复杂的缺点。由于远距离通信时能有效减少通信电缆成本，所以串口通信在远距离通信系统中得到广泛的运用。

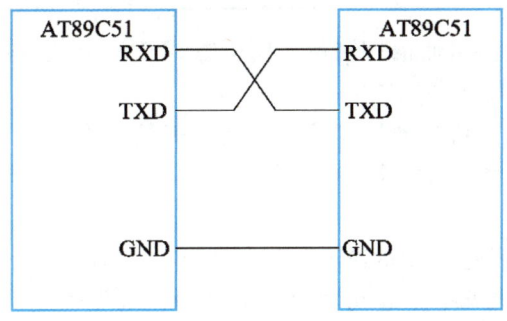

图 3.45　串口通信简图

（一）串行口数据缓冲器 SBUF

在串行口工作时，有两个很特别的缓冲寄存器，一个是存放接收数据的发送缓冲寄存器，另一个是用于存放欲发送的数据接收缓冲寄存器，但它们却有着一个共同的名字 SBUF。SBUF 是两个在物理上独立的接收、发送寄存器，这两个缓冲器共用一个地址 99H，通过对 SBUF 的读、写指令来区别是接收缓冲器还是发送缓冲器。

（二）串行口控制寄存器 SCON

串行口控制寄存器 SCON 是串行口的主要设置寄存器，位于特殊功能寄存器 SFR 区的 98H 单元，可以按位寻址，其控制字格式如图 3.46 所示。

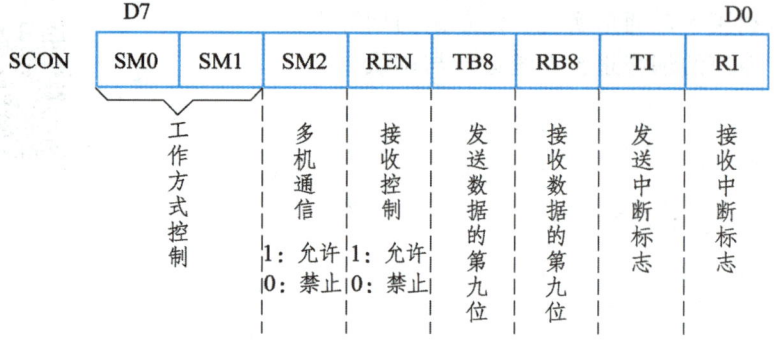

图 3.46　SCON 控制字格式

SCON 控制字的各位说明主要包括：

（1）SM0 和 SM1（SCON.7 和 SCON.6）：串行口工作方式选择位，可以设置串行口的四种工作方式，如表 3.4 所示。

表 3.4　串行口的工作方式

SM0	SM1	方式	说明	波特率
0	0	0	移位寄存器	固定 $f_{osc}/12$
0	1	1	10 位异步收发（8 位数据）	可变
1	0	2	11 位异步收发（9 位数据）	固定 $f_{osc}/64$ 或 $f_{osc}/32$
1	1	3	11 位异步收发（9 位数据）	可变

（2）SM2（SCON.5）：多机通信控制位，用于方式 2 和方式 3。当 SM2=0 时表示禁止多机通信，当 SM2=1 时表示允许多机通信。

（3）REN（SCON.4）：允许接收控制位，相当于串行接收的控制开关。当 REN=1 时表示允许接收数据，当 REN=0 时表示禁止接收数据。如果要使单片机能接收数据，必须在初始化时使 REN=1。

（4）TB8（SCON.3）：发送数据的第 9 位。在方式 2 和方式 3 中，根据数据的需要由软件置 1 或清 0，它可作为奇偶校验位，也可在多机通信中作为发送地址帧或数据帧的标志位。如果 TB8=1 则表示该帧是地址，如果 TB8=0 则表示该帧是数据。在方式 0 和方式 1 中，该位未使用。

（5）RB8（SCON.2）：接收数据的第9位。在方式2和方式3中，接收的第9位数据存储于RB8。

（6）TI（SCON.1）：发送中断标志，在一帧数据发送完后被自动置位。在方式0中串行发送到第8位数据结束或其他方式中发送到停止位时由硬件自动置1，可由软件查询。该标志同时向中断系统提出申请，表明数据已经发送完。单片机响应该中断后，该标志不会自动清0，必须由软件清0，以免再次中断。

（7）RI（SCON.0）：接收中断标志。在接收到一帧数据后被自动置位。在方式0中串行接收到第8位数据结束或其他方式中接收到停止位时由硬件自动置1，可由软件查询。接收中断标志同时向中断系统提出申请，表明一帧数据已经成功接收完毕，要求CPU取走该数据，单片机响应该中断并取走该数据后，该标志不会自动清0，必须由软件清0，以免再次中断。

为了使单片机工作在串口通信方式1发送数据，可以设置SCON=0x40即可。

（三）电源与波特率选择寄存器PCON

电源与波特率选择寄存器PCON中只有D7位SMOD与串行通信有关，由表3.4可知，在方式1、方式2、方式3中决定移位时钟是否需要增倍。当SMOD=1时，波特率乘2。电源与波特率选择寄存器PCON不能按位单独对SMOD进行设置，只能以字节寻址方式对PCON寄存器进行设置。

电源与波特率选择寄存器PCON的控制字格式如图3.47所示。

图3.47　PCON控制字格式

在串行通信中，收发双方对发送和接收数据的速率必须事先约定。通过软件编程可对单片机串行口的工作方式和波特率等参数进行设置，其中方式0和方式2的波特率是固定的，而方式1和方式3的波特率是可变的，由T1的溢出率决定。

由于移位时钟的来源不同，各种工作方式的波特率计算公式主要包括：

（1）工作方式0的波特率。

$$波特率 = \frac{f_{osc}}{12}$$

工作方式0的速度最快，一般用于I/O端口扩展。

（2）工作方式1的波特率。

$$波特率 = \frac{2^{SMOD}}{32} \times T1溢出率$$

（3）工作方式 2 的波特率。

$$波特率 = \frac{2^{\text{SMOD}}}{64} \times f_{\text{osc}}$$

（4）工作方式 3 的波特率。

$$波特率 = \frac{2^{\text{SMOD}}}{32} \times T1溢出率$$

常用的串行口波特率以及各种参数选取表 3.5 所示。
本任务中设置波特率大小的程序如下：

```
TMOD=0x20;        //定时器 1 工作于方式 2
TL1=0xf4;         //波特率为 2 400 b/s，设定定时器初始值
TH1=0xf4;
TR1=1;            //启动定时器
SCON=0x40;        //定义串行口工作于方式 1
```

对照表 3.5 可知，串行口的波特率为 2 400 bps，f_{osc} 为 11.059 2 MHz。

表 3.5　串行口常用波特率及各种参数

串行口工作方式	串行口		f_{osc}/MHz	定时器 T1		
	波特率(b/s)	SMOD		C/T	工作方式	初值
工作方式 1 和方式 3	62.5K	1	12	0	2	FFH
	19.2K	1	11.059 2	0	2	FDH
	9 600	0	11.059 2	0	2	FDH
	4 800	0	11.059 2	0	2	FAH
	2 400	0	11.059 2	0	2	F4H
	1 200	0	11.059 2	0	2	E8H
	19.2K	1	6	0	2	FEH
	9 600	1	6	0	2	FDH
	4 800	0	6	0	2	FDH
	2 400	0	6	0	2	FAH
	1 200	0	6	0	2	F3H
	600	0	6	0	2	E6H
	110	0	6	0	2	72H

二、串口工作过程

甲机发送数据时先对串行口控制寄存器 SCON 进行设置，然后设定波特率，接着把要发送的数据写入串行口发送缓冲器 SBUF 中，再从 TXD 端一位一位地向乙机发送，发送完一帧数据后置中断标志位 TI 为 1。

乙机接收数据时先对串行口控制寄存器 SCON 进行设置，然后设定波特率，RXD 端一位一位地接收甲机的数据，接收完一帧数据后置中断标志位 RI 为 1，通知 CPU，再将接收缓冲器 SBUF 中的数据读入。

三、双机通信电路分析

双机通信烟雾报警器电路如图 3.48 所示。甲机 AT89C51 作为通信的发送端，将烟雾传感器所测得的实时烟雾浓度数据发送给乙机 AT89C51。乙机 AT89C51 接收到烟雾浓度数据后，可通过柱状 LED 灯排显示接收到的数据。当烟雾传感器所测得的烟雾浓度超过烟雾浓度上限 1 500 ppm 时进行报警。当滑动变阻器 RV1 的电阻值设置为总电阻值的 28%时，烟雾传感器输出电压为 1.4 V，表明烟雾浓度达到 1 407 ppm，柱状 LED 灯排显示 057FH，P1 口的柱状 LED 灯排 U5 显示高 8 位，P2 口的柱状 LED 灯排 U4 显示低 8 位；当滑动变阻器 RV1 的电阻值设置为总电阻值的 30%时，烟雾传感器输出电压导致系统开始报警，表明此时烟雾浓度已达到 1 504 ppm。

从 Proteus 中选取的元器件清单主要包括：

（1）U1、U3：AT89C51，单片机。
（2）R1、R3：RES，电阻 10 kΩ。
（3）R2：RES，电阻 210 Ω。
（4）C1、C2、C4、C5：CAP，电容 22 pF。
（5）C3、C6：CAP-ELEC，电解电容 10 μF。
（6）U2：ADC0832，AD 转换器。
（7）D1：LED-YELLOW，黄色发光二极管。
（8）X1、X2：CRYSTAL，晶体振荡器 12 MHz。
（9）U4、U5：LED-BARGRAPH-GRN，柱状 LED 灯排。
（10）RV1：POT-HG，电位器 1 kΩ，代替烟雾传感器。
（11）V1：DC VOLTMETER，直流电压表。
（12）Q1：NPN，三极管。

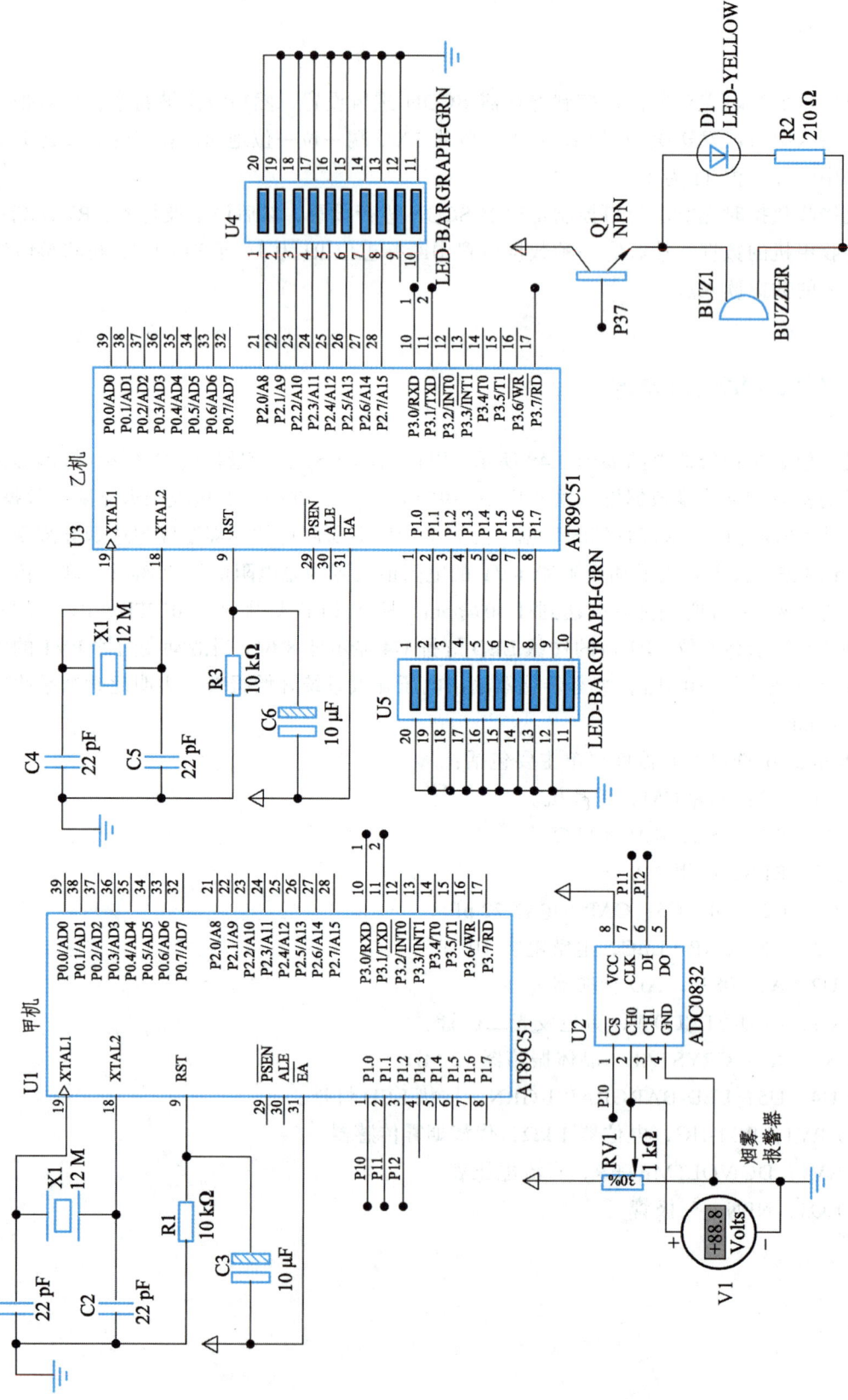

图 3.48 双机通信烟雾报警器电路图

四、参考程序

甲机的参考程序如下:

```c
#include <reg51.h>
#include "intrins.h"
#define uint unsigned int
#define uchar unsigned char
sbit ADCS =P1^0;            //ADC0832 片选
sbit ADCLK =P1^1;           //ADC0832 时钟
sbit ADDI=P1^2;             //ADC0832 数据输入
sbit ADDO =P1^2;            //ADC0832 数据输出
unsigned int smog=0;        //定义一个无符号整型变量 smog,存放烟雾浓度

//烟雾传感器采集子程序
unsigned int MQ2(unsigned char channel)
{
    uchar i=0;
    uchar j;
    uint dat=0;
    uchar ndat=0;
    uchar Vot=0;

    if(channel==0)
        channel=2;
    if(channel==1)
        channel=3;
    ADDI=1;
    _nop_( );
    _nop_( );
    ADCS=0;                                   //拉低 CS 端
    _nop_( );
    _nop_( );
    ADCLK=1;                                  //拉高 CLK 端
    _nop_( );
    _nop_( );
    ADCLK=0;                                  //拉低 CLK 端,形成下降沿 1
    _nop_( );
    _nop_( );
```

```c
        ADCLK=1;                              //拉高 CLK 端
        ADDI=channel&0x1;
        _nop_( );
        _nop_( );
        ADCLK=0;                              //拉低 CLK 端，形成下降沿 2
        _nop_( );
        _nop_( );
        ADCLK=1;                              //拉高 CLK 端
        ADDI=(channel>>1)&0x1;
        _nop_( );
        _nop_( );
        ADCLK=0;                              //拉低 CLK 端，形成下降沿 3
        ADDI=1;                               //控制命令结束
        _nop_( );
        _nop_( );
        dat=0;
        for(i=0;i<8;i++)
        {
            dat|=ADDO;                        //收数据
            ADCLK=1;
            _nop_( );
            _nop_( );
            ADCLK=0;                          //形成一次时钟脉冲
            _nop_( );
            _nop_( );
            dat<<=1;
            if(i==7)dat|=ADDO;
        }
        for(i=0;i<8;i++)
        {
            j=0;
            j=j|ADDO;                         //收数据
            ADCLK=1;
            _nop_( );
            _nop_( );
            ADCLK=0;                          //形成一次时钟脉冲
            _nop_( );
            _nop_( );
            j=j<<7;
```

```c
                ndat=ndat|j;
            if(i<7)
                ndat>>=1;
    }
    ADCS=1;                            //拉低 CS 端
    ADCLK=0;                           //拉低 CLK 端
    ADDO=1;                            //拉高数据端,回到初始状态
    dat<<=8;
    dat|=ndat;

    return(dat);                       //return ad data
}

//主函数
void main( )
{
    uchar a,b;                         //定义 2 个无符号字节型变量 a,b
    float voltage = 0;                 //定义一个浮点型变量 voltage,用于存放 AD 转换后的电压
    TMOD=0x20;                         //串口初始化
    TL1=0xf4;
    TH1=0xf4;
    TR1=1;
    SCON=0x40;
    while(1)
    {
        voltage=MQ2(0);                //采集电压信号,使用 ADC0832 的 CH0 通道
        smog=(voltage*7.6+100)/100;    //将电压值转换为对应烟雾浓度公式
        a=(smog>>8)&0xff;              // smog 时整型变量,串口传输时以字节为单位
        b=smog&0xff;                   //a 用于存放 smog 的高 8 位,b 用于存放低 8 位
        SBUF=a;
        while(TI==0);
            TI=0;
        _nop_( );
        _nop_( );
        SBUF=b;
        while(TI==0);
            TI=0;
        _nop_( );
        _nop_( );
```

        }
}

乙机的参考程序如下:

```c
#include <reg51.h>
#include "intrins.h"
#define uint unsigned int
#define uchar unsigned char
uchar a,b;
uint smog=0;
sbit buzz=P3^7;
//主函数
void main( )
{
        TMOD=0x20;              //定时器1工作于方式2
        TL1=0xf4;               //波特率定义
        TH1=0xf4;
        TR1=1;
        SCON=0x40;
        while(1)
        {
                REN=1;                  //接收允许
                while(RI==0);           //查询等待接收标志为1,表示接收到数据
                a=SBUF;                 //接收数据
                RI=0;                   //RI由软件清0
                _nop_( );
                _nop_( );

                while(RI==0);           //查询等待接收标志为1,表示接收到数据
                b=SBUF;                 //接收数据
                RI=0;                   //RI由软件清0
                _nop_( );
                _nop_( );
                P1=a;
                P2=b;
                smog=(a<<8)|b;
                if(smog>=1500)          //判断当烟雾值大于或者等于设置的阈值则报警
                {
```

```
                buzz=1;
        }
        else                    //其他情况均不报警
        {
                buzz=0;
        }
    }
}
```

任务实施

一、实训室操作规程

实训室的操作规程主要包括：

（1）使用者必须遵守机房规章制度，服从管理人员的指挥。未经负责人员同意，任何人不得私自进入机房或使用机房内任何设备。

（2）禁止将食物、饮料带入机房，禁止在机房内吸烟、谈笑、打闹、随地吐痰。

（3）不得在机房计算机上安装和卸载软件；严禁修改计算机系统设置；不得使用计算机做与教学无关的事，如看电视剧、看电影、打游戏等。

（4）在规定的范围内操作机器，爱护设备，严禁私自移动、拆卸机箱及外部设备，在操作过程中如遇设备故障，应及时报告管理人员，不得擅自处理。凡人为破坏设备者，后果自负。

（5）自觉保护机房设备，下课后自觉正确关闭计算机，按操作流程整理好自己使用过的键盘、鼠标、椅子、桌子，带走私人物品（包括产生的垃圾）。私人物品丢失，责任自负。

（6）机房卫生由使用班级负责打扫，任课老师负责监督。

（7）不得将电水壶、热得快、手机充电器等使用220 V电源的用电器带入机房。

二、设备检查

根据实验内容，记录设备检查内容以及设备所在位置。

三、绘制电路和编译程序

根据实验内容，绘制实验电路、编译程序并记录所遇到的问题、分析实验故障。

四、拓展

本项目的控制电路中加入红外报警电路，那么该如何修改单片机的控制程序。

五、思考

（一）如果利用液晶屏显示烟雾浓度，那么应该如何修改单片机控制程序？

（二）简述 ADC0832 的特性。

安全提示

1. 请严格遵守实训室操作规程。
2. 按照实训室 7S 管理要求规范操作。

注意事项

请注意双机通信实验不能使用软件联调的方法，每个单片机都要单独加载程序。请参考附录 A、附录 B 编写程序并进行调试。

知识链接

一、单片机的串口通信方式

单片机的串行通信方式一般有单工通信方式、半双工通信方式和双工通信方式，主要包括：
（1）单工通信方式。

单工通信方式是指在同一条数据线上，只允许单向传输数据，即数据只能由一方传送给另一方。单工的串口通信方式如图 3.49 所示。

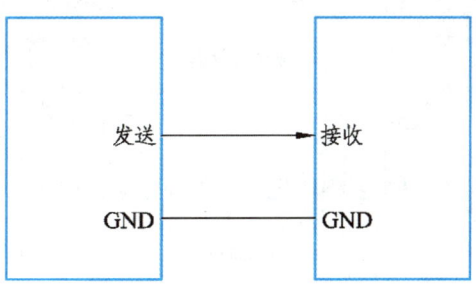

图 3.49　串口的单工通信方式

(2) 半双工通信方式。

半双工通信方式是指在同一条数据线上,在某一时间段内数据只能由甲方传送给乙方,但是在另一时间段内数据可以由乙方传送给甲方。由此可见,串口通讯采用半双工通信方式,在不同时间段可以实现双工通信;但是在某一时间段内,数据只能单方向传送。串口的半双工通信方式如图 3.50 所示。

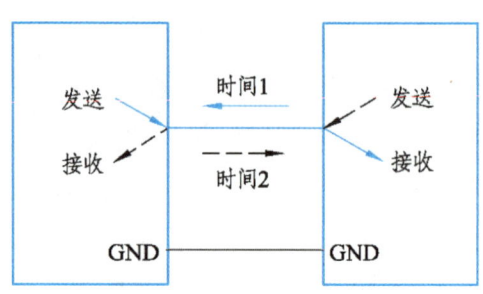

图 3.50　串口的半双工通信方式

(3) 全双工通信方式。

全双工通信方式是指在**两条不同的数据线**上,在相同的时间段上也能实现双向通信。由于有两条数据线,发送数据和接收数据互不干扰,可以同时进行。串口的全双工通信方式如图 3.51 所示。

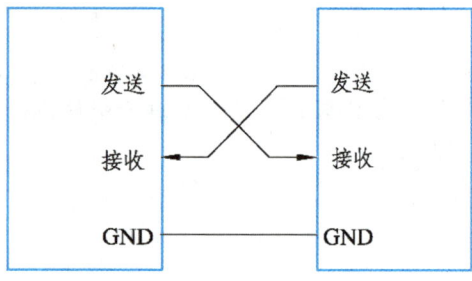

图 3.51　串口的全双工通信方式

二、异步通信的通信协议和格式

(一) 异步通信的字符帧

异步通信的整体格式如图 3.52 所示,其通信格式的各位说明主要包括:

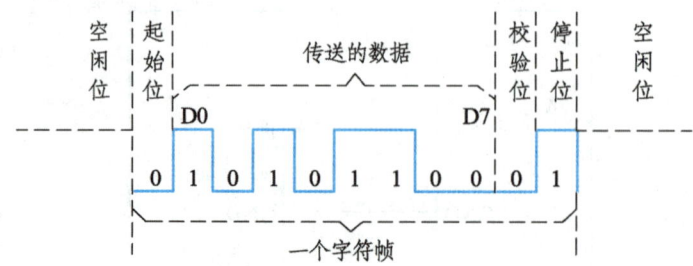

图 3.52　异步通信的整体格式

(1)起始位。

为了实现异步传输字符的同步,采用的办法是使数据线在空闲时保持高电平,在传送每个字符前先发送一位低电平,称为起始位,以通知接收方准备接收数据。因此,传送的每一个字符都用起始位来进行收发双方的同步。

(2)数据位。

数据位是指传送的 5~8 位数据,常见的为一个字节(8 位)的数据,数据传送时低位在前,高位在后。

(3)奇偶校验位。

奇偶校验位是指接收方为了检验数据的正确性,在数据发送完后发送一位奇偶校验位。如在发送方将程序状态字 PSW 中的 P 标志作为校验位发送,在接收方接收到数据和校验位后再用接收到数据产生的 P 标志和接收到的校验位进行比较,如果相同则表明接收的数据正确,如果不相同则表明接收的数据出错。

(4)停止位。

停止位是表示数据结束并为下一次数据传送的起始位作好准备,一般发送 1 位或 2 位的高电平作为停止位。

(二)异步通信的数据传输

在数据传送开始前,数据线始终保持高电平不变(空闲位),接收方不断地检测数据线的高低电平状态。当发送方开始发送数据前先发送起始位,将数据线拉低为低电平。当接收方检测到低电平后,表示数据传送即将开始,作好数据接收准备,准备统计接收数据位数。发送方发送完起始位后便发送数据的最低位 D0,接收方按事先约定的速率和节拍同步地将数据 D0 移入移位寄存器,将数据位数计数器加 1。依据相同的原理继续发送和接收其他的数据位,当数据位发送到最高位 D7 时,由于数据位数计数器达到预先约定值,便将接收到的数据组合为一个字节。接下来发送和接收校验位和停止位,为下一次数据传送作好准备。

波特率指数据的传送速率,表示每秒钟传送二进制数据的位数和数据通信的快慢,单位为 b/s。假设数据传送速率为 120 字符/秒,每个字符包含 10 位(1 位起始位、8 位数据、1 位停止位),这时通信的波特率为:

$$10\text{b/字符} \times 120 \text{ 字符/s} = 1\,200 \text{ b/s}$$

异步串行通信的波特率一般为 50~19 200 b/s。MCS_51 系列单片机有一个可编程的全双工串行通信口,既可作为 UART(通用异步收发器)使用,又可用作同步移位寄存器,使用该串行口可以实现单片机之间以及单片机与 PC 机之间的单机或多机通信。异步串行通信通过引脚 TXD(P3.1,串行数据发送引脚)发送数据,通过 RXD(P3.0,串行数据接收引脚)接收数据,其帧格式可以是 8 位、10 位、11 位,可以设置不同的波特率,给串行数据的传送带来很大的灵活性。

> 阅读材料

串口的其他工作方式

一、工作方式 0

串行口的工作方式 0 为移位寄存器工作方式，主要用于扩展并行输入口或输出口，解决单片机 I/O 端口不够用的问题。数据由 RXD 引脚输入或输出，同步移位时钟由 TXD 引脚输出。发送和接收均为 8 位数据，低位在先、高位在后。波特率较高，固定为 $f_{osc}/12$。串口的工作方式不适用于在 2 个 8051 单片机之间直接进行数据通信，但可以通过外接移位寄存器来实现单片机 I/O 口的扩展。

（一）工作方式 0 输出（发送）

对发送数据缓冲器 SBUF 写入一个数据，启动串行口工作方式 0 的发送过程。由 RXD 引脚将第一位数据 D0 输送给串入并出移位寄存器的数据输入端，同时内部定时逻辑以机器周期的速率由 TXD 引脚输出移位时钟给串入、并出移位寄存器的时钟端。经过 8 个机器周期后，发送的数据全部由发送数据缓冲器 SBUF 移出到串入并出移位寄存器的并行数据输出端，将发送标志 TI 设置为 1，实现输出 I/O 口的扩展。工作方式 0 发送数据的电路图及波形图如图 3.53 所示。

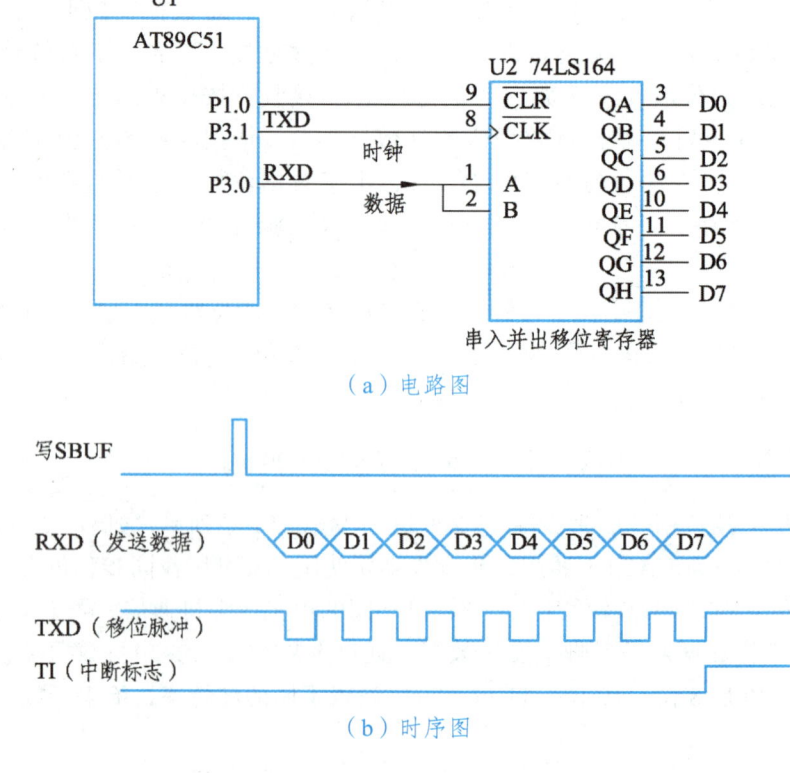

图 3.53 方式 0 发送数据

（二）工作方式0输入（接收）

当串行口控制寄存器 SCON 的接收允许位 REN＝1，同时接收中断标志 RI=0，启动串行口工作方式 0 的接收过程。当需要输入外部数据时，由单片机的 P1.0 引脚输出低电平，控制并入、串出移位寄存器 74LS165 的 SH/$\overline{\text{LD}}$ 端，装入要输入的数据，然后将单片机的 P1.0 引脚设置为高电平，使移位寄存器 74LS165 的 SH/$\overline{\text{LD}}$ 为高电平，该寄存器工作于移位寄存器工作方式。TXD 引脚在机器周期为速率的移位时钟驱动下，将数据由 RXD 引脚输入到单片机的接收缓冲器 SBUF 中，将中断标志 RI 设置为 1。如要需要再次接收数据，必须由软件将 RI 清 0。工作方式 0 接收数据的电路图及波形图如图 3.54 所示。

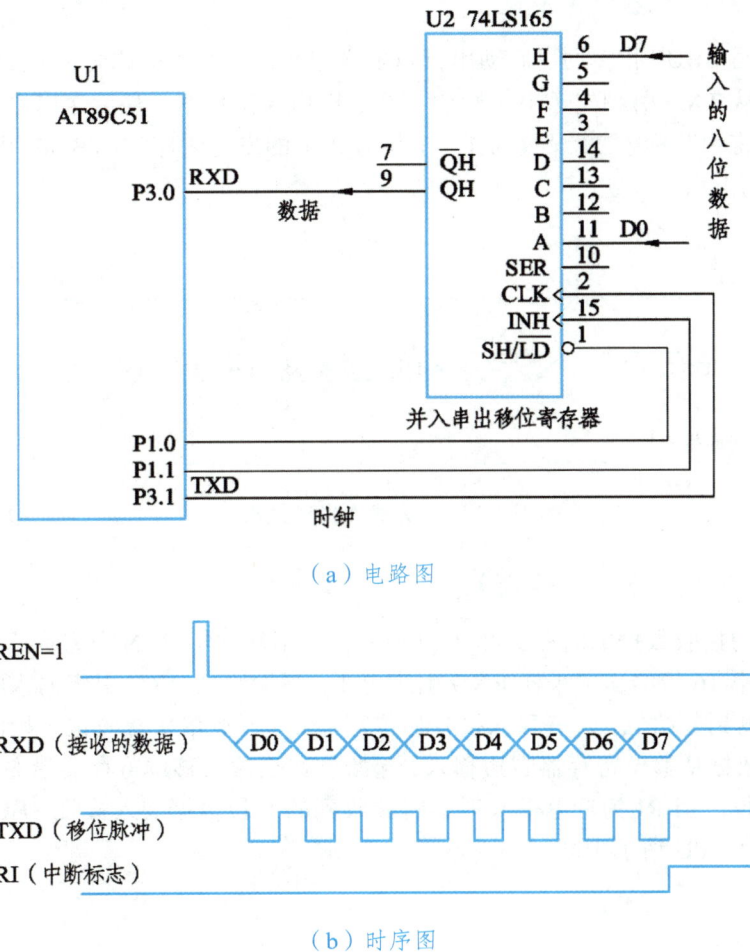

（a）电路图

（b）时序图

图 3.54　方式 0 接收数据

二、工作方式 1

串行口的工作方式 1 为十位数据的异步通信方式，TXD 引脚为数据发送引脚，RXD 引脚为接收数据引脚，传送一帧数据的格式如图 3.55 所示，其中 1 位为起始位，8 位为数据位，1 位为停止位。

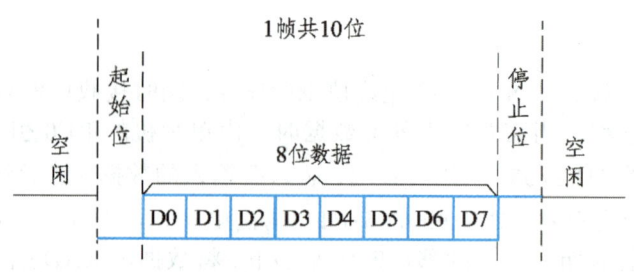

图 3.55　方式 1 帧格式

（一）工作方式 1 输出（发送）

当执行一条写 SBUF 指令时，启动串行口发送过程。在发送移位时钟（由波特率确定，可变）的同步下，从 TXD 引脚先送出起始位，然后送出 8 位数据，最后送出停止位。一帧十位数据发送完后，将中断标志 TI 设置为 1。工作方式 1 的发送时序如图 3.56 所示，工作方式 1 的波特率由 T1 的溢出率决定。

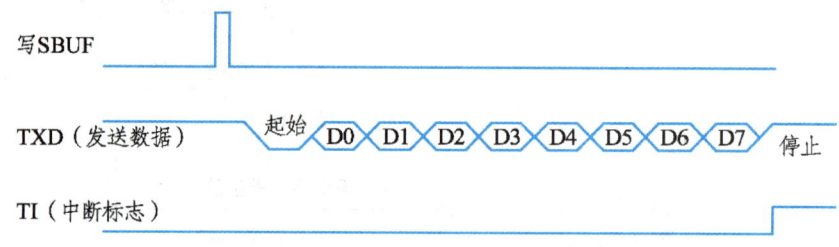

图 3.56　方式 1 发送数据

（二）工作方式 1 输入（接收）

工作方式 1 的接收数据的时序如图 3.57 所示。利用软件将 REN 设置为高电平 1 时，接收器以所选择波特率 16 倍的速率采样 RXD 引脚电平。当检测到 RXD 引脚输入电平发生负跳变时，说明已经检测到起始位，将其移入接收移位寄存器，开始依次接收这一帧的其他数据位。在接收过程中，数据从移位寄存器右边移入，起始位移至输入移位寄存器最左边时，控制电路进行最后一次移位。当 RI 为低电平 0 时，将接收到的 8 位数据装入接收 SBUF 中，将 RI 设置为高电平 1，向 CPU 请求中断。

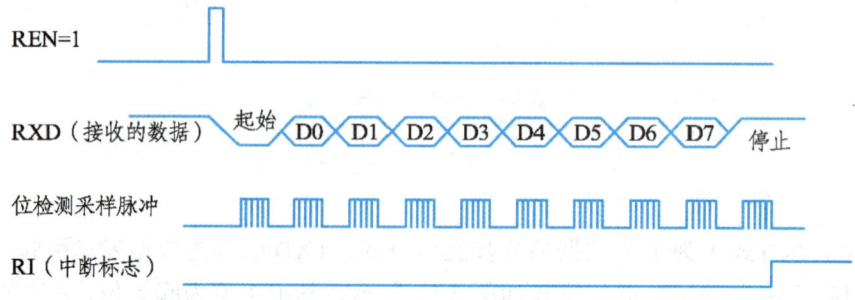

图 3.57　方式 1 接收数据

三、工作方式 2 和工作方式 3

串行口工作方式 2 和串行口工作方式 3 为 11 位数据异步通信方式，TXD 引脚为数据发送引脚，RXD 引脚为接收数据引脚。传送一帧数据的格式如图 3.58 所示，其中 1 位为起始位，8 位为数据位，1 位为附加位（发送时为 SCON 中的 TB8，接收时为 RB8），1 位为停止位。串行口工作方式 2 的波特率固定为 $f_{osc}/64$ 或 $f_{osc}/32$，串行口工作方式 3 的波特率由定时器 T1 的溢出率决定。

图 3.58　一帧数据格式

（一）工作方式 2 和工作方式 3 输出

当 CPU 执行一条写 SBUF 指令时，启动串行口发送过程。在发送移位时钟的同步下，从 TXD 引脚先送出起始位，然后送出 9 位数据（含 1 位附加位 TB8），最后是停止位。一帧 11 位数据发送完后，将中断标志 TI 设置为高电平 1。工作方式 2 和工作方式 3 的发送时序如图 3.59 所示。工作方式 2 的波特率固定，工作方式 3 的波特率由 T1 的溢出率决定。

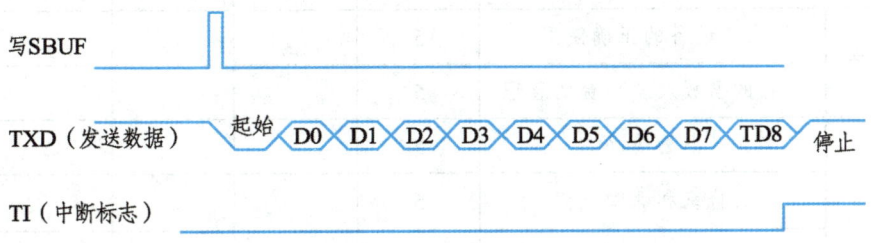

图 3.59　方式 2 和方式 3 发送数据

（二）工作方式 2 和工作方式 3 输入

工作方式 2 和工作方式 3 的接收时序如图 3.60 所示。利用软件将 REN 设置为高电平 1 时，接收器以所选择波特率的 16 倍速率采样 RXD 引脚电平。当检测到 RXD 引脚输入电平发生负跳变时，表明已经检测到起始位，将其移入接收移位寄存器并开始依次接收这一帧的其他数据位。在接收过程中，数据从移位寄存器右边移入，起始位移至输入移位寄存器最左边时，控制电路进行最后一次移位。当 RI=0 且 SM2=0（或接收到第 9 位数据为高电平 1）时，将接收到的 9 位数据中前 8 位数据装入接收 SBUF 中，第 9 位进入 RB8，将 RI 设置为高电平 1，向 CPU 请求中断。

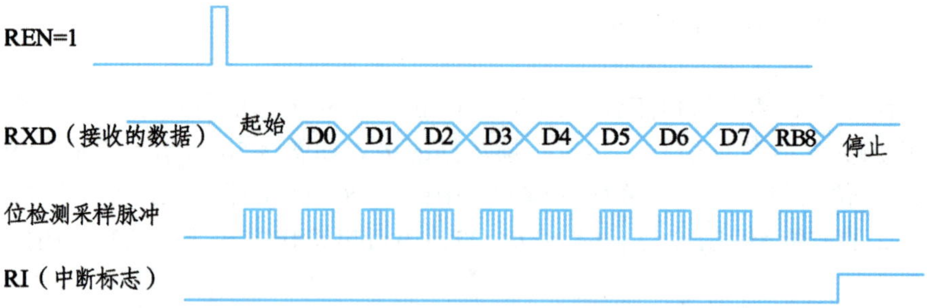

图 3.60　方式 2 和方式 3 接收数据

教学评价

对学生在实践操作过程中的表现进行评价，完成表 3.6 所示的教学评价表。

表 3.6　教学评价表

评价项目	项目评价内容	分值	自我评价	小组评价	教师评价	得分
仿真操作	正确绘制电路	20				
	正确编译程序	20				
拓展操作	能完成拓展项目	20				
小组提问	简述任务操作要点	10				
	简述程序组成部分	5				
安全文明生产	实验设备的正确使用	5				
	设备的摆放及实训台的整理	5				
学习态度	出勤情况	5				
	实验室和课堂纪律	5				
	团队协作精神	5				

项目四

环境温湿度测量

项目描述

温湿度测量系统可广泛应用于科研、工业、农业、食品、医药、化工等环境温度和湿度的测量和控制。本项目从温湿度传感器拓展到环境温湿度测量系统设计并引入 A/D 转换。

本项目分为模数转换二进制、环境温度测量、环境湿度测量 3 个任务，通过学习进一步掌握利用单片机进行环境温湿度测量的开发流程。

知识目标

1. 掌握 A/D 转换的概念、功能及应用。
2. 掌握 TMOD 和 TCON 寄存器相关知识。
3. 掌握 DS18B20 的内部结构与引脚功能。
4. 掌握 ADC0809 的作用与引脚功能。
5. 掌握 HSU-07 的作用与引脚功能。
6. 了解 SHT11 的作用与引脚功能。
7. 了解环境温湿度测量系统设计方法。
8. 能够利用单片机仿真软件完成 3 个任务。

技能目标

1. 能完成模数转换电路设计以及 C 语言程序设计和调试运行。
2. 能完成环境温度测量电路设计以及 C 语言程序设计和调试运行。
3. 能完成环境湿度测量电路设计以及 C 语言程序设计和调试运行。

素质目标

1. 严格执行实验室 7S 管理要求。
2. 培养良好的职业素养和劳动习惯。
3. 增强团队意识和创新意识。
4. 养成实事求是的科学态度。
5. 培养战胜困难的自信心。
6. 养成独立思考的习惯。
7. 培养质疑精神和创新精神。

任务一　模数转换二进制

任务目标

1. 掌握 A/D 转换的概念、功能及应用。
2. 掌握 TMOD 和 TCON 寄存器相关知识。
3. 利用单片机实现模数转换。

微课：模数转换二进制资源

任务描述

利用 AT89C51 单片机和 ADC0809 将采集到的模拟信号转换成数字信号，模拟信号（模拟电压）由电位器模拟产生，通过 P1 口的 P1.7~P1.0 引脚外接 8 个共阴极 LED 灯来显示，灯亮代表 1，灯灭代表 0。

利用 Proteus 软件，编写程序来完成模数转换实践。

任务准备

一、温湿度传感器

温湿度传感器是一种内置湿敏和热敏元件，能够用来测量温度和湿度的传感器装置，有的具有显示功能，有的不具有显示功能。温湿度传感器具有体积小、性能稳定等特点，被广泛应用于生产生活的各个领域。

一体化的温湿度传感器采用数字集成传感器做为探头、内置信号处理电路，将环境中的温度和相对湿度转换成与之相对应的标准模拟信号，如 4~20 mA、0~5 V 或 0~10 V。一体化的温湿度传感器可以把温度和湿度值的变化转化为电流/电压值的变化，与各种标准模拟量输入的二次仪表连接。

二、模数转换器 ADC0809

在单片机控制系统中，需要采集和处理的外界物理量通常是模拟信号，如温湿度传感器信号就是模拟信号。单片机内部处理的信号一般都是数字信号，所以模拟信号只有通过模数转换器转换为数字信号后单片机才能进行处理，在单片机的输入端需要连接模数转换器。

模数转换器又称为 A/D 转换器，是一种将模拟量转换为与之成比例的数字量的器件，常用 ADC 表示。ADC0809 是美国国家半导体公司生产的 8 通道、8 位逐次逼近式 CMOS 工艺 A/D 模数转换器，其内部有一个 8 通道多路开关，可以根据地址码锁存译码后的信号选通 8 路模拟输入信号中的一路信号进行 A/D 转换。ADC0809 的实物外形和引脚如图 4.1 所示，引脚定义主要包括：

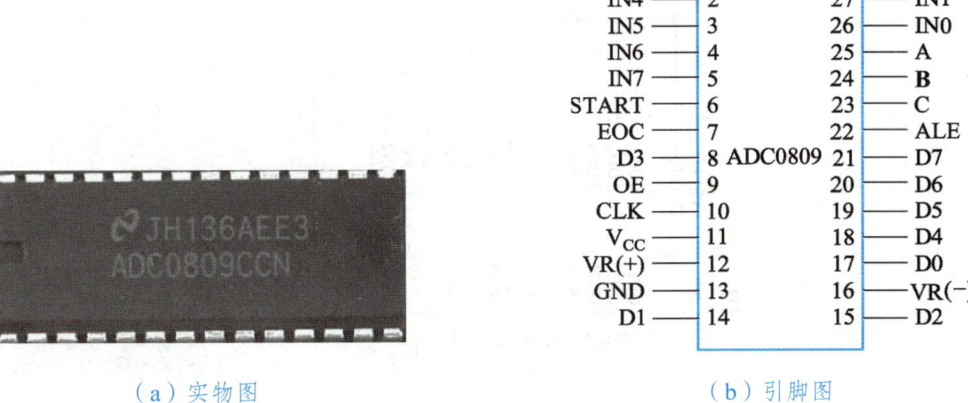

（a）实物图　　　　　　　　　　　　（b）引脚图

图 4.1　ADC0809 实物外形和引脚图

（1）引脚 IN0 ~ IN7：8 路模拟量输入端。

（2）引脚 D0 ~ D7：8 位数字量输出端，可以直接接单片机的 Px.0 ~ Px.7。

（3）引脚 C、B、A：3 位地址选择信号，用于选通 8 路模拟量输入的一路，C 为高位，A 为低位，CBA 的值从 000 ~ 111 则分别选中 IN0 ~ IN7。

（4）引脚 ALE：地址锁存允许信号，信号输入端，高电平有效。当 ALE 为高电平时，允许 CBA 的值所对应通道被选中，把该通道的模拟量送入 A/D 转换器。

（5）引脚 START：A/D 转换启动脉冲信号，输入一个正脉冲（至少 100 ns 宽）使其启动。脉冲上升沿使 A/D 转换器复位，下降沿启动 A/D 转换。

（6）引脚 EOC：A/D 转换结束信号，信号输出端。当 A/D 转换结束时，此端输出一个高电平（转换期间一直为低电平）。

（7）引脚 OE：数据输出允许信号，信号输入端，高电平有效。当 A/D 转换结束时，此端输入一个高电平，才能打开输出三态门输出数字量。

（8）引脚 CLK：外部时钟脉冲信号，时钟频率不高于 640 kHz。ADC0809 内部没有时钟电路，所需时钟信号由外界提供，通常使用频率为 500 kHz 的外部时钟信号。

（9）引脚 VR（+）、VR（-）：标准电压信号，用来与输入的模拟信号进行比较，作为逐次逼近的基准。一般 VR（+）=5 V，VR（-）=0 V。

三、温湿度检测及显示电路设计

模数转换电路如图 4.2 所示，主要由 AT89C51 单片机最小系统、1 片 ADC0809、一个电位器、8 个 LED 构成。AT89C51 单片机 P1 口的 8 个引脚 P1.7 ~ P1.0 分别外接 1 个共阴极 LED 灯，LED 灯阴极通过 220 Ω 的限流电阻接地。ADC0809 通过 IN4 端口采集电位器 RV1 上的模拟电压。ADC0809 的 ADDC 端口接 5 V 电源，ADDB 端口和 ADDA 端口直接接地，选中芯片的 IN4 端口。8 个 LED 亮灭状态所代表的二进制数可以反映电位器 RV1 上电压的大小。

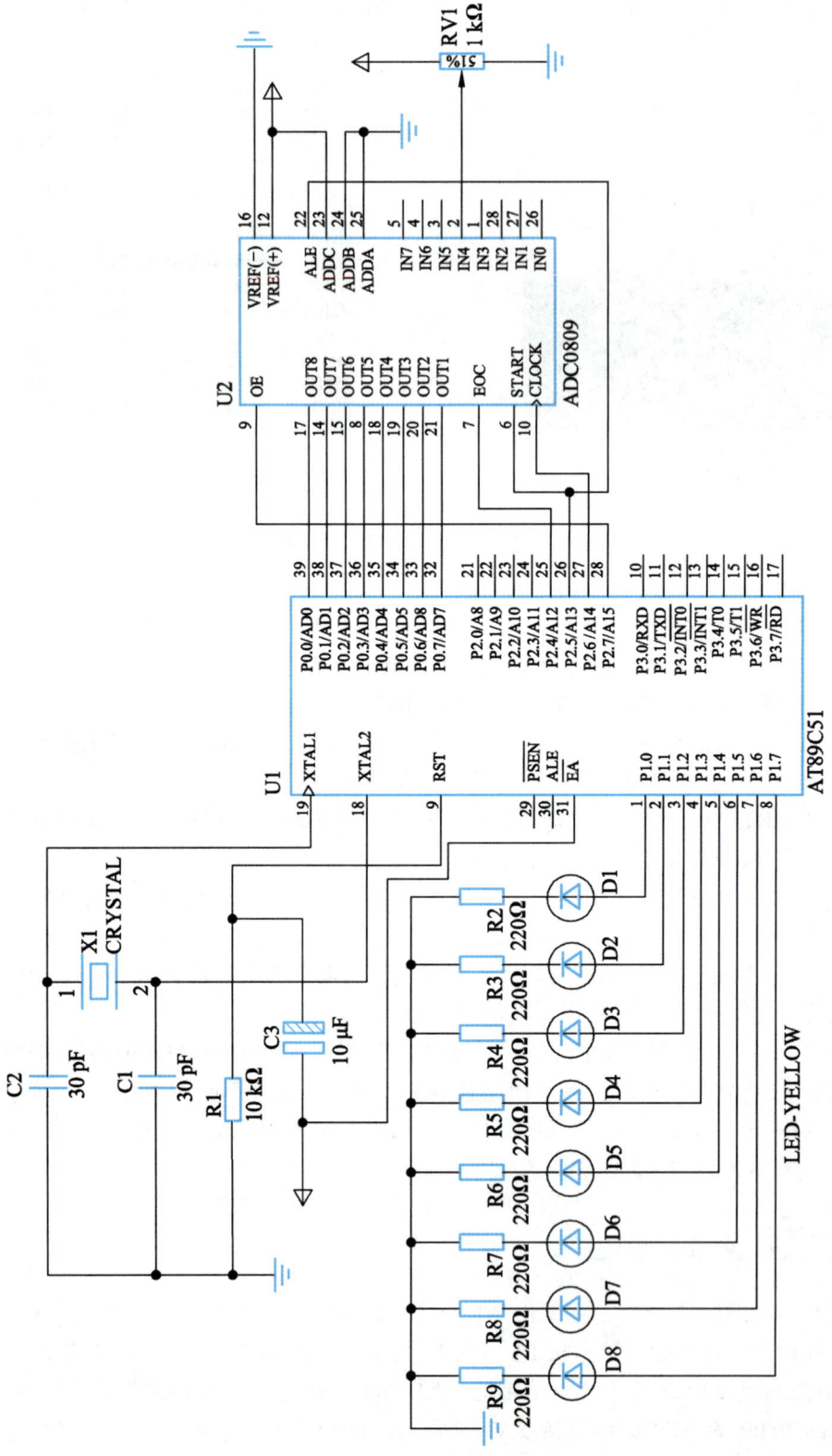

图 4.2 模数转换电路

从 Proteus 中选取的元器件清单主要包括：

（1）U1：AT89C51，单片机。

（2）R1：RES，电阻 10 kΩ。

（3）R2~R9：RES，电阻 220 Ω。

（4）C1、C2：CAP，电容 30 pF。

（5）C3：CAP-ELEC，电解电容 10 μF。

（6）U2：ADC0809，8 位逐次逼近式 A/D 模数转换器。

（7）D1~D8：LED-YELLOW，黄色发光二极管。

（8）X1：CRYSTAL，晶体振荡器 12 MHz。

（9）RV1：POT-HG，电位器 1 kΩ，代替温湿度传感器。

四、温湿度检测与显示的程序设计

电路采用 8 个共阴极的 LED 灯来显示二进制，灯亮代表 1，灯灭代表 0。电位器的变化代表模拟电压变化，通过 8 个 LED 灯的亮灭状态所代表的二进制数来反映被转换的电位器上电压的大小。电位器电压通过 ADC0809 转换成数字量，通过 P0 口送给单片机处理后去控制 LED 灯的亮灭，8 个 LED 灯的亮灭状态就代表了被转换后的二进制。

模数转换二进制参考程序如下：

```c
#include<reg51.h>          // 包含 reg51.h 头文件
#include <intrins.h>       // 包含 intrins.h 头文件
sbit EOC=P2^4;             // 定义 ADC0809 的结束转换端口，连接到 P2.4
sbit START=P2^5;           // 定义 ADC0809 的开始转换端口，连接到 P2.5
sbit CLOCK=P2^6;           // 定义 ADC0809 的时钟端口，连接到 P2.6
sbit OE=P2^7;              // 定义 ADC0809 的输出使能端口，连接到 P2.7
unsigned char temp;        // 用于保存 ADC0809 的转换结果

// 主程序
void main(void)
{
    TMOD=0x02;             // 设置定时器模式，定时器 0 工作在方式 2
    TH0=206;               // 定时器 0 的高 8 位，定时器重载值
    TL0=206;               // 定时器 0 的低 8 位，定时器重载值
    EA=1;                  // 开启全局中断
    ET0=1;                 // 开启定时器 0 中断
    TR0=1;                 // 启动定时器 0
```

```
    while(1)                    // 主循环
    {
        START=0;                // 先让开始端口为 0
        START=1;                // 然后将开始端口设为 1，ADC0809 开始启动转换
        START=0;                // 再次设为 0，完成一个转换启动过程
        while(EOC==0);          // 等待转换结束，当 EOC 端口为 1 时，表明转换已经结束
        OE=1;                   // 打开输出使能端口，ADC0809 的转换结果输出到 P0 口
        temp=P0;                // 读取 P0 口的值，即 ADC0809 的转换结果
        P1=temp;                // 将转换结果输出到 P1 口
        _nop_( );               // 空操作，延迟一段时间
        _nop_( );               // 空操作，延迟一段时间
    }
}

// 定时器 0 中断服务程序，每当定时器 0 溢出时，这个函数就会被执行
void t0(void) interrupt 1 using 0


{
    CLOCK=~CLOCK;               // 翻转 CLOCK 端口的值，生成 ADC0809 时钟信号
}
```

整个程序主要分为两个部分，一个是主程序，另一个是定时器 0 的中断服务程序。主程序主要负责控制 ADC0809 的转换过程和读取转换结果。定时器 0 的中断服务程序负责生成时钟信号，驱动 ADC0809 的转换过程。

任务实施

一、实训室操作规程

实训室的操作规程主要包括：

（1）使用者必须遵守机房规章制度，服从管理人员的指挥。未经负责人员同意，任何人不得私自进入机房或使用机房内任何设备。

（2）禁止将食物、饮料带入机房，禁止在机房内吸烟、谈笑、打闹、随地吐痰。

（3）不得在机房计算机上安装和卸载软件；严禁修改计算机系统设置；不得使用计算机做

与教学无关的事,如看电视剧、看电影、打游戏等。

(4)在规定的范围内操作机器,爱护设备,严禁私自移动、拆卸机箱及外部设备,在操作过程中如遇设备故障,应及时报告管理人员,不得擅自处理。凡人为破坏设备者,后果自负。

(5)自觉保护机房设备,下课后自觉正确关闭计算机,按操作流程整理好自己使用过的键盘、鼠标、椅子、桌子,带走私人物品(包括产生的垃圾)。私人物品丢失,责任自负。

(6)机房卫生由使用班级负责打扫,任课老师负责监督。

(7)不得将电水壶、热得快、手机充电器等使用 220 V 电源的用电器带入机房。

二、设备检查

根据实验内容,记录设备检查内容以及设备所在位置。

三、绘制电路和编译程序

根据实验内容,绘制实验电路、编译程序并记录所遇到的问题、分析实验故障。

四、拓展

（一）如果采用 8 个共阳极 LED，那么如何修改电路？如何修改程序？

（二）如果选择 ADC0809 的 IN2 作为温湿度检测信号的输入端，那么如何修改电路？如何修改程序？

五、思考

（一）A/D 转换器的作用是什么？

（二）简述 ADC0809 的特性。

（三）总结本次任务中遇到的问题及解决方法。

安全提示

1. 请严格遵守实训室操作规程。
2. 按照实训室 7S 管理要求规范操作。

注意事项

绘制电路过程中,放置 LED 时要注意 LED 的方向。

知识链接

一、定时器/计数器工作方式

定时器/计数器 T0 和 T1 通过 TMOD 可设置成定时或计数两种工作模式,每种工作模式通过对 M1、M0 的设置又包括 4 种不同的工作方式:方式 0、方式 1、方式 2、方式 3。T0 和 T1 在方式 0、方式 1、方式 2 时工作情况是相同的,在方式 3 工作时两者的情况不同。T1 不能工作在方式 3。

二、定时器/计数器有关寄存器

T0 和 T1 工作于计数器模式还是定时器模式、以何种方式工作、工作的启/停等都是由软件控制的。用于控制 T0 和 T1 状态的专用寄存器包括工作方式寄存器 TMOD、定时器控制寄存器 TCON。对定时器/计数器控制的实质就是通过软件编程来读/写这些专用寄存器的控制字。

(一)定时器方式寄存器 TMOD

TMOD(地址为 89H)的作用是设置 T0、T1 的工作方式。低 4 位用于控制 T0,高 4 位用于控制 T1。TMOD 寄存器结构如表 4.1 所示,各位控制字的含义主要包括:

表 4.1　TMOD 寄存器结构

TMOD(89H)	D7	D6	D5	D4	D3	D2	D1	D0
位名称	GATE	C/$\overline{T}$	M1	M0	GATE	C/$\overline{T}$	M1	M0
位含义	T1门控位	模式选择位	工作方式选择位		T0门控位	模式选择位	工作方式选择位	
	定时/计数器T1				定时/计数器T0			

(1)GATE:门选通位(门控位),一般设置为 GATE=0。

① GATE=0 时,软件启动定时器。在编程时利用指令使 TCON 中的 TR1(TR0)置 1,

即启动定时器 1（定时器 0）。

② GATE=1：软件和硬件共同启动定时器。在编程时利用指令使 TCON 中的 TR1（TR0）置 1 时，只有外部中断 INT1（INT0）引脚输入高电平时才能启动定时器 1（定时器 0）。

（2）C/$\overline{T}$：功能选择位。

当 C/$\overline{T}$=0 时，以定时器模式工作；当 C/$\overline{T}$=1 时，以计数器模式工作。

（3）M1、M0：方式选择位。

定时器/计数器 T0 和 T1 工作方式选择表如表 4.2 所示。在编程时可以对 M1、M0 进行设置，设置代码如下：

TMOD=0x02;   //00000010 设置定时器模式，定时器 0 工作在方式 2

表 4.2 工作方式选择表

M1	M0	工作方式	功能描述
0	0	方式 0	13 位计数器
0	1	方式 1	16 位计数器
1	0	方式 2	自动重装初值 8 位计数器
1	1	方式 3	定时器 0：分为两个独立的 8 位计数器。定时器 1：无中断的计数器

（二）定时器控制寄存器 TCON

TCON（地址为 88H）的作用是控制定时器的启动与停止，保存 T0、T1 的溢出和中断标志。TCON 寄存器结构如表 4.3 所示，各位控制字的含义主要包括：

表 4.3 TCON 寄存器结构

TCON(88H)	D7	D6	D5	D4	D3	D2	D1	D0
位名称	TF1	TR1	TF0	TR0	IE1	IT1	IE0	IT0
位含义	T1 的溢出中断标志位	T1 的启动停止控制位	T0 的溢出中断标志位	T0 的启动停止控制位	INT1 中断请求标志位	INT1 触发方式控制位	INT0 中断请求标志位	INT0 触发方式控制位
位地址	8FH	8EH	8DH	8CH	8BH	8AH	89H	88H

（1）TF1：T1 溢出标志位。

当定时器 1 计满溢出时，由硬件自动使 TF1 置 1 并申请中断。对该标志位有两种处理方法：

① 以中断方式工作：TF1 置 1 并申请中断，执行完中断自动清 0。

② 以查询方式工作：通过查询该位是否为 1，判断是否溢出。TF1 置 1 后，必须用软件使 TF1 清 0。

（2）TR1：定时器 1 启停控制位。

① GATE=0 时，用软件使 TR1 置 1，启动定时器 1。

② GATE=1 时，用软件使 TR1 置 1 并且外部中断 INT1 的引脚输入高电平才能启动定时器 1。

（3）TF0：定时器 0 溢出标志位，功能与 TF1 相同。

（4）TR0：定时器 0 启停控制位，功能与 TR1 相同。

（5）IE1、IT1、IE0 和 IT0：外部中断、请求及请求方式控制位。

MCS-51 系列单片机复位后，TCON 的所有位被清 0。

三、定时器/计数器的初始化步骤

定时器/计数器是一种可编程部件，在使用定时/计数器前一般都要对其进行初始化以确定其特定的功能工作。初始化的步骤包括：

（1）确定定时器/计数器的工作方式：确定方式控制字并写入 TMOD。

（2）预置定时初值或计数初值：根据定时时间或计数次数，计算定时初值或计数初值，写入 TH0、TL0 或 TH1、TL1。

（3）根据需要开放定时器/计数器的中断：给 IE 中的相关位赋值。

（4）启动定时器/计数器：给 TCON 中的 TR1 或 TR0 置 1。

对定时器/计数器的初始化程序如下：

```
TMOD=0x02;          // 设置定时器模式，定时器 0 工作在方式 2
TH0=206;            // 定时器 0 的高 8 位，定时器重载值
TL0=206;            // 定时器 0 的低 8 位，定时器重载值
EA=1;               // 开启全局中断
ET0=1;              // 开启定时器 0 中断
TR0=1;              // 启动定时器 0
```

阅读材料

DAC0832 数模转换器

在单片机控制系统中，执行器件或被控制器件的控制信号一般都是模拟信号，单片机输出信号一般为数字信号，因此需要将单片机输出的数字信号通过数模转换器转换为模拟信号后才能控制执行元件或被控制器件。数模转换与模数转换相对应，数模转换是模数转换的逆过程。

数模转换器又称为 D/A 转换器，是一种将数字量转换为模拟量输出的器件，用 DAC 表示。DAC0832 是 8 位的 D/A 转换集成芯片，与微处理器完全兼容，芯片具有价格低廉、接口

简单、转换控制容易等特点，在单片机应用系统中得到广泛应用。D/A 转换器内部由 8 位输入锁存器、8 位 DAC 寄存器、转换电路及转换控制电路构成。DAC0832 的实物和引脚如图 4.3 所示，引脚定义主要包括：

（1）DI0～DI7：8 位数据输入端。

（2）ILE：数据锁存允许控制信号输入端，高电平有效。

（3）$\overline{CS}$：片选信号输入线，低电平有效。

（4）$\overline{WR1}$：数据锁存器写选通输入线，负脉冲（脉宽应大于 500 ns）有效。由 $\overline{CS}$、$\overline{WR1}$、ILE 的逻辑组合产生 LE1，当 LE1 为高电平时，数据锁存器状态随输入数据线变换，LE1 的负跳变时将输入数据锁存。

（5）$\overline{XFER}$：数据传输控制信号输入线，低电平、负脉冲有效。

（6）$\overline{WR2}$：DAC 寄存器选通输入线，负脉冲有效。

由 $\overline{WR2}$、$\overline{XFER}$ 的逻辑组合产生 LE2。当 LE2 为高电平时，DAC 寄存器的输出随寄存器的输入而变化，LE2 的负跳变时将数据锁存器的内容输入 DAC 寄存器并开始 D/A 转换。

（a）实物

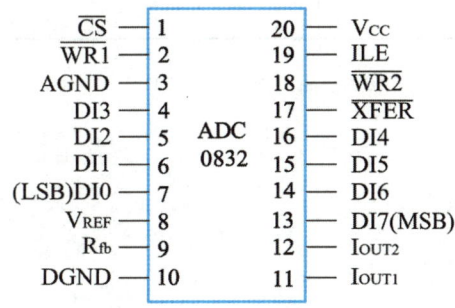
（b）引脚图

图 4.3　DAC0832 实物和引脚图

（7）I_{OUT1}：电流输出端 1，其值随 DAC 寄存器的内容线性变化。

（8）I_{OUT2}：电流输出端 2，其值与 I_{OUT1} 值之和为一常数。

（9）R_{fb}：反馈信号输入线，改变 R_{fb} 端外接电阻值可调整转换满量程精度。

（10）Vcc：电源输入端，Vcc 的范围为 +5 V～+15 V。

（11）V_{REF}：基准电压输入线，V_{REF} 的范围为 −10 V～+10 V。

（12）AGND：模拟信号地。

（13）DGND：数字信号地。

教学评价

对学生在实践操作过程中的表现进行评价，完成表 4.4 所示的教学评价表。

表 4.4 教学评价表

评价项目	项目评价内容	分值	自我评价	小组评价	教师评价	得分
仿真操作	正确绘制电路	20				
	正确编译程序	20				
拓展操作	能完成拓展项目	20				
小组提问	简述任务操作要点	10				
	简述程序组成部分	5				
安全文明操作	实训设备的正确使用	5				
	设备的摆放及实训台的整理	5				
学习态度	出勤情况	5				
	实验室和课堂纪律	5				
	团队协作精神	5				

任务二　环境温度测量

任务目标

1. 掌握 DS18B20 的作用与引脚功能。
2. 理解单总线的协议规范和应用方法。
3. 会利用单片机实现环境温度测量。

微课：温度测量资源

任务描述

使用 AT89C51 单片机，通过温度传感器 DS18B20 进行温度采集，送入单片机 P3 口的 P3.7 引脚，P2 口的 P2.0 ~ P2.7 引脚依次连接到两位共阳极数码管的 8 个引脚上，P3 口的 P3.0 引脚和 P3.1 引脚通过 2 个三极管控制 2 个共阳极数码管的位选端。

利用 Proteus 软件，通过程序完成一款数字温度计的温度实践。

任务准备

一、认识 DS18B20

DS18B20 是美国 DALLAS 公司生产的数字温度传感器，其输出信号为数字信号，通过简单的编程实现 9 位的串行输出，多个 DS18B20 可以并接到多个地址线上与单片机实现通信。DS18B20 具有体积小、硬件开销低、抗干扰能力强、精度高的特点。DS18B20 数字温度传感器接线方便，封装后可应用于多种场合，封装后的 DS18B20 可用于电缆沟测温、高炉水循环测温、锅炉测温、机房测温、农业大棚测温、洁净室测温、弹药库测温等各种非极限温度场合，具有耐磨耐碰、体积小、使用方便、封装形式多样的特点，适用于各种狭小空间设备数字测温和控制。

二、DS18B20 引脚图

DS18B20 的实物和引脚如图 4.4 所示。在 Proteus 中选择 DS18B20 器件的对话框如图 4.5 所示，在"Keywords"中输入"DS18B20"，在"Category"中选择"(All Categories)"。

DS18B20 的引脚定义主要包括：

（1）引脚 1：GND，接地。
（2）引脚 2：DQ，数据输入/输出脚。

（3）引脚 3：V_{DD}，可选的 V_{DD} 引脚。

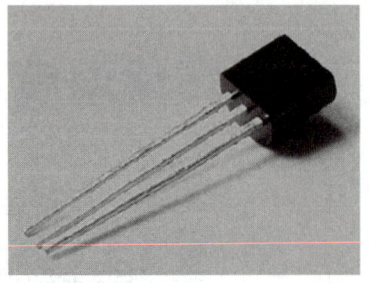 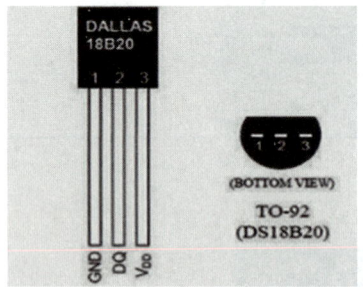

（a）实物　　　　　　　　　　　　　　　（b）引脚图

图 4.4　DS18B20 的实物和引脚

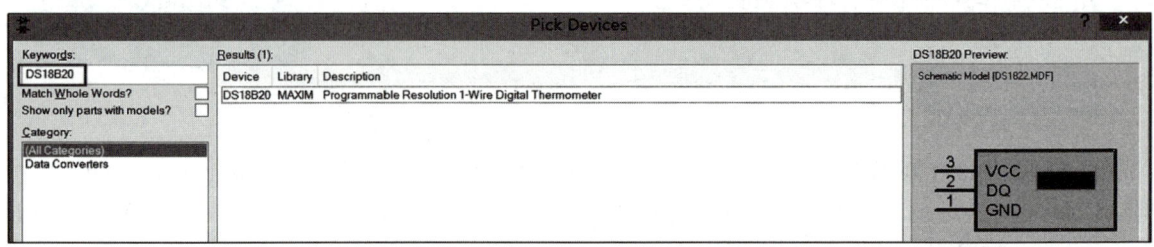

图 4.5　DS18B20 器件选择对话框

三、两位共阳极数码管

两位共阳极数码管可选用 7SEG-MPX2-CA，7SEG 表示七段数码管，MPX2 表示两位，CA 表示共阳。在 Proteus 中选择 7SEG-MPX2-CA 器件的对话框如图 4.6 所示，在"Keywords"中输入"7SEG-MPX2-CA"，在"Category"中选择"(All Categories)"。

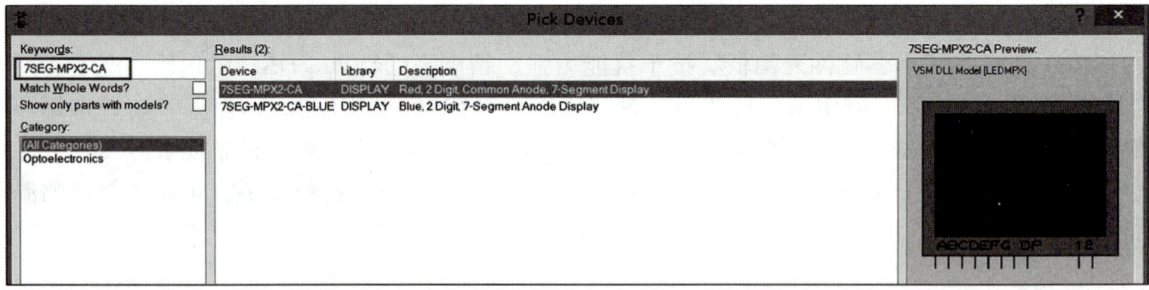

图 4.6　7SEG-MPX2-CA 器件选择对话框

四、单总线的协议及应用

DS18B20 是采用一条数据线实现数据双向传输的 1-Wire 单总线协议方式，协议定义了三种通信时序：初始化时序、读时序和写时序。AT89C51 单片机在硬件上并不支持单总线协议，必须采用软件方法模拟单总线的协议时序来完成与 DS18B20 的通信。由于 DS18B20 是在一根 I/O 线上读数据，因此对读写的数据位有着严格的时序要求。

协议所有时序都是将主机作为主设备，单总线器件作为从设备。每一次命令和数据的传输都是从主机主动启动写时序开始，如果要求单总线器件回送数据，则在进行写命令后主机需启动读时序完成数据接收。数据和命令的传输都是以低位在前的串行方式进行的。

根据 DS18B20 通信协议中初始化时序、写时序和读时序要求，分别编写与之对应的 3 个应用子函数，分别是：

（1）初始化子函数：void init_ds18b20(void)。
（2）写字节子函数：void writebyte(uchar)。
（3）读字节子函数：uchar readbyte(void)。

五、数字温度计电路设计

数字温度计电路如图 4.7 所示，由 AT89C51 单片机最小系统、一片 2 位的共阳极数码管、2 个 NPN 三极管 2N5551 和一片 DS18B20 构成。AT89C51 单片机 P2 口的 P2.0～P2.7 引脚依次连接到两个共阳极数码管的 8 个引脚上，P3 口的 P3.0 和 P3.1 分别通过 1 个电阻和 1 个三极管 2N5551 控制两个共阳极数码管的位选端；温度传感器 DS18B20 进行温度采集，将采集到的信号送入 P3 口的 P3.7。

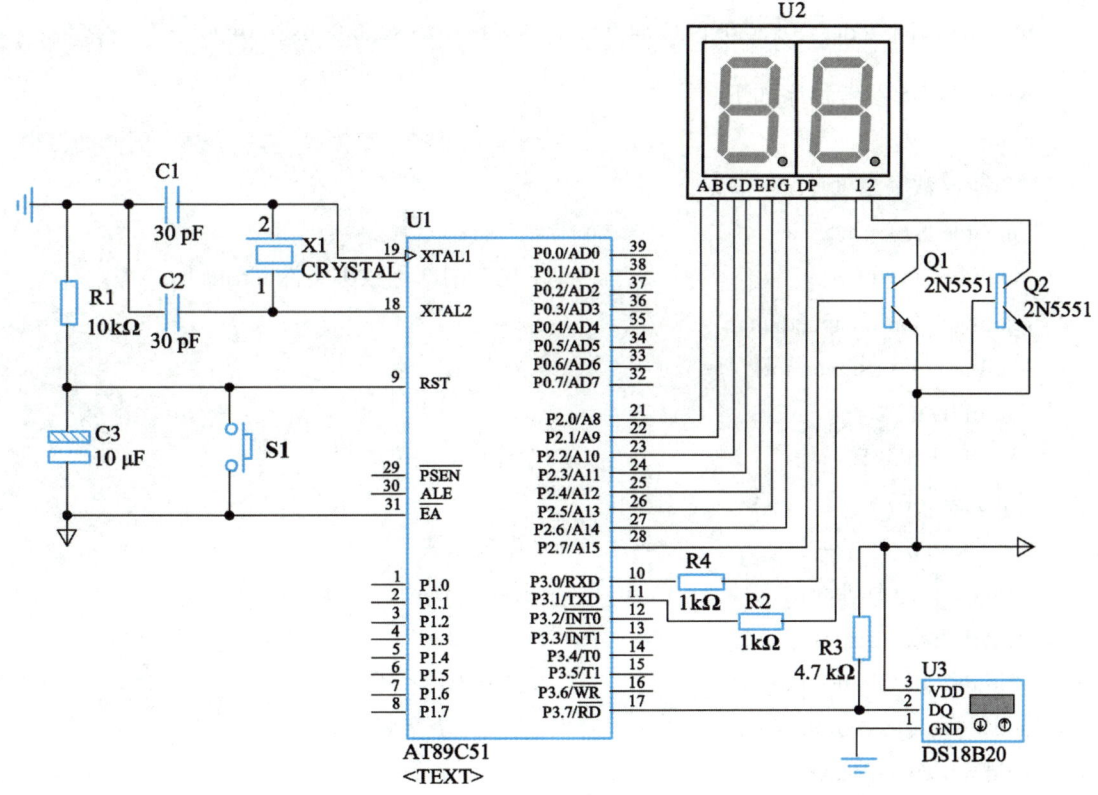

图 4.7 数字温度计电路

从 Proteus 中选取的元器件清单主要包括：

（1）U1：AT89C51，单片机。

（2）R1：RES，电阻 10 kΩ。

（3）R2、R4：RES，电阻 1 kΩ。

（4）R3：RES，电阻 4.7 kΩ。

（5）C1、C2：CAP，电容 30 pF。

（6）C3：CAP-ELEC，电解电容 10 μF。

（7）U2：7SEG-MPX2-CA，两位共阳极数码管。

（8）U3：DS18B20，温度传感器。

（9）S1：BUTTON，按键。

（10）Q1、Q2：2N5551，NPN 三极管。

（11）X1：CRYSTAL，晶体振荡器 12 MHz。

六、数字温度计程序设计

电路采用两位共阳极结构的数码管，位选端通过单片机控制，通过数组来完成 0~9 字型码顺序的排放。通过 P2 口依次输出字型编码，实现两位数码管显示温度。

```
unsigned char led[]={0xc0,0xf9,0xa4,0xb0,0x99,0x92,0x82,0xf8,0x80,0x90};
```

数字温度计参考程序如下：

```
//功能：数字温度计
#include "reg51.h"
#include "intrins.h"                //包含内部函数头文件 intrins.h
#define uchar unsigned char
#define uint unsigned int
#define out P2
sbit smg1=P3^1;                     //温度个位位选端
sbit smg2=P3^0;                     //温度十位位选端
sbit DQ=P3^7;                       //温度采集
void delay5us(uchar n);             //精确延时 n*5 μs 子程序
void delayms(uint j);
void init_ds18b20(void);            //总线初始化复位
uchar readbyte(void);               //读取一个字节
void writebyte(uchar);              //写一个字节
uchar readtemp(void);               //读取温度
```

```c
unsigned char LED[]={0xc0,0xf9,0xa4,0xb0,0x99,0x92,0x82,0xf8,0x80,0x90};
                                    //共阳数码管显示"0-9"字型码

//主程序
void main(void)
{
    uchar i;
    uchar temp;
    temp=readtemp( );              //读取转换的温度
    delayms(1000);
    while(1)
    {
        temp=readtemp( );          //读取转换的温度
        for(i=0;i<10;i++)          //连续扫描数码管 10 次
        {
            out=LED[temp/10];      //显示温度十位
            smg1=0;
            smg2=1;
            delay5us(200);         //延时 1ms
            out=0xff;
            out=LED[temp%10];      //显示温度个位
            smg1=1;
            smg2=0;
            delay5us(200);         //延时 1 ms
            out=0xff;
        }
    }
}

//函数名:delay5us
//函数功能:精确延时 5 μs 子程序
//形式参数:延时时间参数 n,unsigned char  类型

void delay5us(unsigned char n)
{
```

```c
        do
        {
            _nop_( );
            _nop_( );
            _nop_( );
            n--;
        }
        while(n);
}

//函数名：init_ds18b20
//函数功能:总线初始化复位

void init_ds18b20(void)
{
    uchar x=0;
    DQ=1;
    delay5us(10);
    DQ =0;
    delay5us(120);                      //延迟 600 μs
    DQ =1;
    delay5us(16);                       //延迟 80 μs
    x=DQ;
    delay5us(80);                       //延迟 400 μs
    DQ=1;
}

//函数名：readbyte
//函数功能：读取一个字节
//形式参数：无
//返回值：读取字节数据 date, unsigned char 类型

uchar readbyte(void)
{
    uchar i=0;
```

```c
        uchar date=0;
        for (i=8;i>0;i--)
        {
                DQ =0;
                delay5us(1);
                DQ =1;                              //15 μs 内拉释放总线
                date>>=1;
                if(DQ)
                        date|=0x80;
                delay5us(11);                       //读完需要 45 μs 的等待
        }
        return(date);
}

//函数名：writebyte
//函数功能：写一个字节
//形式参数：写字节数据 dat, unsigned char 类型
//返回值：无

void writebyte(uchar dat)
{
    uchar i=0;
    for(i=8;i>0;i--)
    {
            DQ =0;
            DQ =dat&0x01;                   //写"1" 在 15 微秒内拉低
            delay5us(12);                   //写"0"拉低 60 μs 等待写完
            DQ = 1;                         //恢复高电平，至少保持 1 μs
            dat>>=1;                        //下次写作准备，移位数据
            delay5us(5);                    //延时 25 μs
    }
}

//函数名：readtemp
//函数功能：读取温度
```

```c
//形式参数：无
//返回值：单字节的温度值 tt, unsigned char 类型

uchar readtemp(void)
{
    uchar templ,temph,tt;
    uint t;
    init_ds18b20( );
    writebyte(0xCC);
    writebyte(0x44);              //跳过 ROM 匹配，跳过读序列号的操作，可节省操作时间
    init_ds18b20( );              //开始操作前需要复位
    writebyte(0xCC);
    writebyte(0xBE);              //读暂存器中的温度值
    templ=readbyte( );            //分别读取温度的低、高字节
    temph=readbyte( );
    t=temph;
    t<<=8;
    t=t|templ;
    tt=t*0.0625;                  //温度转换
    return(tt);
}


//函数名：delayms(uint ms)
//函数功能：延时毫秒子函数
//形式参数：ms
//返回值：无

void delayms(uint ms)             //延时 ms 毫秒子函数
{
    uint i,j;
    for(i=0;i<ms;i++)
    {
        for(j=0;j<110;j++);       //延时 1 毫秒
    }
}
```

任务实施

一、实训室操作规程

实训室的操作规程主要包括：

（1）使用者必须遵守机房规章制度，服从管理人员的指挥。未经负责人员同意，任何人不得私自进入机房或使用机房内任何设备。

（2）禁止将食物、饮料带入机房，禁止在机房内吸烟、谈笑、打闹、随地吐痰。

（3）不得在机房计算机上安装和卸载软件；严禁修改计算机系统设置；不得使用计算机做与教学无关的事，如看电视剧、看电影、打游戏等。

（4）在规定的范围内操作机器，爱护设备，严禁私自移动、拆卸机箱及外部设备，在操作过程中如遇设备故障，应及时报告管理人员，不得擅自处理。凡人为破坏设备者，后果自负。

（5）自觉保护机房设备，下课后自觉正确关闭计算机，按操作流程整理好自己使用过的键盘、鼠标、椅子、桌子，带走私人物品（包括产生的垃圾）。私人物品丢失，责任自负。

（6）机房卫生由使用班级负责打扫，任课老师负责监督。

（7）不得将电水壶、热得快、手机充电器等使用220 V电源的用电器带入机房。

二、设备检查

根据实验内容，记录设备检查内容以及设备所在位置。

三、绘制电路和编译程序

根据实验内容，绘制实验电路、编译程序并记录所遇到的问题、分析实验故障。

四、拓展

如果采用两位共阴极数码管，如何修改电路？如何修改程序？

五、思考

（一）图 4.7 中，如果 DS18B20 引脚 1 和引脚 3 接错，会出现什么现象？

（二）图 4.7 所示电路中为什么要采用两个三极管？可以删除吗？

（三）总结本任务所遇到的问题及解决方法。

安全提示

1. 请严格遵守实训室操作规程。
2. 按照实训室 7S 管理要求规范操作。

注意事项

DS18B20 程序较多，在录入程序时随时检查。

> 知识链接

一、DS18B20 通信时序

DS18B20 的通信时序主要包括：

（1）DS18B20 复位时序。

单片机先将 DQ 设置为低电平，延时至少 480 μs 后再将其变成高电平，即提供一个脉宽大于 480 μs 但小于 960 μs 的复位脉冲。等待 15~60 μs 后，检测 DQ 是否变为低电平，如果 DQ 已变为低电平则表明复位成功，可进入下一步操作；否则可能器件不存在、器件损坏或其他故障。

（2）DS18B20 写字节时序。

单片机先将 DQ 设置为低电平，延时 15 μs 后将待写数据以串行形式送一位至 DQ 端，DS18B20 将在大于 60 μs 但小于 120 μs 的时间内接收这一位数据。发送完一位数据后，将 DQ 端的状态再拉回到高电平，保持至少 1 μs 的恢复时间，即每写完一位串行数据后中间至少要有 1 μs 的恢复时间，然后再写下一位数据。

（3）DS18B20 读字节时序。

当单片机准备从 DS18B20 温度传感器读取每一位数据时，应先发出启动读时序脉冲，即将 DQ 总线设置为低电平并保持 1 μs 以上时间后，再将其设置为高电平。启动后等待 15 μs，以便 DS18B20 能可靠地将温度数据送至 DQ 总线上。然后单片机再开始读取 DQ 总线上的数据，单片机在完成取数操作后要等待至少 45 μs。同样，读完每位数据后至少要保持 1 μs 的恢复时间。

二、程序设计

（一）初始化子函数

```c
void init_ds18b20(void)
{
    uchar x=0;           //定义一个无符号字符型变量 x
    DQ=1;                //将数据线 DQ 设为高电平
    delay5us(10);        //延迟 50 μs
    DQ=0;                //将数据线 DQ 设为低电平，开始初始化
    delay5us(120);       //延迟 600 μs，这是 DS18B20 规定的初始化时间
    DQ=1;                //将数据线 DQ 设为高电平
    delay5us(16);        //延迟 80 μs
    x=DQ;                //读取数据线 DQ 的电平，用以判断 DS18B20 是否已
                         //经准备好数据传输
    delay5us(80);        //延迟 400 μs
    DQ=1;                //将数据线 DQ 设为高电平，结束初始化
}
```

（二）读字节子函数

```c
uchar readbyte(void)          // 函数定义，没有参数，返回一个无符号字符型的数据
{
    uchar i=0;                // 定义一个无符号字符型变量 i，用作循环计数器
    uchar date=0;             // 定义一个无符号字符型变量 date，用来接收读取的数据
    for (i=8;i>0;i--)         // 从 8 开始，逐个递减，直到 0，这是因为一个字节有 8 位
    {
        DQ =0;                // 把数据线 DQ 拉低，表示开始读数据
        delay5us(1);          // 延迟 5 μs，这是 DS18B20 规定的读数据的时间
        DQ =1;                // 把数据线 DQ 拉高，表示读数据完成
        date>>=1;             // 把接收到的数据右移一位，为下次接收数据做准备，因为
                              //DS18B20 是以位为单位发送数据的
        if(DQ)                // 如果数据线 DQ 的电平是高，也就是读取到的数据位是 1
            date|=0x80;       // 那么把接收到的数据的最高位设为 1
        delay5us(11);         //延迟 55μs 满足 DS18B20 的读数据时间序列的要求
    }
    return(date);             // 返回读取到的数据
}
```

（三）写字节子函数

```c
void writebyte(uchar dat)     //函数定义，接受一个无符号字符型参数，
                              //该参数是要写入的数据
{
    uchar i=0;                //定义一个无符号字符型变量 i，用作循环计数器
    for(i=8;i>0;i--)          //从 8 开始，逐个递减，直到 0，这是因为一个字节有 8 位
    {
        DQ =0;                //把数据线 DQ 拉低，表示开始写数据
        DQ =dat&0x01;         //写入数据的最低位，dat 与 0x01 进行位与运算，
                              //结果就是 dat 的最低位的值
        delay5us(12);         //延迟 60 μs，这是 DS18B20 规定的写入数据的时间
        DQ = 1;               //把数据线 DQ 拉高，表示写入数据完成
        dat>>=1;              //把要写入的数据右移一位，为下次写入准备，
                              //因为 DS18B20 是以位为单位接收数据的
        delay5us(5);          //延迟 25 μs，这是为了满足 DS18B20 的
                              //写入时间序列的要求
    }
}
```

阅读材料

DS18B20 温度传感器介绍

一、DS18B20 温度传感器供电方式

DS18B20 温度传感器有两种供电方式：一是寄生电源方式，二是 VDD 电源引脚供电方式。

寄生电源方式即 DS18B20 温度传感器不需要通过电源供电，而是当 I/O 口、VDD 电源引脚为高电平时从 I/O 口、VDD 电源引脚"借"能量。DS18B20 可以使用外部电源 VDD，也可以使用内部的寄生电源。当 VDD 端口接 3.0~5.5 V 电压时使用外部电源；当 VDD 端口接地时使用内部的寄生电源。

独特的寄生电源方式的好处主要包括：

（1）进行远距离测温时，无需本地电源。

（2）可以在没有常规电源的条件下读取 ROM。

（3）电路更加简洁，仅用一根 I/O 口实现测温。

寄生电源方式有很多好处，如进行远距离测温时不需要本地电源供电，很大程度上解决了功耗和布线问题。不过寄生电源方式也有缺点，如当 I/O 端口供电不足时温度转换精度将受到影响。为了使 DS18B20 进行精确的温度转换，I/O 线必须保证在温度转换期间提供足够的能量。由于每个 DS18B20 在温度转换期间工作电流达到 1 mA，当几个温度传感器挂在同一根 I/O 线上进行多点测温时，只靠 4.7 kΩ 的上拉电阻无法提供足够的能量，会造成无法转换温度或转换后的温度误差极大。

在外部电源供电方式下，DS18B20 工作电源由 VDD 引脚接入，此时 I/O 线不需要强上拉，不存在电源电流不足的问题，可以保证转换精度，同时在总线上理论可以挂接任意多个 DS18B20 传感器，组成多点测温系统。

注意：在外部供电的方式下，DS18B20 的 GND 引脚不能悬空，否则不能转换温度，读取的温度总是 85 ℃。

二、DS18B20 应用

（一）技术性能

DS18B20 的技术性能主要包括：

（1）独特的单线接口方式。DS18B20 在与微处理器连接时仅需要一条接口线即可实现微处理器与 DS18B20 的双向通信。

（2）测温范围为-55~+125 ℃，固有测温误差为 1 ℃。

（3）支持多点组网功能。多个 DS18B20 可以并联即每个芯片的三个引脚可以对应并联在一起，但是最多只能并联 8 个芯片，实现多点测温。如果并联数量过多，会使供电电源电压过低，从而造成信号传输的不稳定。

（4）工作电源：3.0~5.5 VDC，可以采用数据线寄生电源。

（5）在使用过程中不需要任何外围元件。

（6）测量结果以 9~12 位数字量方式串行传送。

（二）应用范围

DS18B20 的应用范围主要包括：

（1）适用于冷冻库、粮仓、储罐、电讯机房、电力机房、电缆线槽等。

（2）适用于轴瓦、缸体、纺机、空调、狭小空间等。

（3）适用于汽车空调、冰箱、冷柜以及中低温干燥箱等。

（4）适用于供热/制冷管道热量计量、中央空调分户热能计量以及工业领域等。

（三）接线说明

面对 DS18B20 传感器平的那一面，左负右正，一旦接反芯片就会立刻发热甚至可能被烧毁，导致传感器总是显示 85 ℃。在实际操作过程中，如果正负反接则传感器立即发热，液晶屏不能显示读数，正负接好后传感器显示 85 ℃。另外，如果与 51 单片机相连接，则 DS18B20 传感器的 DQ 引脚必须接一个 4.7~10 kΩ 的上拉电阻，否则高电平不能正常输入/输出从而导致通电后立即显示 85 ℃，或者在使用几个月后传感器显示的温度值在 85 ℃ 与正常值之间乱跳。

（四）温度读取

DS18B20 在出厂时配置为 12 位，读取温度时共读取 16 位，前 5 位为符号位，当前 5 位为 1 时读取的温度为负数；当前 5 位为 0 时读取的温度为正数。温度为正时将 16 进制数转换成 10 进制；温度为负时将 16 进制取反后加 1，再转换成 10 进制。如 0550H 表示+85 ℃，FC90H 表示-55 ℃。

（五）注意事项

在使用 DS18B20 传感器的过程中需要注意的事项包括：

（1）较小的硬件开销需要相对复杂的软件进行补偿。由于 DS18B20 与微处理器间采用串行通信方式进行数据传送，因此对 DS18B20 进行读写编程时必须严格保证读写时序，否则将无法读取测温结果。

（2）在实际应用过程中，当单总线上所挂 DS18B20 传感器的个数超过 8 个时，就需要解决微处理器的总线驱动问题，这一点在进行多点测温系统设计时要加以注意。

（3）连接 DS18B20 的总线电缆是有长度限制的。当采用普通信号电缆传输长度超过 50 m 时，读取的测温数据将发生错误。当将总线电缆改为双绞线带屏蔽电缆时，正常通信距离可达 150 m；当采用每米绞合次数更多的双绞线带屏蔽电缆时，正常通信距离进一步加长。总线分布电容会导致信号波形产生畸变，因此在采用 DS18B20 进行长距离测温系统设计时要充分考虑总线分布电容和阻抗匹配问题。

（4）在编写 DS18B20 测温程序时，向 DS18B20 发出温度转换命令后，程序要等待 DS18B20 的返回信号，一旦某个 DS18B20 的连线接触不良或断线，当程序读取该 DS18B20 时将没有返回信号，程序就会进入死循环，在 DS18B20 的硬件连接和软件设计时一定要注意。测温电缆线建议采用屏蔽 4 芯双绞线，其中一对线接地线和信号线，另一组接 VCC 和地线，屏蔽层在源端单点接地。

教学评价

对学生在实践操作过程中的表现进行评价，完成表 4.5 所示的教学评价表。

表 4.5　教学评价表

评价项目	项目评价内容	分值	自我评价	小组评价	教师评价	得分
仿真操作	正确绘制电路	20				
	正确编译程序	20				
拓展操作	能完成拓展项目	20				
小组提问	简述任务操作要点	10				
	简述程序组成部分	5				
安全文明操作	实训设备的正确使用	5				
	设备的摆放及实训台的整理	5				
学习态度	出勤情况	5				
	实验室和课堂纪律	5				
	团队协作精神	5				

任务三　环境湿度测量

任务目标

1. 掌握 HSU-07 的作用与引脚功能。
2. 掌握 A/D 转换器 ADC0809 的应用。
3. 会利用单片机实现环境湿度测量。

微课：环境湿度测量资源

任务描述

利用 Proteus 软件，通过程序完成一个环境湿度监测系统，能够随着时间和环境的变化设定理想的湿度。如果湿度超出设定的范围，采用声光提示并自动进行湿度调节，达到理想的状态。满足植物养殖栽培、厂房、花卉园林、休闲及居住场所对湿度的要求。

任务准备

一、认识 HSU-07

HSU-07 是温湿度一体的产品，是线性电压输出式的湿度传感模块，其湿度测量范围为 30%RH～90%RH，对应的输出电压为 0.8~2.8 V，电源电压为+5 V。由于 HSU-07 的输出电压较高且线性较好，无需放大和非线性校正就可以直接与 A/D 转换器连接，将模拟量转换成数字量。

二、HSU-07 引脚

HSU-07 实物和引脚结构如图 4.8 所示，该芯片有 4 个引脚，从引脚 1 到引脚 4 依次为 VCC、VOUT、GND、Rt，湿度输出信号为模拟电压信号。

（a）实物

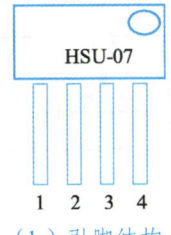

（b）引脚结构

图 4.8　HSU-07 实物和引脚结构

三、HSU-07 的输出特性

HSU-07 的输出信号为模拟电压信号，与测量的湿度相对应，与当前的环境温度有关。HSU-07 的湿度、温度与输出电压的关系对照表如表 4.6 所示。

211

表 4.6　湿度温度对应电压关系对照表

单位：V

相对湿度 /%RH	温　度								
	5 ℃	10 ℃	15 ℃	20 ℃	25 ℃	30 ℃	35 ℃	40 ℃	45 ℃
20	0.879	0.878	0.874	0.875	0.885	0.909	0.944	0.982	1.018
25	1.108	1.112	1.116	1.122	1.137	1.162	1.196	1.233	1.269
30	1.375	1.375	1.374	1.376	1.383	1.399	1.422	1.446	1.470
35	1.563	1.566	1.568	1.571	1.578	1.590	1.605	1.621	1.637
40	1.724	1.729	1.733	1.738	1.744	1.751	1.759	1.768	1.776
45	1.878	1.880	1.882	1.884	1.887	1.890	1.894	1.899	1.901
50	2.012	2.012	2.011	2.011	2.011	2.011	2.012	2.012	2.013
55	2.119	2.119	2.120	2.120	2.120	2.120	2.119	2.117	2.116
60	2.211	2.214	2.217	2.219	2.220	2.219	2.217	2.215	2.212
65	2.300	2.305	2.311	2.316	2.318	2.317	2.314	2.309	2.305
70	2.385	2.393	2.401	2.408	2.412	2.411	2.408	2.403	2.398
75	2.472	2.480	2.489	2.491	2.501	2.502	2.500	2.498	2.494
80	2.561	2.569	2.577	2.584	2.589	2.592	2.593	2.593	2.594
85	2.668	2.657	2.663	2.674	2.680	2.686	2.691	2.697	2.703
90	2.754	2.758	2.761	2.765	2.771	2.780	2.791	2.803	2.814

四、A/D 转换器的应用

湿度传感器测量湿度时的输出信号是连续变化的模拟电压信号，而 MCS-51 单片机的 I/O 口只能输入数字信号，无法直接处理连续变化的模拟电压。因此，需要在单片机的 I/O 端口增加一个 A/D 转换器，将连续变化的模拟信号转换成数字信号。采用 8 位 A/D 转换器将湿度传感器 HSU-07 监测到的 30%RH ~ 90%RH 的湿度转换成与之对应的 8 位二进制数 00H ~ FFH，以二进制数形式表示的湿度值可以直接输入到单片机。以表 4.6 中 25 ℃为例，A/D 转换器对应转换如表 4.7 所示。

表 4.7　A/D 转换器对应的转换表

相对湿度/%RH	输出电压/V	单片机采集数据
30	1.383	47H
40	1.744	59H
50	2.011	66H
60	2.220	70H
70	2.412	7BH

五、环境湿度监测电路设计

环境湿度监测电路如图 4.9 所示，主要由 AT89C51 单片机最小系统、8 个共阴极发光二极管、一片 HSU-07A（RV1）和一片 ADC0809 构成。AT89C51 单片机 P0 口的 P0.0 ~ P0.7 八个引脚，依次与 ADC0809 的 OUT8 ~ OUT1 引脚相连；P1 口的 P1.0 ~ P1.7 依次连接八个 LED 灯，每个 LED 灯通过 220 Ω 限流电阻接地。单片机 P3 口的 P3.5 和 P3.6 外接两个 LED 指示灯分别代表喷雾和排气工作，当湿度超出设定的范围时 LED 灯发光提示，自动进行湿度调节。

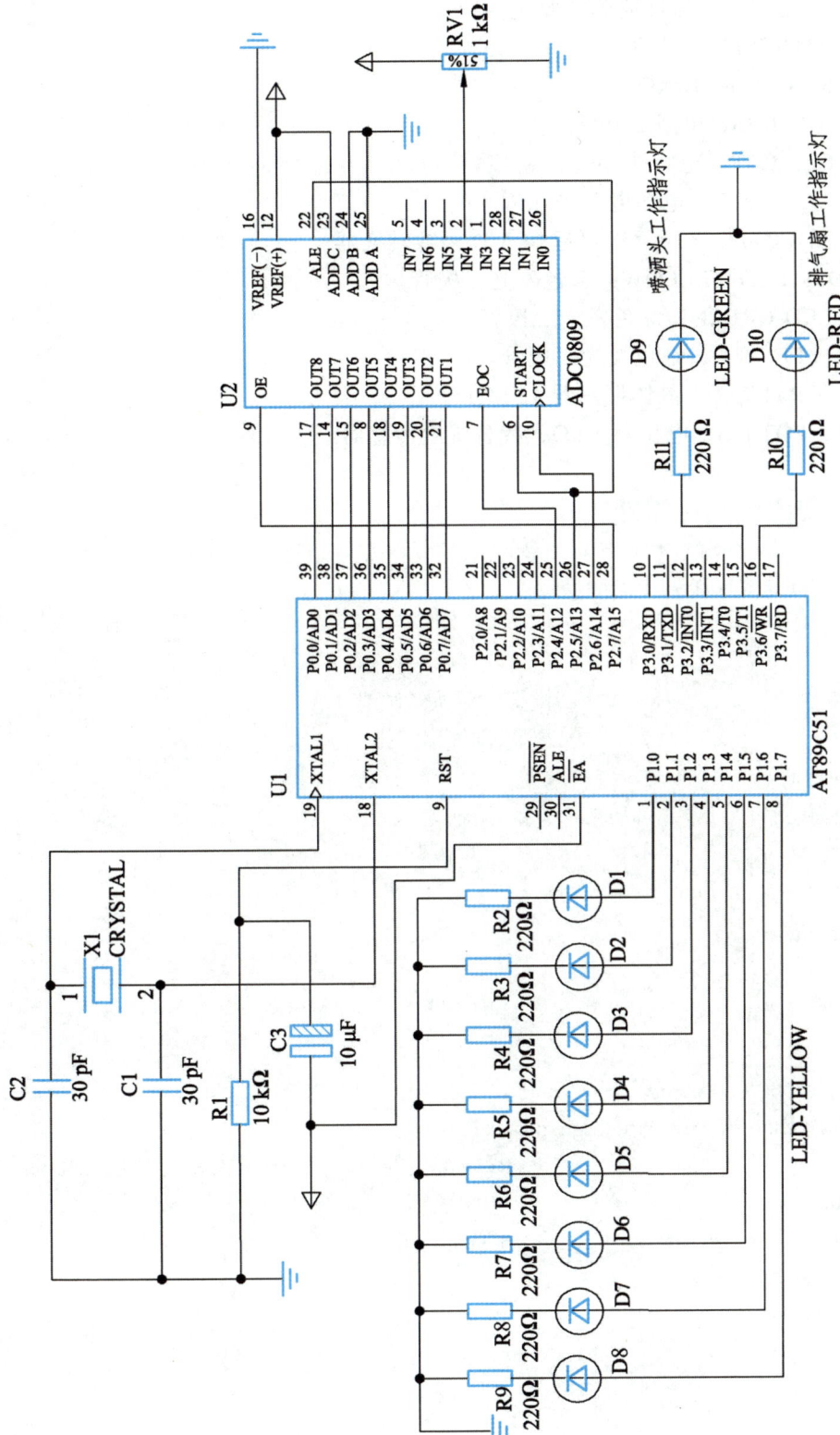

图 4.9 环境湿度监测电路

从 Proteus 中选取的元器件清单主要包括：

（1）U1：AT89C51，单片机。

（2）R1：RES，电阻 10 kΩ。

（3）R2~R11：RES，电阻 220 Ω。

（4）C1、C2：CAP，电容 30 pF。

（5）C3：CAP-ELEC，电解电容 10 μF。

（6）U2：ADC0809，8 位逐次逼近式 A/D 模数转换器。

（7）D1~D8：LED-YELLOW，黄色发光二极管。

（8）D9：LED-GREEN，绿色发光二极管。

（9）D10：LED-RED，红色发光二极管。

（10）X1：CRYSTAL，晶体振荡器 12 MHz。

（11）RV1：POT-HG，电位器 1 kΩ，代替湿度传感器。

六、环境湿度监测程序设计

环境湿度监测参考程序如下：

```
#include<reg51.h>
#include<intrins.h>
sbit PW=P3^5;                //模拟喷洒头（喷雾）
sbit PQ=P3^6;                //模拟排气扇（排气）
sbit EOC=P2^4;
sbit START=P2^5;
sbit CLOCK=P2^6;
sbit OE=P2^7;
unsigned char temp;

//主程序
void main(void)
{
    unsigned char low_sd=0x66,high_sd=0x7b;
                             //设定湿度的下限为 50%RH 和上限为 70%RH
    PW=0;                    //关闭喷洒头（喷雾）
    PQ=0;                    //关闭排气扇（排气）
    TMOD=0x02;
    TH0=206;
    TL0=206;
    EA=1;
    ET0=1;
    TR0=1;
```

```
    while(1)
    {
        START=0;
        START=1;
        START=0;
        while(EOC==0);
            OE=1;
    temp=P0;
    P1=temp;
    if(temp<low_sd)
    {
        PW=1;
        PQ=0;
    }                           //湿度低于下限,打开喷洒头
    if(temp>high_sd)
     {
        PW=0;
        PQ=1;
    }                           //湿度高于上限,打开排气扇
    if((temp<=high_sd)&&(temp>=low_sd))
    {
        PW=0;
        PQ=0;
    }                           //湿度介于下限与上限之间
    }
}

//中断程序
void t0(void) interrupt 1 using 0
{
    CLOCK=~CLOCK;
}
```

任务实施

一、实训室操作规程

实训室的操作规程主要包括:

（1）使用者必须遵守机房规章制度，服从管理人员的指挥。未经负责人员同意，任何人不得私自进入机房或使用机房内任何设备。

（2）禁止将食物、饮料带入机房，禁止在机房内吸烟、谈笑、打闹、随地吐痰。

（3）不得在机房计算机上安装和卸载软件；严禁修改计算机系统设置；不得使用计算机做与教学无关的事，如看电视剧、看电影、打游戏等。

（4）在规定的范围内操作机器，爱护设备，严禁私自移动、拆卸机箱及外部设备，在操作过程中如遇设备故障，应及时报告管理人员，不得擅自处理。凡人为破坏设备者，后果自负。

（5）自觉保护机房设备，下课后自觉正确关闭计算机，按操作流程整理好自己使用过的键盘、鼠标、椅子、桌子，带走私人物品（包括产生的垃圾）。私人物品丢失，责任自负。

（6）机房卫生由使用班级负责打扫，任课老师负责监督。

（7）不得将电水壶、热得快、手机充电器等使用220 V电源的用电器带入机房。

二、设备检查

根据实验内容，记录设备检查内容以及设备所在位置。

三、绘制电路和编译程序

根据实验内容，绘制实验电路、编译程序并记录所遇到的问题、分析实验故障。

四、拓展

如果采用其他类型的湿度传感器,如何修改电路?

五、思考

(一)简述本任务的工作过程。

(二)总结本任务中遇到的问题及解决方法。

安全提示

1. 请严格遵守实训室操作规程。
2. 按照实训室 7S 管理要求规范操作。

注意事项

绘制电路放置 LED 时,注意 LED 的方向。

知识链接

一、SHT11 数字温湿度传感器

SHT11 数字温湿度传感器是瑞士 Scnsirion 公司推出的一款数字温湿度传感器芯片，广泛应用于暖通空调、汽车、消费电子、自动控制等领域。该款数字温湿度传感器的主要特点包括：

（1）集成度高。SHT11 将温度感测、湿度感测、信号变换、A/D 转换和加热器等功能集成到一个芯片上。

（2）提供二线数字串行接口 SCK 和 DATA，接口简单，支持 CRC 传输校验，传输可靠性高。

（3）测量精度可编程调节。内置 A/D 转换器，分辨率为 8~12 位，可以通过对芯片内部寄存器进行编程，以选择转换精度。

（4）测量精确度高。由于同时集成温湿度传感器，可以提供温度补偿的湿度测量值和高质量的露点计算功能。

（5）封装尺寸超小。测量和通信结束后自动转入低功耗模式。

（6）高可靠性。测量时可将感测头完全浸于水中。

SHT11 实物和引脚如图 4.10 所示。

 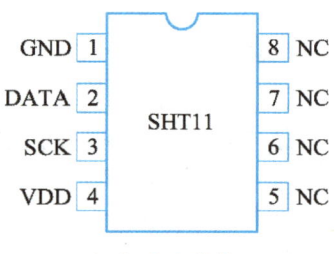

（a）实物　　　　　　　　　　　　　　（b）引脚结构

图 4.10　SHT11 实物图和引脚图

SHT11 数字温湿度传感器的引脚功能主要包括：

（1）GND：电源地。

（2）DATA：二线串行数字接口的数据端口。

（3）SCK：二线串行数字接口的时钟端口。

（4）VDD：芯片电源端口，其工作电压范围为 2.4~5.5 V。

（5）NC：空脚。

二、SHT11 温湿度测量电路

SHT11 温湿度传感器的测量电路如图 4.11 所示。

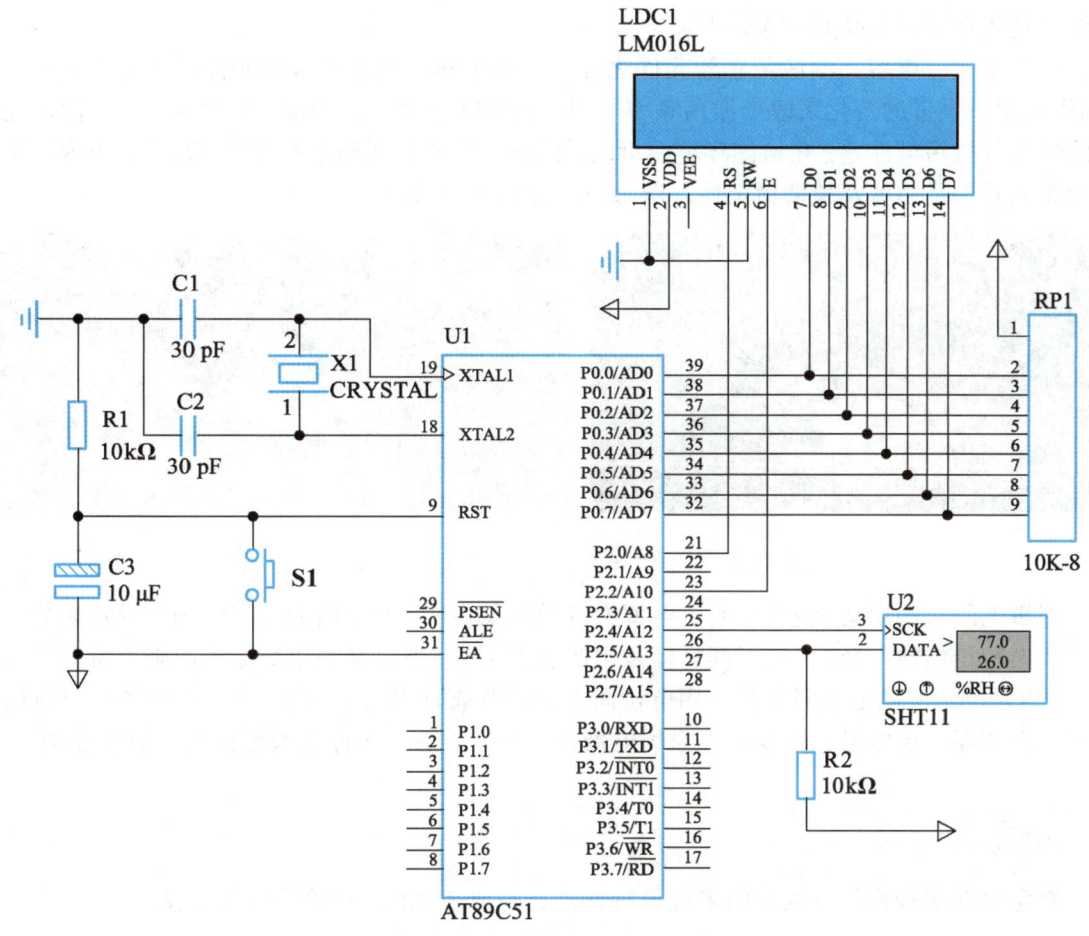

图 4.11　应用 SHT11 实现温湿度测量电路图

阅读材料

湿敏电阻与湿敏电容介绍

　　湿敏元件是最简单的湿度传感器。湿敏元件主要有电阻式、电容式两大类。湿敏电容一般是用高分子薄膜电容制成的，常用的高分子材料有聚苯乙烯、聚酰亚胺、醋酸纤维等。当环境湿度发生改变时，湿敏电容式传感器的介电常数发生变化，使其电容量也发生变化，其电容变化量与相对湿度成正比。湿敏电容式传感器的主要优点是灵敏度高、产品互换性好、响应速度快、湿度的滞后量小、便于制造、容易实现小型化和集成化，其精度一般比湿敏电阻要低一些。湿敏电容式传感器如图 4.12 所示。

　　湿敏电阻的特点是在基片上覆盖一层用感湿材料制成的膜，当空气中的水蒸气吸附在感湿膜上时，元件的电阻率和电阻值都发生变化，利用这一特性可测量湿度。湿敏电阻的种类很多，如金属氧化铁湿敏电阻、硅湿敏电阻、陶瓷湿敏电阻等。湿敏电阻的优点是灵敏度高，主要缺点是线性度和产品的互换性差。

除电阻式、电容式湿敏传感器元件之外,还有电解质离子型湿敏元件、重量型湿敏元件(利用感湿膜重量的变化来改变振荡频率)、光强型湿敏元件、声表面波湿敏元件等。湿敏元件的线性度及抗污染性差,在检测环境湿度时,湿敏元件要长期暴露在待测环境中,很容易被污染而影响其测量精度及长期稳定性。湿敏电阻如图 4.13 所示。

图 4.12　湿敏电容式传感器

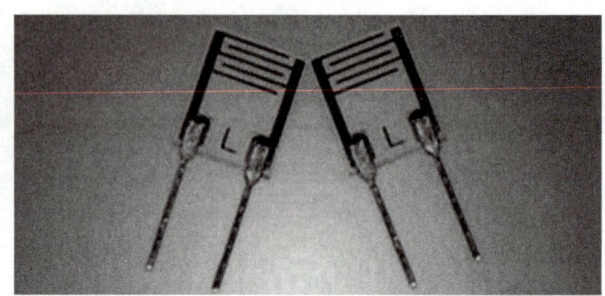

图 4.13　湿敏电阻

湿敏电阻只能用交流电源,直流电源会导致湿敏电阻失效,因为直流电场会导致高分子材料中带电粒子偏向两极,一定时间后湿敏电阻就会失效,所以必须用交流电源来维持其动态平衡,这也是测量湿敏电阻阻值时要用电桥而不能用普通万用表的原因。湿敏电阻器广泛应用于衣机、空调器、录像机、微波炉等家用电器及工业、农业等方面作湿度检测、湿度控制。

教学评价

对学生在实践操作过程中的表现进行评价,完成表 4.8 所示的教学评价表。

表 4.8　教学评价表

评价项目	项目评价内容	分值	自我评价	小组评价	教师评价	得分
仿真操作	正确绘制电路	20				
	正确编译程序	20				
拓展操作	能完成拓展项目	20				
小组提问	简述任务操作要点	10				
	简述程序组成部分	5				
安全文明操作	实训设备的正确使用	5				
	设备的摆放及实训台的整理	5				
学习态度	出勤情况	5				
	实验室和课堂纪律	5				
	团队协作精神	5				

项目五

综合设计范例
——安防报警系统设计

一、课程设计目的、功能

（一）课程设计的目的

掌握单片机、液晶显示器和键盘的接口技术，能够利用烟雾传感器完成安防报警系统的设计及实现。进一步掌握单片机输入输出控制系统的设计、运行与调试。

（二）实现的功能

本系统使用 AT89C51 单片机，通过 MQ-2 烟雾传感器实时采集环境有害气体浓度，在 LM016L 上进行浓度显示。若有害气体浓度高于上限，就会通过声光报警。安防报警器功能主要包括：

（1）完成浓度的显示。

在 LM016L 上显示浓度值以及浓度的上限、下限。

（2）通过四个按钮完成浓度监控数值的调整。

① 按键 1：完成烟雾实时浓度显示界面和烟雾浓度上下限设置界面的切换。

② 按键 2：完成浓度上限和下限选择。

③ 按键 3：完成浓度上下限的增加，按一下增加 10。

④ 按键 4：完成浓度上下限的减小，按一下减少 10。

（3）对超过烟雾浓度阈值进行报警。

当烟雾浓度超过 1 500 ppm 时进行声光报警。

二、设计分析

安防报警监控系统采用 AT89C51 单片机，系统通过烟雾传感器 MQ-2 和 A/D 转换器 ADC0832 对烟雾浓度进行实时采集，将烟雾传感器的输出模拟信号转换成数字信号，采用液晶显示屏 LM016L 显示所检测的烟雾浓度。按键电路主要设置烟雾浓度的上限值和下限值，若浓度超过所设置的上限值就会通过 LED 和蜂鸣器进行报警。

安防报警监控系统框图如图 5.1 所示。

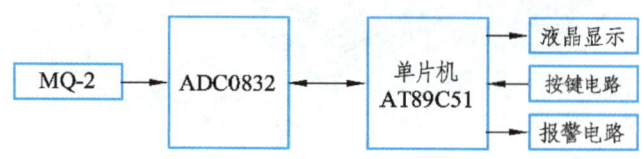

图 5.1　安防报警监控系统框图

三、电路设计

安防报警监控系统电路主要包括按键电路、液晶显示电路、烟雾传感器电路和报警系统电路，具体内容包括：

（1）按键电路设计。

安防报警系统的键盘电路采用独立式键盘，4 个按键分别接单片机的 P3.0、P3.1、P3.2 和 P3.3 引脚。

（2）液晶显示电路设计。

液晶显示电路采用 LM016L，其 D0~D7 端口接单片机的 P0 口，单片机的 P0 口需要接上拉电阻；RS 端口、RW 端口、E 端口分别连接单片机的 P2.0 口、P2.1 口、P2.2 口。

（3）烟雾传感器设计。

烟雾传感器通过 ADC0832 接单片机 P1.0、P1.1 和 P1.2。可参考项目三的任务二。

（4）报警系统设计。

蜂鸣器和 LED 灯通过单片机 P3.7 进行控制。可参考项目三的任务二。

安防报警监控系统电路如图 5.2 所示。

从 Proteus 中选取的元器件清单主要包括：

（1）U1：AT89C51，单片机。

（2）R1：RES，电阻 10 kΩ；

（3）R2：RES，电阻 210 Ω。

（4）R3~R6：RES，电阻 10 kΩ。

（5）C1、C2：CAP，电容 22 pF。

（6）C3：CAP-ELEC，电解电容 10 μF。

（7）U2：ADC0832，AD 转换器。

（8）D1：LED-YELLOW，黄色发光二极管。

（9）X1：CRYSTAL，晶体振荡器 12 MHz。

（10）LCD：LM016L，液晶显示器。

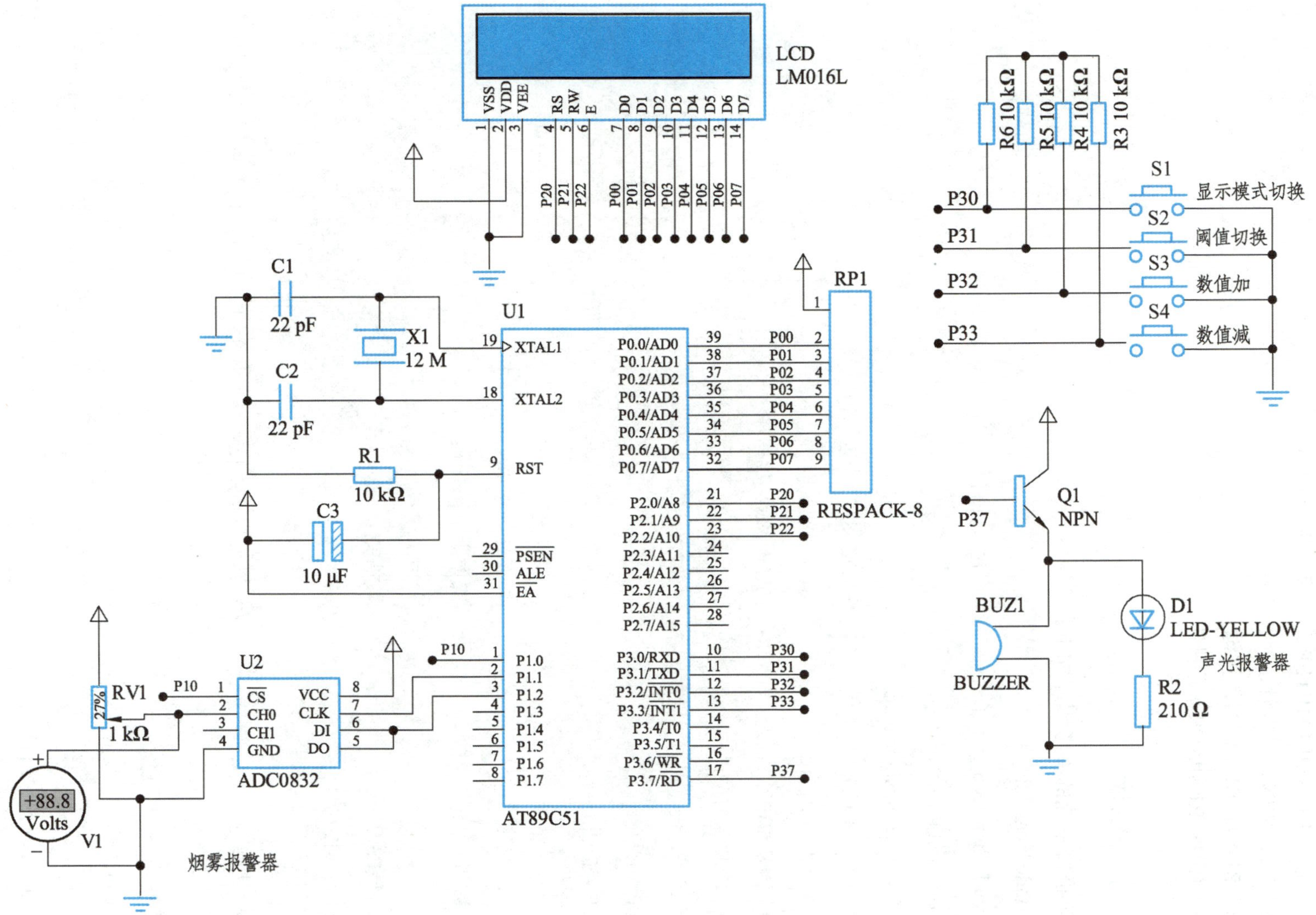

图 5.2 安防报警监控系统框图

（11）RV1：POT-HG，电位器 1 kΩ，代替烟雾传感器。
（12）V1：DC VOLTMETER，直流电压表。
（13）Q1：NPN，三极管。
（14）S1-S4：BUTTON，按键。
（15）RP1：RESPACK-8，排阻。

四、程序设计

安防报警系统的参考程序如下：

```c
#include "reg52.h"
#include "intrins.h"              //包含头文件
#define uint unsigned int
#define uchar unsigned char
sbit ADCS =P1^0;                  //ADC0832 片选
sbit ADCLK=P1^1;                  //ADC0832 时钟
sbit ADDI=P1^2;                   //ADC0832 数据输入
sbit ADDO =P1^2;                  //ADC0832 数据输出
sbit RS=P2^0;                     //1602 的引脚定义
sbit RW=P2^1;
sbit E=P2^2;

sbit k1=P3^0;                     //界面切换按键
sbit k2=P3^1;                     //阈值上下限切换
sbit k3=P3^2;                     //数值加
sbit k4=P3^3;                     //数值减
sbit buzz=P3^7;                   //蜂鸣器


bit k1_flag=0;                    //0:显示数据  1:显示阈值界面
bit k2_flag=0;                    //0: 上限, 1: 限
uint SL=30,SH=1500;               //烟雾上下限阈值初始值
uint smog=0;                      //烟雾

//1602 第一行第二行显示数组
uchar dd[]={'1','1','1','1','1','1','1','1','1','1','1','1','1','1','1','1'};
```

```c
uchar str[]={'1','1','1','1','1','1','1','1','1','1','1','1','1','1','1','1'};

unsigned int MQ2(unsigned char channel)
{
    uchar i=0;
    uchar j;
    uint dat=0;
    uchar ndat=0;
    uchar Vot=0;
    if(channel==0)channel=2;
    if(channel==1)channel=3;
    ADDI=1;
    _nop_( );
    _nop_( );
    ADCS=0;                    //拉低 CS 端
    _nop_( );
    _nop_( );
    ADCLK=1;                   //拉高 CLK 端
    _nop_( );
    _nop_( );
    ADCLK=0;                   //拉低 CLK 端,形成下降沿 1
    _nop_( );
    _nop_( );
    ADCLK=1;                   //拉高 CLK 端
    ADDI=channel&0x1;
    _nop_( );
    _nop_( );
    ADCLK=0;                   //拉低 CLK 端,形成下降沿 2
    _nop_( );
    _nop_( );
    ADCLK=1;                   //拉高 CLK 端
    ADDI=(channel>>1)&0x1;
```

```
_nop_( );
_nop_( );
ADCLK=0;                        //拉低CLK端,形成下降沿3
ADDI=1;                         //控制命令结束
_nop_( );
_nop_( );
dat=0;
for(i=0;i<8;i++)
{
    dat|=ADDO;                  //收数据
    ADCLK=1;
    _nop_( );
    _nop_( );
    ADCLK=0;                    //形成一次时钟脉冲
    _nop_( );
    _nop_( );
    dat<<=1;
    if(i==7)
    dat|=ADDO;
}
for(i=0;i<8;i++)
{
    j=0;
    j=j|ADDO;                   //收数据
    ADCLK=1;
    _nop_( );
    _nop_( );
    ADCLK=0;                    //形成一次时钟脉冲
    _nop_( );
    _nop_( );
    j=j<<7;
    ndat=ndat|j;
```

```c
            if(i<7)
                ndat>>=1;
    }
    ADCS=1;                    //拉低 CS 端
    ADCLK=0;                   //拉低 CLK 端
    ADDO=1;                    //拉高数据端,回到初始状态
    dat<<=8;
    dat|=ndat;
    return(dat);               //return ad data
}

//100 μs 延时函数
//@11.059 2 MHz
void delay100us( )
{
    unsigned char i, j;

    _nop_( );
    _nop_( );
    i = 2;
    j = 15;
    do
    {
        while (--j);
    }
    while (--i);
}

//1 ms 延时函数
//11.0592 MHz
void delay1ms( )
{
```

```
    unsigned char i, j;

    _nop_( );
    _nop_( );
    _nop_( );
    i = 11;
    j = 190;
    do
    {
        while (--j);
    } while (--i);
}

//向1602写入指令
void write1602(uchar com)
{
    RS=0;
    RW=0;
    E=0;
    P0=com;
    delay100us( );
    E=1;
    E=0;
}

//向1602写入数据
void writedat(uchar dat)
{
    RS=1;
    RW=0;
    E=0;
```

```c
        P0=dat;
        delay100us( );
        E=1;
        E=0;

}

//1602初始化
void init1602( )
{
    write1602(0x38);
    write1602(0x0c);
    write1602(0x06);
    write1602(0x01);
}

//按键操作函数
void keys( )
{
    if(k1==0)                           //判断是否按下
    {
        delay1ms( );                    //消抖
        if(k1==0)                       //界面切换设置
        {
            k1_flag=~k1_flag;           //0：显示数据   1：显示阈值界面
        }while(k1==0);                  //等待按键放开
    }
    if(k2==0)
    {
        delay1ms( );
        if(k2==0)                       //阈值切换
        {
```

```
            k2_flag=~k2_flag;        //0：上线  1：下线
        }
    while(k2==0);
}

if(k3==0)
{
    delay1ms( );
    if(k3==0)                        // 按键加
    {
        if(k2_flag==0)
        {
            SH=SH+10;if(SH==5000){SH=0;} //上限值加
                                          //等于1000 从零开始加
        }
        else if(k2_flag==1)
        {
            SL=SL+10;if(SL==5000){SL=0;}  //下限值加
                                          //等于1000 从零开始加
        }

    }while(k3==0);
}

if(k4==0)
{
    delay1ms( );
    if(k4==0)                        // 按键减
    {
        if(k2_flag==0)
        {
            SH=SH-10;if(SH<=0){SH=5000;} //上限值减  等于0以下
```

```c
                    }                                        //从1000开始减
                else if(k2_flag==1)
                {
                    SL=SL-10;if(SL<=0){SL=5000;}    //下限值减 等于0以下
                                                     //从1000开始减
                }

        }while(k4==0);
    }
}

//显示函数
void display( )
{
    uchar i,j;
    if(k1_flag==0)                      //判断界面操作变量为0：显示数据1：
                                        //显示阈值
    {
                                        //smoke value
        str[0]='S';
        str[1]='m';
        str[2]='o';
        str[3]='k';
        str[4]='e';
        str[5]=' ';
        str[6]='v';
        str[7]='a';
        str[8]='l';
        str[9]='u';
        str[10]='e';
        str[11]=' ';
```

```c
str[12]=':';
str[13]=' ';
str[14]=' ';
str[15]=' ';
write1602(0x80);                      //1602第一行写入地址
delay100us( );
for(i=0;i<16;i++)                     //16个字符
{
    writedat(str[i]);
    delay100us( );
}
dd[0]=' ';
dd[1]=' ';
dd[2]=' ';
dd[3]=' ';
dd[4]=' ';
dd[5]=smog/1000+'0';                  //烟雾百位
dd[6]=smog%1000/100+'0';              //烟雾十位
dd[7]=smog%100/10+'0';                //烟雾个位
dd[8]=smog%10+'0';
dd[9]=' ';
dd[10]='p';
dd[11]='p';
dd[12]='m';
dd[13]=' ';
dd[14]=' ';
dd[15]=' ';
write1602(0x80+0x40);                 //第二行写入地址
delay100us( );
for(j=0;j<16;j++)
{
    writedat(dd[j]);
```

```
            delay100us( );
        }
    }
    else if(k1_flag==1)        //判断界面操作变量为 0：显示数据 1：显示阈值
    {
        str[0]=' ';
        str[1]=' ';
        str[2]=' ';
        str[3]='S';
        str[4]='H';
        str[5]=':';
        str[6]=SH/1000+'0';
        str[7]=SH%1000/100+'0';
        str[8]=SH%100/10+'0';
        str[9]=SH%10+'0';
        str[10]=' ';
        str[11]=' ';
        str[12]='p';
        str[13]='p';            //第一行显示的字母
        str[14]='m';
        str[15]=' ';
        write1602(0x80);
        delay100us( );
        for(i=0;i<16;i++)
        {
            writedat(str[i]);
            delay100us( );
        }
        dd[0]=' ';
        dd[1]=' ';
        dd[2]=' ';
        dd[3]='S';
```

```c
            dd[4]='L';
            dd[5]=':';
            dd[6]=SL/1000+'0';
            dd[7]=SL%1000/100+'0';
            dd[8]=SL%100/10+'0';
            dd[9]=SL%10+'0';
            dd[10]=' ';
            dd[11]=' ';
            dd[12]='p';
            dd[13]='p';                    //第一行显示的字母
            dd[14]='m';
            dd[15]=' ';
            write1602(0x80+0x40);
            delay100us( );
            for(j=0;j<16;j++)
            {
                    writedat(dd[j]);
                    delay100us( );
            }
    }
}

//报警函数
void baojing( )
{
    if((smog>SH)|(smog<SL))
    {                                      //判断当烟雾值大于或者等于设置的阈值则报警
        buzz=1;
    }
    else                                   //其他情况均不报警
    {
        buzz=0;
```

```c
        }
}

//主函数
void main( )
{
    float voltage = 0;                  //定义读取烟雾转换变量
    init1602( );                        //1602 初始化
    buzz=0;                             //初始蜂鸣器不响
    while(1)
    {
        voltage=MQ2(0);                 //读取烟雾
        smog=(voltage*7.6+100)/100;     //将烟雾浓度进行转换
        display( );                     //显示函数
        keys( );                        //按键操作函数
        baojing( );                     //报警函数
    }
}
```

参 考 文 献

[1] 孙育才，孙华芳. MCS-51 系列单片机及其应用[M]. 6 版. 南京：东南大学出版社，2019.

[2] 周坚. 单片机项目教程[M]. 2 版. 北京：北京航空航天大学出版社，2019.

[3] 周威，熊辉，孟勤，等. 单片机实用技术项目教程[M]. 北京：中国水利水电出版社，2018.

[4] 郭志勇，杨振宇，郭文思. 单片机应用技术项目教程（C 语言版）[M]. 3 版. 北京：中国水利水电出版社，2021.

[5] 高新，施远征，张岩艳，等. 嵌入式项目开发实践教程——C8051F 系列单片机应用案例[M]. 北京：首都经济贸易大学出版社，2023.

[6] 牛军，黄大勇，薛晓，等. MCS-51 单片机技术项目驱动教程（C 语言）[M]. 2 版. 北京：清华大学出版，2023.

[7] 张静，武艳，黄晓峰，等. 单片机应用技术项目教程——基于 Keil C51 与 Proteus 设计与仿真[M]. 北京：清华大学出版社，2023.

[8] 刘雪花，宁佳英. CC2530 单片机项目式教程[M]. 广州：华南理工大学出版社，2019.

[9] 谢维成，杨加国. 单片机原理与应用及 C51 程序设计[M]. 4 版. 北京：清华大学出版社，2019.

[10] 陈青，刘丽. 单片机技术与应用——基于仿真与工程实践[M]. 武汉：华中科技大学出版社，2018.

[11] 龙芬. C51 单片机应用技术项目教程[M]. 2 版. 武汉：华中科技大学出版社，2023.

[12] 陈苏婷. MCS-51 单片机原理及实践（C 语言）（微课视频版）[M]. 北京：清华大学出版社，2021.

[13] 刘建清，陶柏良，范军农. 从零开始学 51 单片机 C 语言[M]. 北京：人民邮电出版社，2019.

[14] 《无线电》编辑部. 超炫的 30 个单片机显示驱动项目/无线电精汇[M]. 北京：人民邮电出版社，2014.

[15] 《无线电》编辑部. 单片机系统开发与应用案例精选/无线电精汇[M]. 北京：人民邮电出版社，2020.

[16] 王强，吴琼，韩洪涛，等. 51 单片机原理与应用 C 语言案例教程[M]. 北京：清华大学出版社，2022.

[17] 张建荣. 单片机应用技术项目化教程[M]. 北京：北京理工大学出版社，2019.

[18] 王静霞，杨宏丽，刘俐. 单片机应用技术[M]. 5 版. 北京：电子工业出版社，2023.

[19] 孟凤果. 单片机应用技术项目式教程（C 语言版）[M]. 北京：机械工业出版社，2021.

[20] 徐广振，刘小莉. 单片机技术应用项目化教程(C 语言版) [M]. 2 版. 北京：电子工业出版社，2021.

[21] 卓书芳，何用辉. 单片机应用技术项目教程（基于 Proteus 的 C 语言版）[M]. 北京：机械工业出版社，2022.

附 录

附录 A 单片机开发软件 Keil uVision4 使用说明

一、Keil uVision4

Keil uVision4 的产品有 Keil MDK-ARM、Keil C51、Keil C166 和 Keil C251。

Keil C51 是美国 Keil Software 公司研发的 51 系列兼容单片机 C 语言的开发系统。与汇编相比，C 语言在功能、结构性、可读性、可维护性等方面都具有明显的优势，因而易学易用。Keil 提供了包括 C 编译器、宏汇编、连接器、库管理和一个功能强大的仿真调试器等在内的完整开发方案，通过一个集成开发环境将这些部分整合在一起。

Keil C51 是支持 8051 微控制器体系结构的 Keil 开发工具，适合每个阶段的开发人员，不管是专业的应用工程师还是刚学习嵌入式软件开发的学生。Keil C51 由 ARM 国内授权代理商提供技术支持和销售等相关服务。

Keil 试用版下载网址 https://community.arm.com/support-forums/f/keil-forum/41139/keil-uvision4-download。Keil 测试版工具软件在功能、创建应用程序和程序代码长度方面都有限制，对于大型应用程序或需要功能更全的 Keil C51 软件则需要购买正版的 Keil C51 软件。

二、Keil uVision4 安装

如果官网下载的软件保存在 E 盘，在 E 盘找到并双击安装文件 Keil uVision4.exe 后开始安装。安装文件运行后会跳出如图 A1 所示的安装向导界面，点击"Next"按钮。

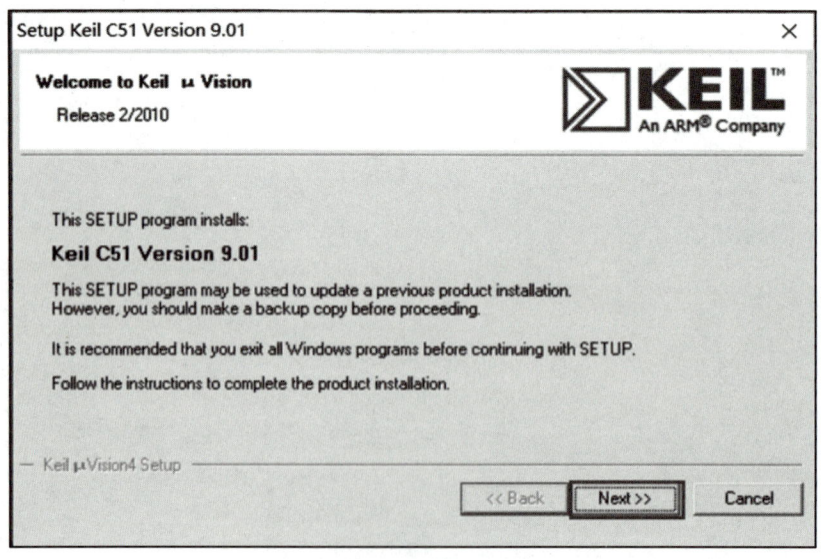

图 A1 安装向导界面

在弹出的"Setup Keil C51 Version 9.00"窗口中勾选"I agree to all the terms of the preceding License Agreement"（我同意之前许可协议的所有条款），接着点击"Next"进入下一步，如图 A2 所示。

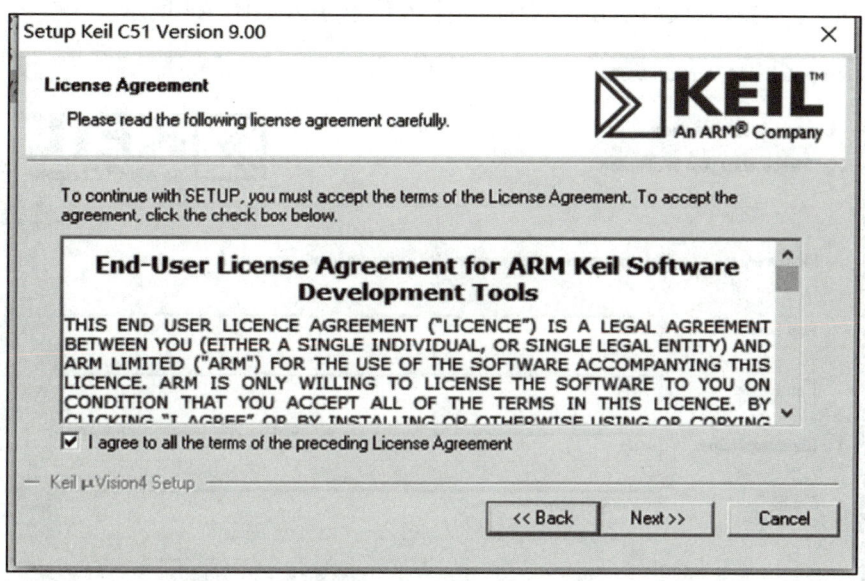

图 A2　License Agreement 界面

在弹出的"Setup Keil C51 Version 9.01"窗口的"Destination Folder"中选择软件安装路径，默认安装在 C 盘。由于 C 盘是系统盘，所以不建议将 Keil4 安装在系统盘里面，一般安装在 D 盘或 E 盘。在"Destination Folder"中输入"D:\Keil"。安装路径尽量不要出现中文或特殊字符，否则使用软件时系统可能会报错。选择好安装路径后点击"Next"。软件安装路径设置如图 A3 所示。

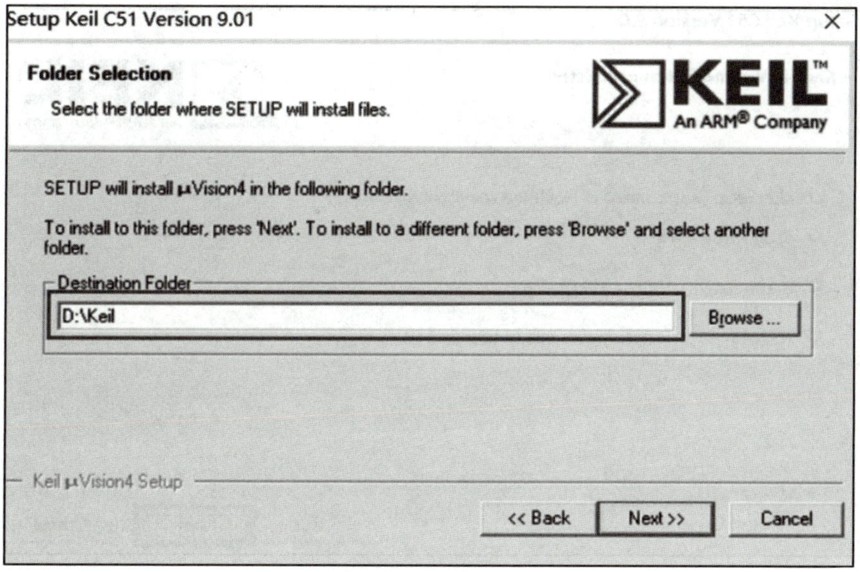

图 A3　软件安装路径界面

在弹出的"Setup Keil C51 Version 9.01"窗口中填入个人信息，一般不要填写自己真实信息，以防个人隐私泄露。可以填写自己名字的拼音缩写，如在"First Name"中输入"XWA"，在"Last Name"中输入"XWA"，在"Company Name"中输入"XWA"，在"E-mail"中输入"XWA@qq.com"，输入完成后点击"Next"。个人信息录入如图 A4 所示。

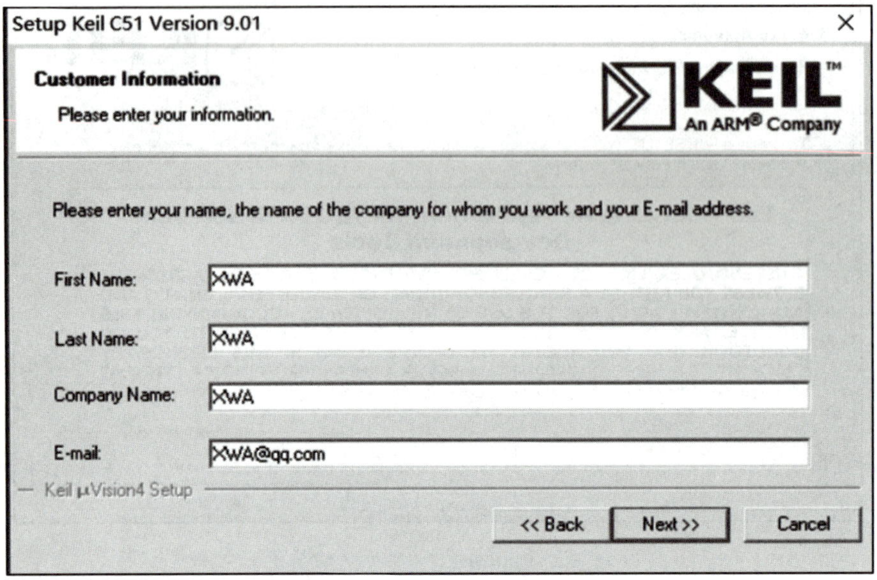

图 A4　个人信息录入界面

安装过程可能会持续一段时间，安装完成后会跳出"Setup Keil C51 Version 9.01"窗口提示，勾选"Show Release Notes""Retain current uVision Configuration""Add example projects to the recently used project list"，然后点击"Cancel"或"Finish"按钮。安装完成界面如图 A5 所示。

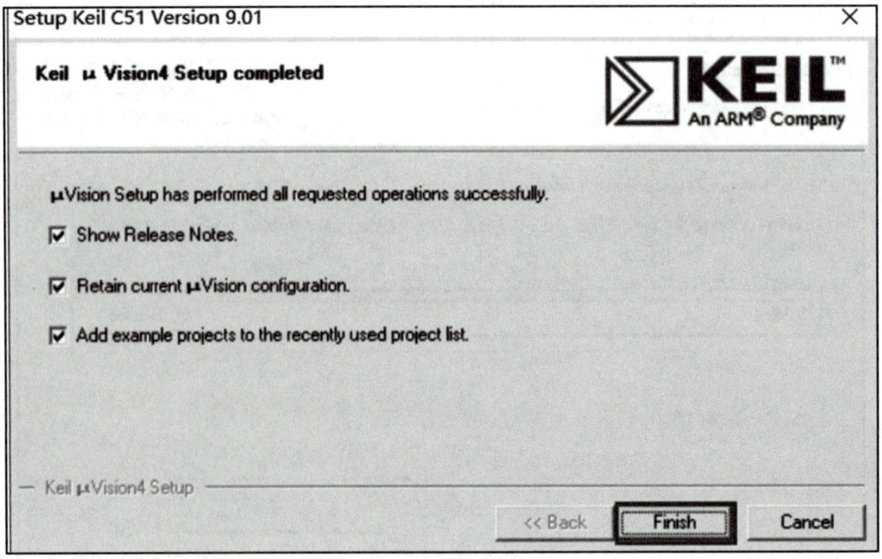

图 A5　安装完成界面

三、Keil uVision4 使用

（一）建立一个 New uVision project 的工程

双击桌面上"keil uVision4"图标，如图 A6 所示。打开软件后就会进入如图 A7 所示界面，点击菜单栏中"Project"（工程），然后点击下拉菜单中"New uVision Project"（新建 uVision 工程），就会出现一个如图 8 所示的新建工程界面。

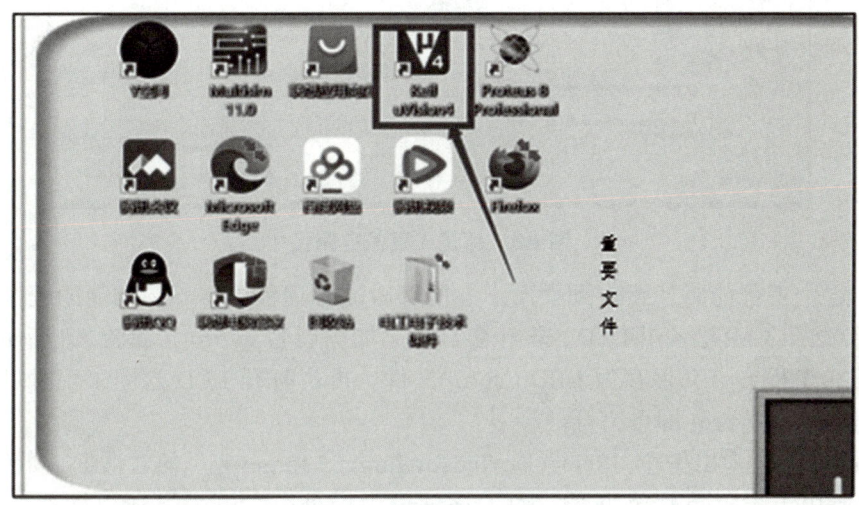

图 A6　桌面 keil 图标

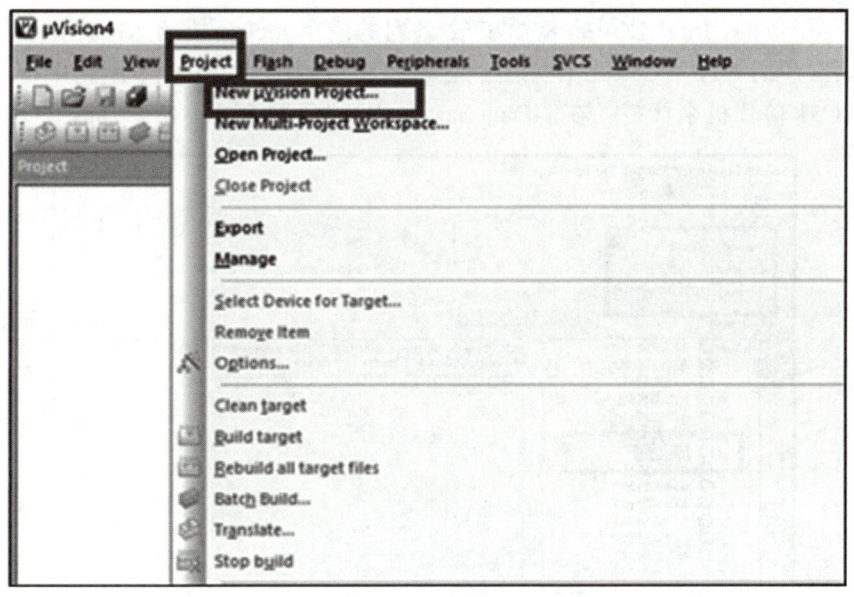

图 A7　菜单栏新建工程

在"Create New Project"（新建工程）界面选择保存项目的路径，用英文给项目取一个名字，在"文件名"中输入"LED"，可以保存在桌面以自己的姓名和班级命名的文件夹，点击"保存"按钮。新建工程保存路径如图 A8 所示。

241

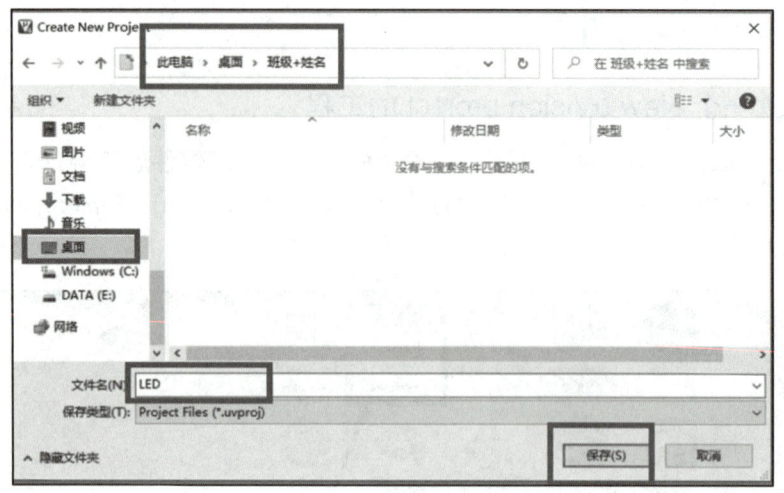

图 A8　新建工程保存路径

将 LED 这个工程的路径指定到桌面，方便以后的管理程序。不同功能的程序放到不同的文件夹下，给这个工程起名叫 LED，软件会自动添加扩展名.uvproj，如图 A8 所示。直接单击"保存"按钮，工程会自动保存为 LED.uvproj 文件，再次打开 LED 这个工程时可以直接找到文件夹，双击 LED.uvproj 即可打开。

保存工程之后会弹出一个"Select Device for Target 'Target 1'"的对话框，如图 A9 所示，此对话框主要用于设置单片机型号。由于该软件由国外公司开发，所以国产的一些芯片如 STC89C52 芯片不存在该软件的元件库中，只能选择同类型的芯片来代替。51 单片机的内核是由 Intel 公司制造的，Intel 公司的 80/87C52 系列的或 Atmel 公司的 AT89 系列均在该软件的元件库中，而国产的 STC89C52 芯片完全兼容这些型号的芯片，因此本电路中可以选择 Atmel 公司的 AT89C51 单片机来代替，在"Data base"中选择"AT89C51"，点击"OK"。

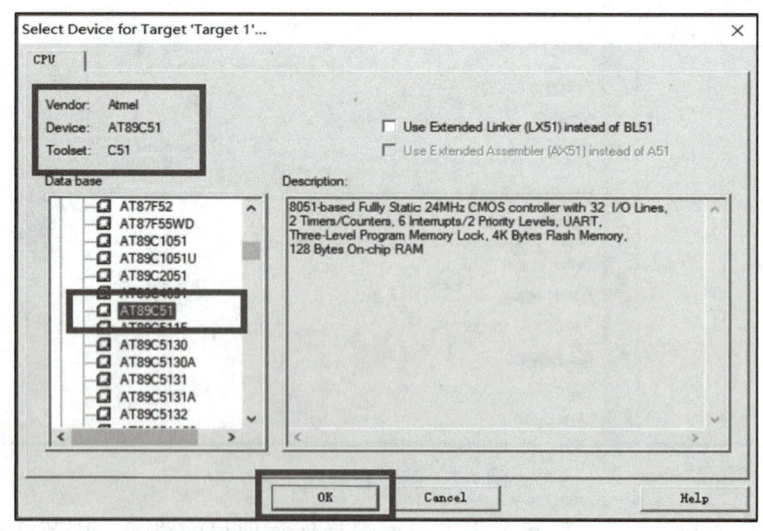

图 A9　新建工程单片机选择

每个工程都需要一个启动代码。如果单击"否"按钮，编译器会自动处理这个问题，如图

A10 所示；如果单击"是"按钮，这段代码就会提供给用户，用户就可以根据自己的需要来处理这部分代码，初学 51 单片机时不需要去修改这部分代码。

点击"否"后，新工程建立完毕，弹出如图 A11 所示的"LED -uVsion4"对话框，在工程窗口中可以看到建立的"Target 1"（目标 1），以及"Source Group 1"（源文件组）。

图 A10　点击"否"

（二）建立代码文件

单击图 A11 中菜单栏"File"（文件）下拉菜单，然后点击"New"（新建），如图 A12 所示。

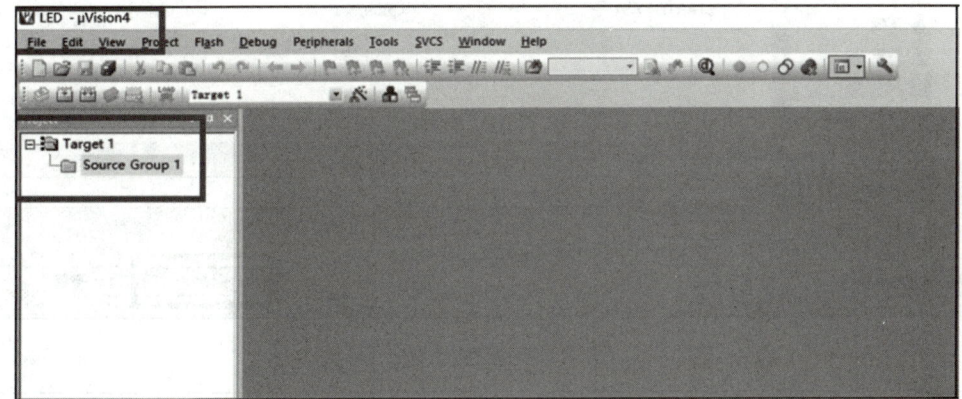

图 A11　新工程界面

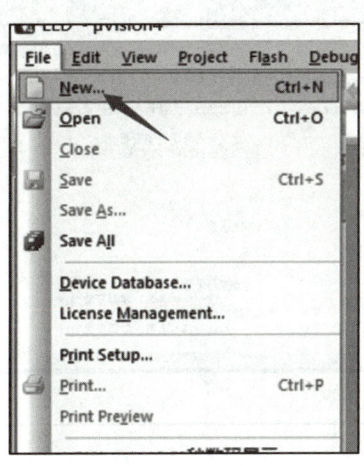

图 A12　新建代码文件

243

建立一个文件，然后单击"Save"按钮，就可以保存文件，默认保存路径就是工程所在的目录。在保存代码文件时把文件命名为 LED.c，文件的后缀扩展名为.c；如果利用汇编语言编写程序，则程序文件名的后缀扩展名为.asm，头文件是.h 等。编写 C 语言程序，就必须自己添加文件的扩展名.c。保存代码文件如图 A13 所示。

（三）编写 C 语言程序

在图 A14 所示的软件界面中，在 led.c 文档中编写程序。编写程序时请注意格式，点击"保存"按钮。

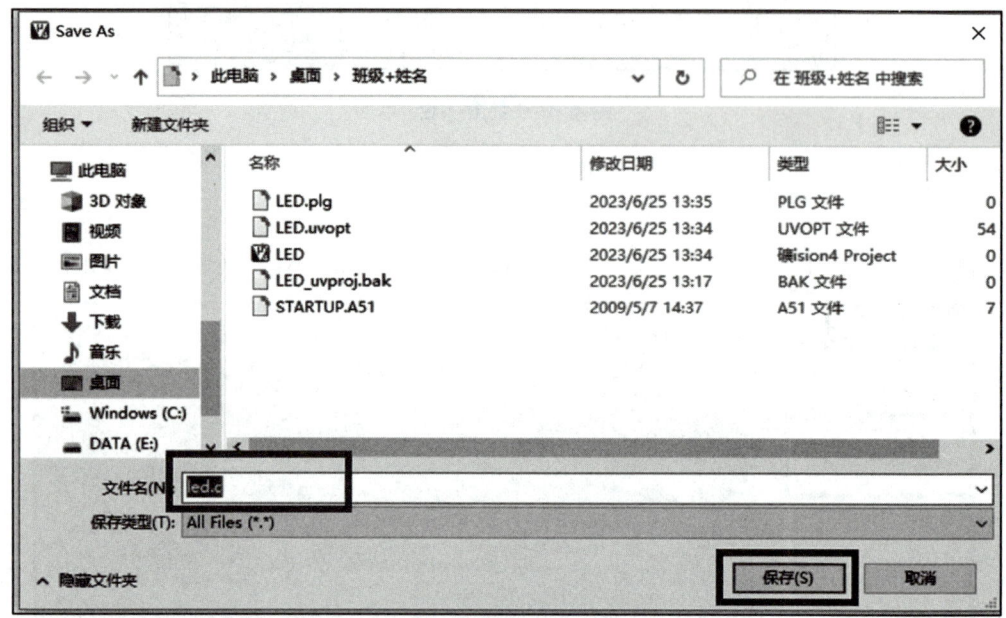

图 A13　保存代码文件

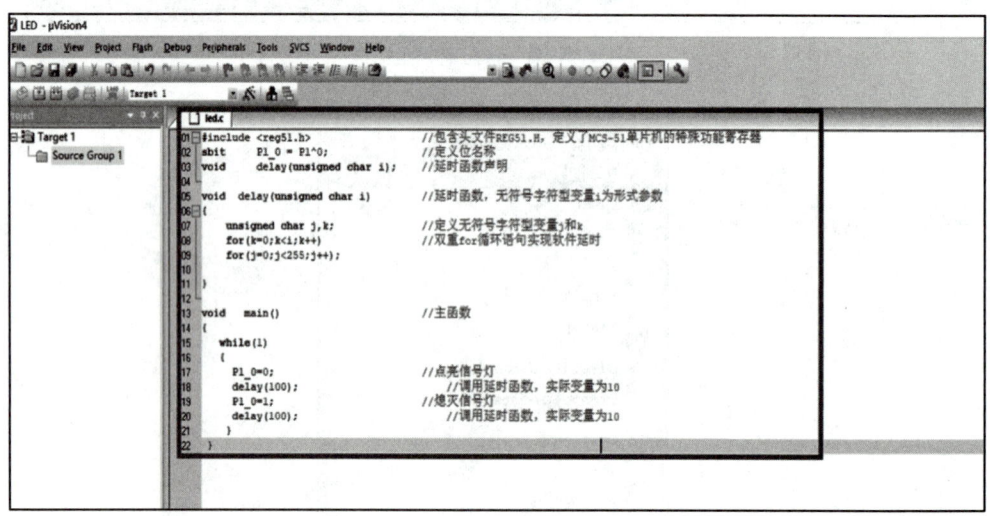

图 A14　输入代码

每编写一个功能程序，必须要新建一个工程，一个工程代表了单片机要实现的一个功能。由于一个工程可以把程序分成多个代码文件，需要把程序模块化。每编写一个代码文件，都要添加到所建立的工程中。利用鼠标右击"Source Group 1"（源文件组 1），单击"Add Files to Group 'Source Group 1'…"（添加文件到源文件组 1…），或直接双击"Source Group 1"（源文件组 1），如图 A15 所示。

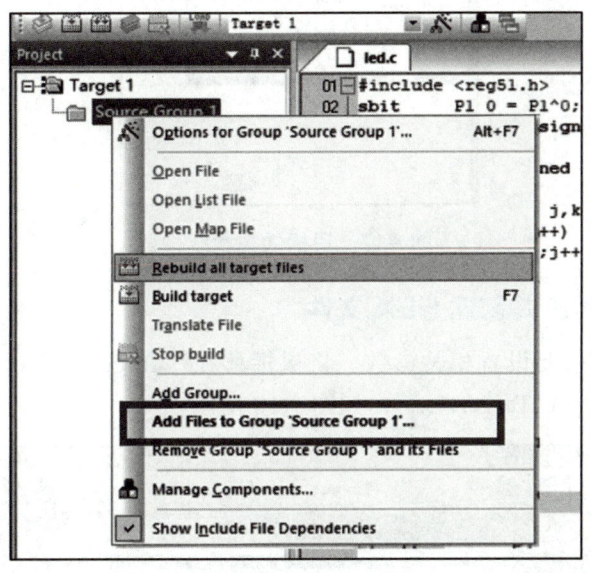

图 A15　添加代码文件进源文件组

在弹出的"Add Files to Group 'Source Group 1'"对话框中选择"LED.c"，然后单击"Add"（添加）按钮，如图 A16 所示。也可以双击"LED.c"，将文件添加到该工程目录下，然后单击"Close"（关闭）按钮。

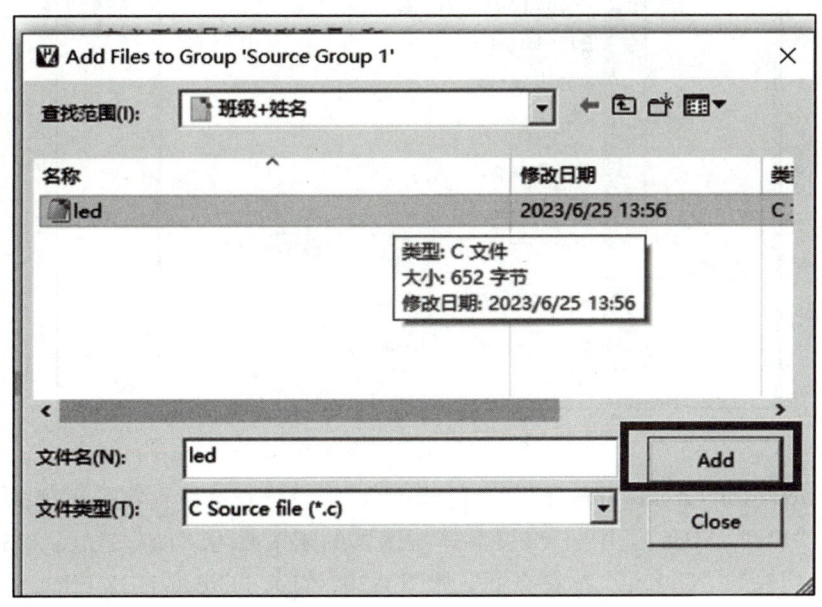

图 A16　添加代码文件对话框

245

添加完成后，在"Project"（项目）的"Source Group 1"（源文件组 1）的树状结构下多了一个 LED.c 文件，如图 A17 所示。

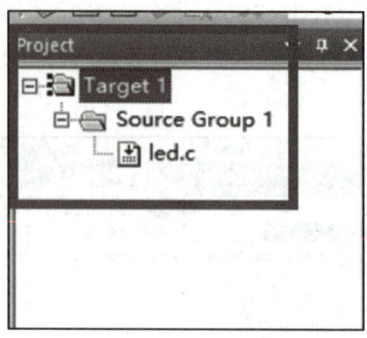

图 A17　目标的树状结构

（四）编译修改程序并创建 HEX 文件

在编译所编写程序前要设置相关参数。将鼠标移在"Target 1"（目标 1）上，点击鼠标右键选择"Options for Target 'Target1'…"，如图 A18 所示。

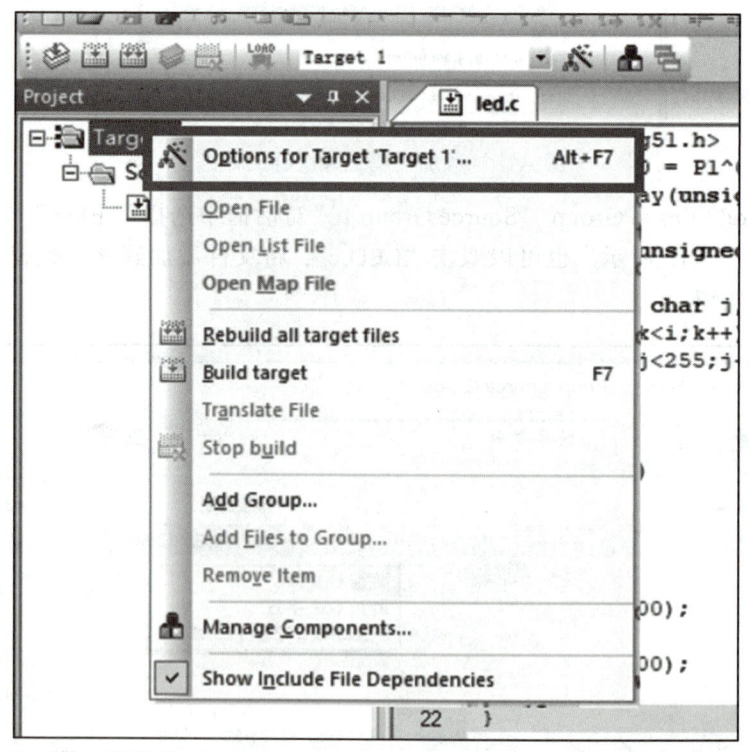

图 A18　目标编译设置

点击"Options for Target 'Target 1'"后会跳出目标设置对话框，首先出现的是"Target"标签页面，在"Xtal（MHz）"中将 CPU 晶体振荡器的频率改为"12"，如图 A19 所示。然后单击"Output"切换到"Output"标签页面，如图 A20，勾选"Create HEX File　HEX Format：HEX-80"，点击"OK"按钮。

点击菜单栏中"Project"中下拉菜单的"Build target"(编译目标),或者点击快捷菜单栏中的 ,就可以对代码文件进行编译,检查程序中的格式问题,如图 A21 所示。

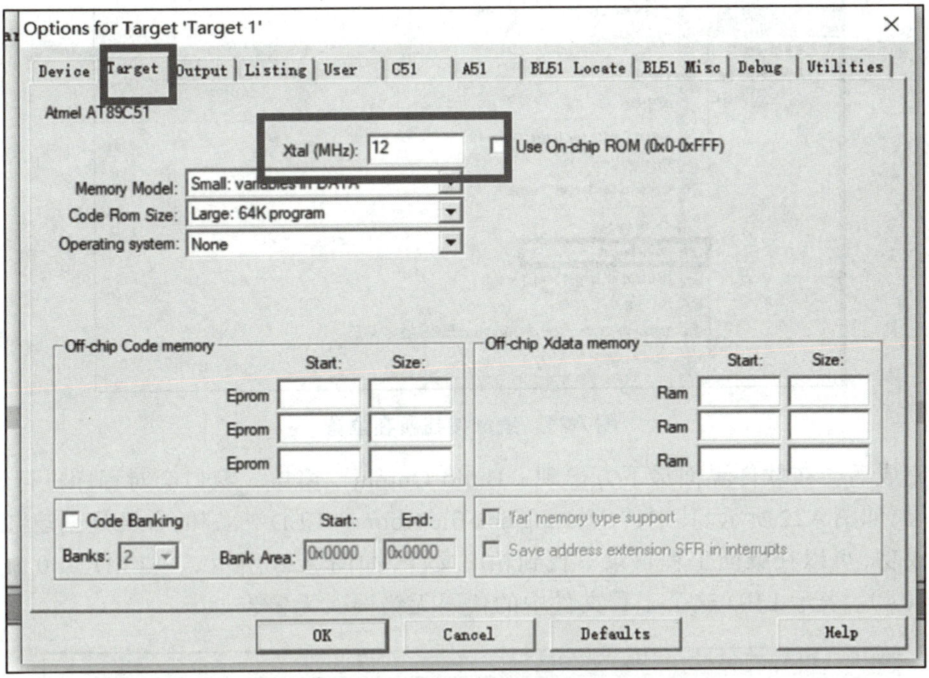

图 A19　修改 CPU 振荡频率

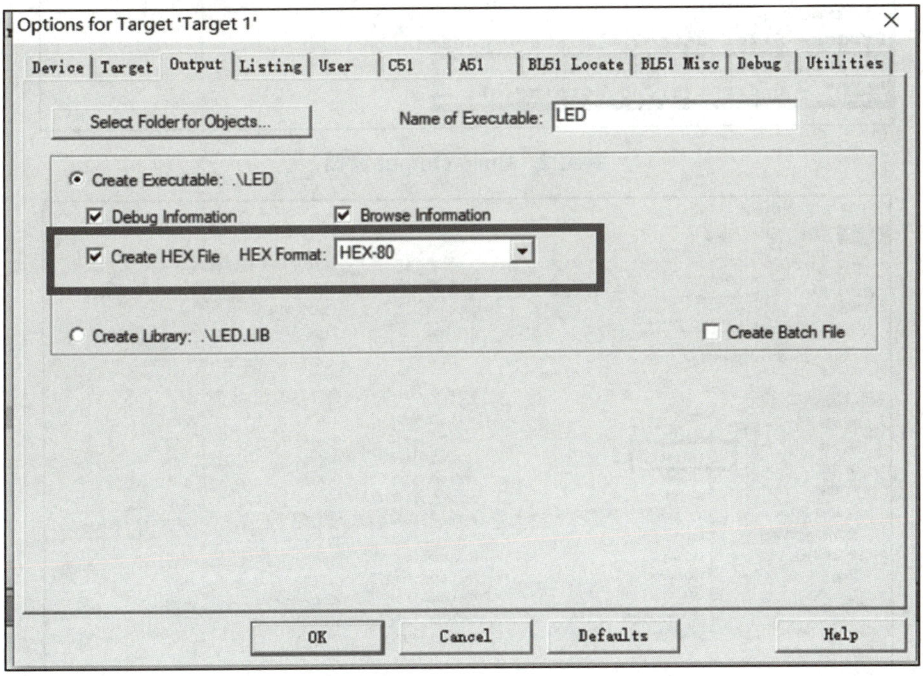

图 A20　勾选生成 HEX 文件

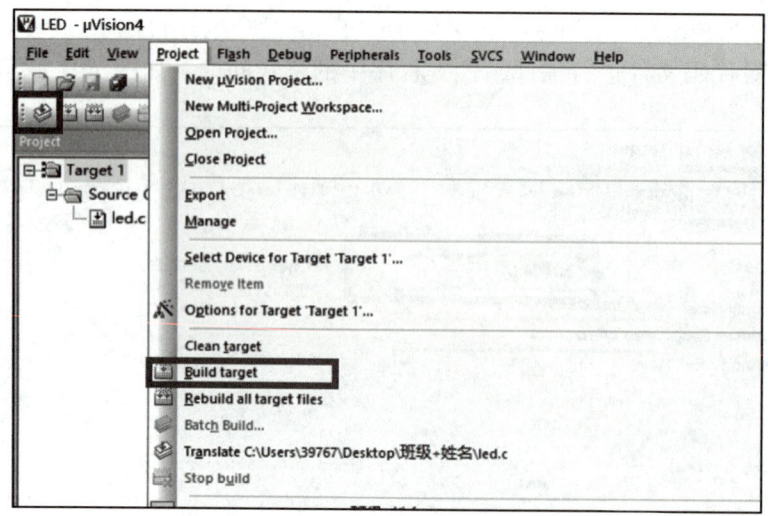

图 A21　编译按钮所在位置

编译完成后会在软件界面最下方出现"Build Output"窗口，窗口会对程序进行编译并输出检查结果，如图 A22 所示。其中，"Creating hex file from " LED " …"的含义是创建"LED.hex"代码文件成功，可以在桌面工程目录下找到相应文件，如图 A23 所示。" " LED " - 0 Error（s），0 Warning（s）"表示 LED 这个工程文件中的代码无错误，无警告。

图 A22　Build Output 窗口

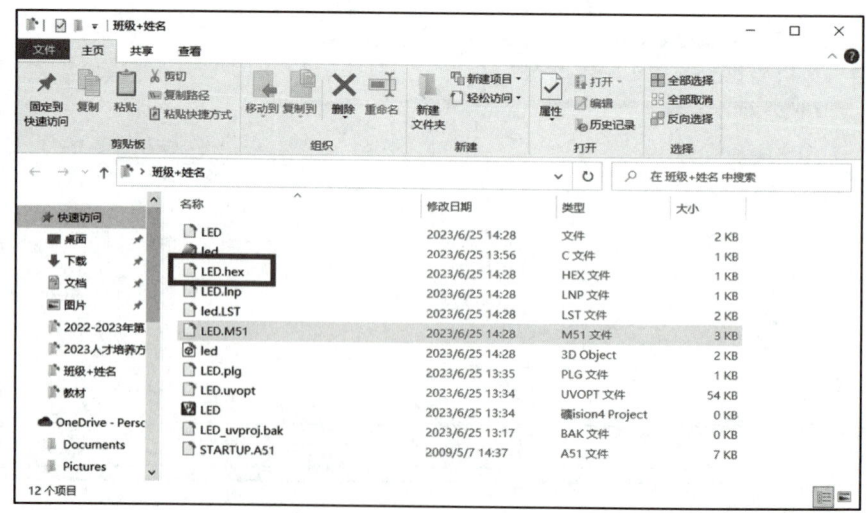

图 A23　代码文件（LED.hex）保存位置

编译完成后"Build Output"窗口会出现报错信息，如图 A24 所示。"LED.c - 2 Error(s)，0 Warning(s)"表示"led.c"程序中出现 2 处错误，但是没有警告。"LED.C(18)：Error C141：syntax error near 'delay'"表示错误出现在程序的第 18 排，"LED.C(19)：Error C141：syntax error near 'P1 0'"表示错误出现在程序的第 19 排，可以找到程序中的相应位置进行修改。

图 A24　报错位置

附录 B 常用单片机开发软件 Proteus 使用说明

一、Proteus 软件

Proteus 软件是英国 Lab Center Electronics 公司出版的 EDA 工具软件,不仅具有其他 EDA 工具软件的仿真功能,还能仿真单片机及外围器件,是比较好的仿真单片机及外围器件的工具。Proteus 推广到我国,受到单片机爱好者、从事单片机教学的教师、致力于单片机开发应用的科技工作者的青睐。

Proteus 是英国著名的 EDA 工具(仿真软件),从原理图布图、代码调试到单片机与外围电路协同仿真,一键切换到 PCB 设计,真正实现了从概念到产品的完整设计。Proteus 是世界上唯一将电路仿真软件、PCB 设计软件和虚拟模型仿真软件三合一的设计平台,其处理器模型支持 8051、HC11、PIC10/12/16/18/24/30/DSPIC33、AVR、ARM、8086 和 MSP430 等,2010 年又增加了 Cortex 和 DSP 系列处理器并持续增加其他系列处理器模型。在编译方面,Proteus 也支持 IAR、Keil 和 MATLAB 等多种编译器。

正版的 Proteus 下载地址 https://www.labcenter.com/downloads/。

二、Proteus 使用

本书使用的版本是 Proteus8.7,主要介绍 Proteus 的调试方法。Proteus 的调试方法包括 2 类,方法一是联调模式,详见本书项目一的任务一;方法二是非联调模式,在方法一出问题时可以使用,以项目一的任务一为例,利用 Proteus 软件设计电路的步骤包括:

(1)新建设计文件。

只建立原理图的新建设计文件如图 B1 所示。

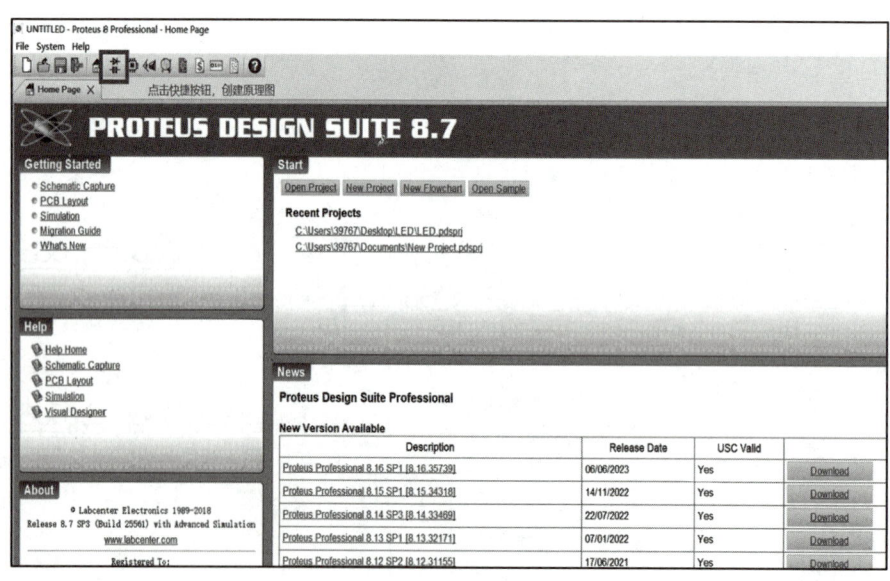

图 B1 建立原理图

（2）绘制好电路的原理图后，双击 CPU 芯片，弹出如图 B2 所示"Edit Component"加载程序窗口，将鼠标移动到"Program File"并点击图标 打开文件，找到在 keil 软件中生成的 hex 文件（hex 是程序的代码文件），如图 B2 和图 B3 所示。

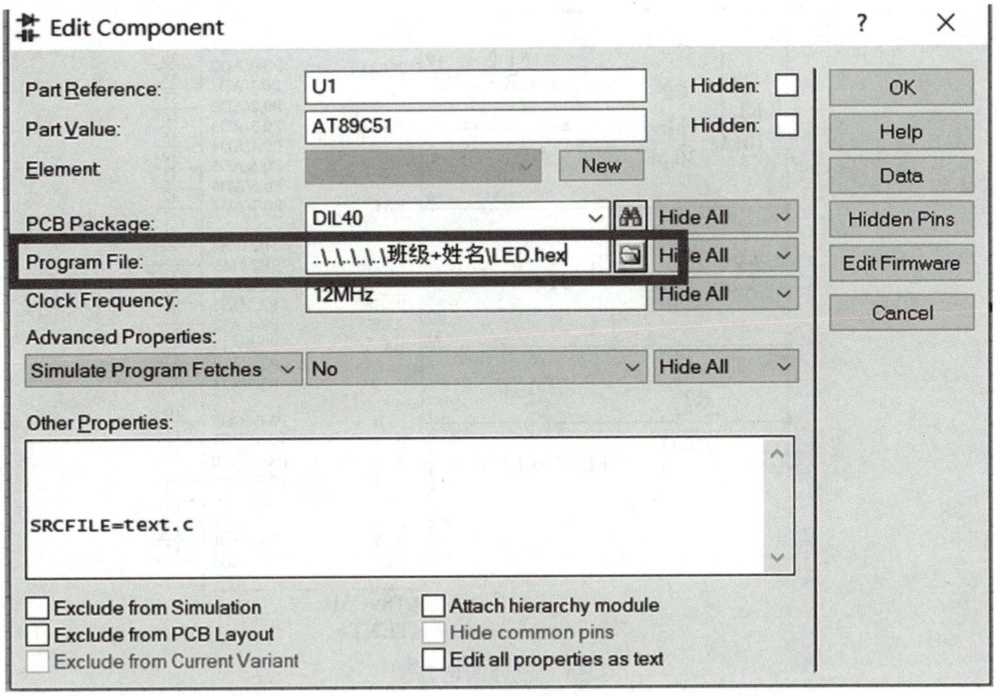

图 B2　加载程序窗口

图 B3　KEIL 软件生成代码文件 LED.hex

（3）关闭窗口后点左下角全速运行按钮，即可观察运行结果。

（4）生成的电路图如图 B4 所示。

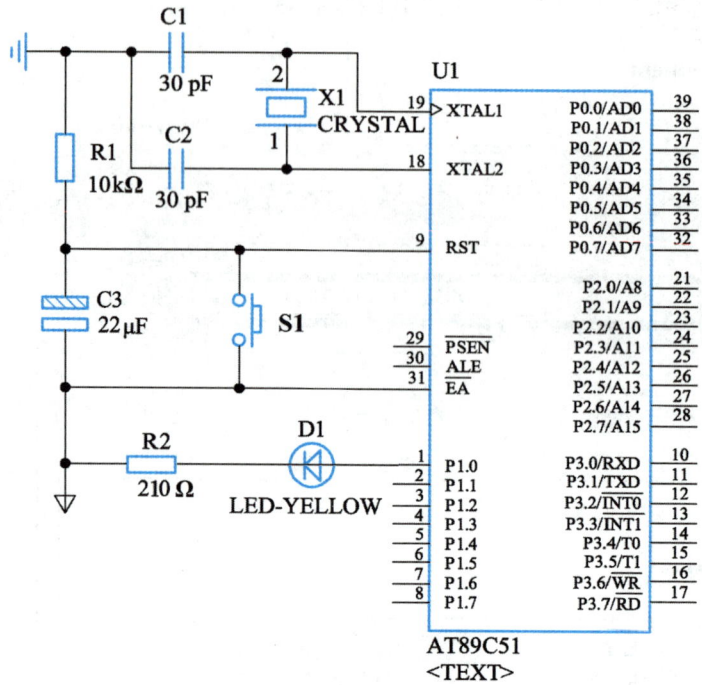

图 B4　设计的电路图

附录 C MQ-2 烟雾传感器 AD 转换程序

(使用 ADC0832,此程序仅为子程序)

```c
#include "reg52.h"
#include "intrins.h"
sbit ADCS =P1^0;                //ADC0832 片选
sbit ADCLK =P1^1;               //ADC0832 时钟
sbit ADDI =P1^2;                //ADC0832 数据输入
sbit ADDO =P1^2;                //ADC0832 数据输出

unsigned int MQ2(unsigned char channel)
{
    uchar i=0;
    uchar j;
    uint dat=0;
    uchar ndat=0;
    uchar Vot=0;
    if(channel==0)channel=2;
    if(channel==1)channel=3;
    ADDI=1;
    _nop_( );
    _nop_( );
    ADCS=0;                     //拉低 CS 端
    _nop_( );
    _nop_( );
    ADCLK=1;                    //拉高 CLK 端
    _nop_( );
    _nop_( );
    ADCLK=0;                    //拉低 CLK 端,形成下降沿 1
    _nop_( );
    _nop_( );
    ADCLK=1;                    //拉高 CLK 端
    ADDI=channel&0x1;
    _nop_( );
    _nop_( );
    ADCLK=0;                    //拉低 CLK 端,形成下降沿 2
```

```c
        _nop_( );
        _nop_( );
        ADCLK=1;                             //拉高 CLK 端
        ADDI=(channel>>1)&0x1;
        _nop_( );
        _nop_( );
        ADCLK=0;                             //拉低 CLK 端,形成下降沿 3
        ADDI=1;                              //控制命令结束
        _nop_( );
        _nop_( );
        dat=0;
        for(i=0;i<8;i++)
        {
            dat|=ADDO;                       //收数据
            ADCLK=1;
            _nop_( );
            _nop_( );
            ADCLK=0;                         //形成一次时钟脉冲
            _nop_( );
            _nop_( );
            dat<<=1;
            if(i==7)dat|=ADDO;
        }
        for(i=0;i<8;i++)
        {
            j=0;
            j=j|ADDO;                        //收数据
            ADCLK=1;
            _nop_( );
            _nop_( );
            ADCLK=0;                         //形成一次时钟脉冲
            _nop_( );
            _nop_( );
            j=j<<7;
            ndat=ndat|j;
            if(i<7)ndat>>=1;
        }
```

```
    ADCS=1;                        //拉低 CS 端
    ADCLK=0;                       //拉低 CLK 端
    ADDO=1;                        //拉高数据端,回到初始状态
    dat<<=8;
    dat|=ndat;
    return(dat);                   //return ad data
}
```